论语注评

韩高年 著

清华大学出版社
北京

版权所有，侵权必究。侵权举报电话：010-62782989　13701121933

图书在版编目（CIP）数据

论语注评／韩高年著．—北京：清华大学出版社，2019.12
ISBN 978-7-302-54372-5

Ⅰ.①论…　Ⅱ.①韩…　Ⅲ.①儒家 ②《论语》－研究　Ⅳ.①B222.25

中国版本图书馆 CIP 数据核字（2019）第 263716 号

责任编辑：马庆洲
封面设计：曲晓华
责任校对：王淑云
责任印制：丛怀宇

出版发行：清华大学出版社
网　　址：http://www.tup.com.cn，http://www.wqbook.com
地　　址：北京清华大学学研大厦 A 座　　邮　编：100084
社 总 机：010-62770175　　邮　购：010-62786544
投稿与读者服务：010-62776969，c-service@tup.tsinghua.edu.cn
质量反馈：010-62772015，zhiliang@tup.tsinghua.edu.cn

印 装 者：三河市吉祥印务有限公司
经　　销：全国新华书店
开　　本：155mm×230mm　印　张：19.5　字　数：286 千字
版　　次：2019 年 12 月第 1 版　印　次：2019 年 12 月第 1 次印刷
定　　价：69.00 元

产品编号：085096-01

注 评 例 言

关于《论语》一书的性质及成书过程,《汉书·艺文志》曰:"《论语》者,孔子应答弟子、时人及弟子相与而言而接闻于夫子之语也。当时弟子各有所记,夫子既卒,门人相与辑而论纂,故谓之《论语》。"结合《论语》一书来看,班固所言大体不差。晚近以来,学者们考证指出,《论语》应当经过了多次编纂,最初的编辑应当在孔子辞世后不久,之后随着儒家学派内部的分化和演进,又经过多次修订,《论语》的最终定本编成于春秋战国之交。主持和参与编纂修订工作的既有夫子的早期弟子,也有后期弟子,甚至还有再传弟子。

梁启超曾说:"《论语》之最大价值,在教人以人格的修养,修养人格,决非徒恃记诵或考证。最要是身体力行,使古人所教变成我所自得。既已如此,则不必贪多务广,果能受持一两语,便可以终身受用。至某一两语最合我受用,则全在各人之自行领会,非别人所能参预。别人参预,则已非自得矣。"(《要籍解题与释义》)从《论语》成书流传至今,于汉代已有《齐论》《鲁论》之别,今文古文之异;汉代以后各家注本解说《论语》皆立足当时,各逞其说,繁简不一,极难取舍。晚近以来,《论语》注本也有多种,然或失之简,或失之繁,或失之偏。我们阅读《论语》这样的经典,应当在疏通原意的基础上结合时代的需要发掘其精义,以实现其内在价值的创造性转化。有鉴于此,笔者不揣谫陋,结撰《论语注评》,本编拟采取如下体例:

一、《论语》原文以皇侃《论语义疏》本为底本,校以他本,如阮元校勘《十三经注疏》本、敦煌所出唐写本《论语》、河北定州所出简本《论语》等，以及清代以来学者的学术笔记中所收《论语》校勘札记。

二、《论语》虽为"语"体，然而对于今天的读者而言，仍有许多阅读上的困难，故对其中涉及典章制度、名物、人物等专有词汇，以及可能造成阅读障碍的生僻字词予以注释。注释采取随文注形式，对生僻字词标注汉语拼音，对所释之词先做概要解释，必要时引证汉代以来诸家之注，以明所据。一词有多种解说者，择善而从。一词多义无法取舍者，几说并列。所引范围以何晏《论语集解》、皇侃《论语义疏》、邢昺《论语注疏》、朱熹《论语集注》、黄式三《论语后案》、程树德《论语集释》等为限。

三、为方便阅读，对《论语》各章用现代汉语做翻译，翻译采取意译方式，地名、人名及专有名词大体保持原词不变。

四、对《论语》每章进行评论。先撮述每章要旨，然后就每章所涉内容予以评论。撮述章旨或引用汉唐以来各家原文，或以撰著者口吻概述大意。评论部分或就各章全部内容观点，或就各章中某一方面展开。评论力求结合《论语》各章当初之历史语境进行"还原"式抉发，或立足当下予以"以意逆志"式推衍，力求做到历史性与逻辑性的统一。有的章节古今各家看法各异，能取舍则取舍，否则多说并列。为避免空疏之弊，所论尽可能言而有据。引证涉及汉代以来及今人有关《论语》之注疏考证文字及著述，所引论著于书后附录详目，在行文中皆依惯例用简称。个别引证次数较少又比较重要的，以脚注形式标明出处。

五、《论语》各篇有章节重出者，或大体相似者。前一种情形于首次出现处予以注释、翻译、评论，再出现时只标明"见前某篇某章"，不再重复注释、翻译和评论；后一种情形于首次出现处详解，再出现时只论其不同之处，以避重复。

六、古今中外研究《论语》之著作数量众多，于古代则有汉学宋学之别，甚或有以佛家道家语解《论语》者，其说各不相同；于今则既有日本及东亚各国汉学家之《论语》研究著述，也有欧美汉学家的《论语》论著，其立意、观点相去甚远。本书征引各家，不存门户之见，既不厚古薄今，也不崇"西"抑"中"。其说凡可有裨于《论语》之阐释者，皆择善而从。

七、从《国语》《礼记》以及郭店楚简儒书等类似"语"体汇编之书来看，先秦"语"体类文献已有"篇"的概念，各"篇"内诸章大体上是以类编排。今本《论语》二十篇也与上述"语"体汇编之书大体相同，但由于《论语》各篇在不同编纂阶段为了实现主持其事者的目的而进行过临时性的"插编"、调换、删减等操作，因此各篇在主题上的统一性并不突出。介于此种情况，本书放弃了对《论语》各篇主题进行概括、对其编辑时间及目的进行揭示的尝试。

八、司马迁去古未远，其《孔子世家》及《仲尼弟子列传》不仅钩稽史料为孔子及孔门诸贤树碑立传，而且还大量引用并阐发《论语》篇章，是现存最早的、最集中的以"知人论世"的方式阐发孔子思想和研究解释《论语》的文献。《孔子家语》汇集大量的孔子及七十子言行事迹，这些材料有的亦见于《韩诗外传》《新序》《说苑》等书，有的是他书未见的材料。因为过去将《孔子家语》视为伪书，因此对其中的有关史料弃置不论。本编则跳出"疑古"思维的限制，对上述材料时有采择，以之为解说《论语》的重要参考。

由于编撰者学识有限，《论语注评》肯定存在许多疏陋，诚恳希望方家及学界师友给予批评指正。

韩高年

2019 年 11 月 5 日

目　录

学而第一	1
为政第二	16
八佾第三	33
里仁第四	49
公冶长第五	61
雍也第六	78
述而第七	94
泰伯第八	110
子罕第九	120
乡党第十	134
先进第十一	143
颜渊第十二	157
子路第十三	171
宪问第十四	189
卫灵公第十五	213
季氏第十六	231
阳货第十七	246
微子第十八	269
子张第十九	280
尧曰第二十	295
参考书目	299
后记	301

学 而 第 一

1.1 子^①曰:"学而时习^②之,不亦说^③乎？有朋自远方来,不亦乐乎？人不知,而不愠^④,不亦君子^⑤乎？"

【注解】 ①子：对男子或有身份之人的尊称,此指孔子。《正义》引马融曰："子者,男子之通称,谓孔子也。"②习：此指实践。程树德《论语集释》："习,鸟数飞也。学之不已,如鸟数飞也。" ③说（yuè）：皇侃《论语义疏》本（下简称皇本）"说"字作"悦"。翟灏《四书考异》（下简称翟氏考异）："古喜说、论说同字,汉后增从'心'字别之。'悦'初见《广韵》。徐铉《新修字义》云：'经典只作"说"。'然《毛诗》'说怿女美',陆氏释云：'又作"悦"。'《尔雅·释诂》：'悦,乐也。悦,服也。'皆书作'悦'。而《孟子》但用'悦'字,则二字通写已久。"同"悦",高兴。④愠（yùn）：愠怒,怨恨。⑤君子：《礼记·哀公问》："君子也者,人之成名也。"《白虎通·号篇》："或称君子者,道德之称也。"《论语》中的"君子"有时是指具有高尚品德的人,有时是指在位的人。这里是指前者。

【译文】 孔子说："《诗》《书》《礼》《乐》等学过的东西,能够时时去实践,不也很高兴吗？有志同道合的人从远方来看自己,不也很快乐吗？别人不了解自己,但是我并不怨恨,不也是君子吗？"

【评论】 此为《论语》之首章,其意含有三个层面：对于自己所学之内容,按一定的时间去实习,不也高兴吗？有志同道合的人从远方来,不也很快乐吗？别人不了解自己,但是我并不怨恨,不也就是君子吗？

"学而时习之",不宜解读为"对自己所学的知识应当时常温习"。朱熹《四书章句集注》中将"习"解为"鸟数飞也。"这大概符合孔子的原意。孔子教授弟子的内容并不局限于书本,孔子也并非只是舞文弄墨的老夫子。他教学内容的广度和深度并不逊色于今天倡导的素质教育,不仅涵盖了《诗经》《尚书》《易经》等理论性课程,同时也包括礼仪、音乐、射箭、驾车、计算等实践性课程。它们大致涉及今天的德育、智育、体育、美育的部分内容。对于这些教学内容,非实践不可。"纸上读来终觉浅"说的也是这个意思。只有将自己所学,按时实践,才能内化为自己的能力。从哲学角度讲,即是所谓"实践"和"认识"的关系。《史记·孔子世家》记载孔子学琴于师襄事。师襄是鲁国乐师。孔子从师襄那里学了一首曲子,练习十日。师襄认为可以换下一首曲子。但孔子不以"习其曲"为满足,还要得到演奏技巧,得到气质神韵,还要借此曲了解创作者的为人,直到推测出此曲为周文王的作品才肯停歇,使得师襄"避席再拜",以表自己的钦佩之情。这件事生动再现了孔子对于"学而时习之"的践行。若能体会到自己对所学内容的深度介入,则会获得油然而生的快乐。人人都可体会这种快乐,只需行动即可。

　　刘宝楠《论语正义》曰:"《学记》言:'学至大成,足以化民易俗,近者说服,而远者怀之,此大学之道。'然则朋来,正是学成之验。"孔子学有大成,时有志同道合之朋友从远方来会见自己,这是一种快乐。想古代交通并不发达,友人从远方来,定是跋山涉水、风尘仆仆。此种求学问的真情,怎能不令人感到快乐。难怪诗仙李白会用"桃花潭水深千尺,不及汪伦送我情"(《赠汪伦》)这样的诗句来吟咏友谊。

　　本章开宗明义,第一个层面强调学而有所得的个体快乐;第二个层面上升到与朋友交往的社会性快乐;第三个层面升华为与人交往但坚持自我尊严与价值的快乐。倘若人人依此找寻快乐,那快乐便会到来。由此也可见得,并非只有物质享受、感官刺激才是快乐。

1.2　有子①曰:"其为人也孝弟②,而好③犯上者,鲜④矣;不好犯上,而好作乱者,未之有也。君子务本⑤,本立而道生。孝弟也者,其为仁之本与!"

【注解】　①有子:即有若,字子有,孔子的学生。号称小圣人。《孔子家语·七十二弟子解》:"鲁人,少孔子三十六岁,为人强识,好古道。"《史记·孔子世家》谓有若少孔子四十三岁。《史记·仲尼弟子列传》载:"孔子既没,弟子思慕,有若状似孔子,弟子相与共立为师,师之如夫子时也。"《孟子·滕文公上》:"他日子夏、子张、子游以有若似圣人,欲以所事孔子事之,强曾子。曾子曰:'不可。江汉以濯之,秋阳以暴之,皜皜乎不可尚矣。'"《论语》中称"子"的只有有若、曾子、闵子和冉有,其他学生多称字。虽然曾子极力反对师事有若,但从《论语》中所载有若之言论来看,他在学问上颇有造诣,并非徒有其表也。②孝:善事父母曰孝;弟:同悌(tì),善事兄长曰悌。③好:喜欢。④鲜(xiǎn):少。⑤本:根本。

【译文】 有若说:"做人孝敬父母,敬爱兄长,却喜欢冒犯上级的,这种人少有;不喜欢冒犯上级,却喜欢造反的,这种人从来没有。君子专心致志于进德修业的根本,根本树立起来了,仁义之道自会体察得到了。孝敬父母,友爱兄长,这就是仁爱的基础吧!"

【评论】 "仁"是孔子全部学说的核心,而"孝悌"则是仁之根本。有若之说深契孔子之心,不徒其外貌似孔子也。他指出,一个孝悌之人却喜欢冒犯上级,这是很少有的;不会冒犯上级也就不会违礼作乱。所以孝悌是修德之根本。君子致力于根本,根本树立了,仁爱之"道"就产生了。有若所言,即孔子心声。

"孝悌"本是家庭内部美德,孔子将其上升到社会道德层面,在当时是一大进步。周天子实行分封制,整个社会政治形态建立在宗法血缘关系之上,诸侯与天子之间就是父子或兄弟关系,形成家国同构之社会,所以有子才说为人孝悌者少有犯上作乱。

"孝悌"贯穿《论语》全书。如"父母之年,不可不知也。一则以喜(高寿),一则以惧(寿高)。""父母在,不远游。游必有方"(《里仁》)这里的关键点不在于不能远游,而是不让父母担心、挂念。据《史记·仲尼弟子列传》载:闵子骞遭后母虐待,寒冬腊月,后母仅用芦花给子骞做了过冬的衣服,却为其亲生儿子做了暖和的冬衣。后来子骞为父亲驾车,父嫌其慢,挥鞭斥责,衣服破处芦花飞出。父怒,欲赶走其后母。子骞跪求说"母在一子寒,母去三子单"。后母被感动,于是全家和睦,其乐融融。孝道不仅贯穿于整个儒家学说体系,也影响了中国古代政治。汉代选拔官吏实行察举制度,孝廉就是重要的一科。可以说"孝"已经融入了中华民族的血液,成为不可分割的一部分。后世对于孝道的褒扬,对于不孝的贬斥均源于此。

1.3 子曰:"巧①言令②色,鲜③矣仁④!"

【注解】 ①巧:好。②令:善。③鲜(xiǎn):少。④仁:仁德。

【译文】 孔子说:"以花言巧语掩饰自己的人,很少有仁的质性。"

【评论】 孔子曾说:"言之无文,行而不远。"可见巧言令色本是人之所求,然而如果只有其表而无其实,则非仁。孔子提倡的仁德是由内而外,文质相符的。孔子也曾直率表示:"巧言令色足恭,左丘明耻之,丘亦耻之。"朱熹《集注》解释"巧言令色"云:"好其言,善其色,致饰于外,务以说人。"说极确切。与其只求外在,还不如直探其本。故孔子曰:"君子欲讷于言而敏于行""先行其言而后从之"。提倡先做后说,或只做不说,重躬行。《论语》中还提及"君子耻其言而过其行"(《宪问》)提倡君子刚毅木讷,强调言行一致。程树德《集释》引《四书辨疑》曰:"致饰于外,言甚有理。必有阴机在内,而后致饰于外,将有陷害,使之不为堤防也。语意既已及此,其下却但说本心之德亡,而不言其内有包藏害物之心。"所言可谓切中要害。

1.4 曾子①曰:"吾日三省吾身②——为人谋而不忠乎③?与朋友交言而不信乎④?传不习乎⑤?"

【注解】 ①曾子:《集解》引马融曰:"曾子,弟子曾参。"名参(shēn),字子舆,鲁国南武城人(今山东平邑县一带),少孔子四十六岁。其父曾皙亦孔子学生。曾子以孝著称。《史记·仲尼弟子列传》:"孔子以为能通孝道,作《孝经》。"《汉书·艺文志》著录"《曾子》十八篇。"从《论语》《孔子家语》《礼记》等所述其事迹来看,曾参有点愚孝。极有才学但行事刻板。②日:每天。三:多次。省(xǐng):自我检查反省。③为人谋:替别人办事。④此句皇侃《义疏》本"交"下有"言"字。阮元《十三经注疏》校从。⑤传:动词做名词用,老师的传授。《集解》引何注曰:"传不习乎,言凡所传之事,得无素不讲习而传之乎?"

【译文】 曾子说:"我每天多次反省自己:为别人办事是否尽心竭力了呢?与朋友往来是否说话诚实呢?老师传授我的学业是否实践和复习了呢?"

【评论】 曾参是孔门弟子中为数不多的有著述者,他对孔子强调内省以达至道德自觉的修养方法有会心处,此章之"三省",即孔子"见贤思齐焉,见不贤而内自省也"(《论语·里仁》)的具体化。曾参遵从孔子,提出"三省吾身"之法,后成为儒家道德修养的基本方法。

有关内省的具体内容,曾参提到三点:替别人办事是否尽心竭力了呢?同朋友往来是否言出必行?老师传授的学业是否实践?虽有三个方面,但其实质还是一个"信"字。"民无信不立";因此,信,是孔子思想体系中最重要的内容之一。"子以四教:文、行、忠、信"(《论语·述而》)。孔子自己还把"朋友信之"作为自己的志向之一(《论语·公冶长》)。孔子这种思想,延续至后代,成为中国传统道德之一。到了汉代,"信"与"仁、义、礼、智"并称"五常"。诚信是做人之根本,此理万世不可易也。

朱子《集注》言:"曾子,孔子弟子,名参,字子舆。尽己之谓忠,以实之谓信,传谓受之于师,习谓熟之于己。曾子以此三者日省其身,有则改之,无则加勉,其自治诚切如此,可谓得为学之本矣。而三者之序,则又以忠信为传习之本也。尹氏曰:'曾子守约,故动必求诸身。'谢氏曰:'诸子之学皆出于圣人,其后愈远而愈失其真。独曾子之学专用心于内,故传之无弊,观于子思、孟子可见矣。惜乎其嘉言善行,不尽传于世也。其幸存而未泯者,学者其可不尽心乎?'"又《孔子家语·六本》载:

> 曾子耘瓜,误斩其根。曾皙怒,建大杖以击其背。曾子仆地而不知人久之。有顷,乃苏,欣然而起,进于曾皙曰:"向也,参得罪于大人,大人用力教参,得无疾乎?"退而就房,援琴而歌,欲令曾皙而闻之,知其体康也。孔子闻之而怒,告门弟子曰:"参来,勿内。"曾参自以为无罪,使人请于孔子。子曰:"汝不闻乎,昔瞽瞍有子曰舜。舜之事瞽瞍,欲使之,未尝不在于侧;索而杀之,未尝可得。小棰则待过,大杖则逃走,故瞽瞍不犯不父之罪,而舜不失蒸蒸之孝。今参事父,委身以待暴怒,殪而不避。既身死而陷父于不义,其不孝孰大焉?汝非天子之民也?杀天子之民,其罪奚若?"曾参闻之,曰:"参罪大矣。"遂造孔子而谢过。

由此处记载来看,曾参行事虽有些循规蹈矩,但其严谨认真也是众弟子中少有的。他能够仔细体察老师的修养之道,并能够加以发挥,提出"三省"之法,使人更易于得其门而入,也就有其必然性了。

1.5　子曰:"道①千乘之国②,敬事而信③,节用而爱人④,使民以时⑤。"

【注解】　①道:同"导",治理。《释文》言本或作"导"。皇侃《义疏》本正作"导"。②乘(shèng):四马一车曰乘。春秋时国家强弱以战车多少计,千乘之国即指诸侯国。金鹗《求古录》云:"孟子言:'天子千里,大国百里,次国七十里,小国五十里。'又言:'万乘之国,千乘之家。千乘之国,百乘之家。万取千焉,千取百焉。'是千里出车万乘,百里出车千乘,十里出车百乘也。"《集释》引日本学者物茂卿《论语征》曰:"万乘、千乘、百乘,古言也。谓天子为万乘,诸侯为千乘,大夫为百乘,语其富也。如千金之子,孰能计其囊之藏适若干而言之乎?"③敬事:谨于国事。④节用:节约用度。爱人:爱护百姓。⑤以时:按时,指不违农时。

【译文】　孔子说:"治理拥有一千辆兵车的城邦,就要严肃敬畏地对待政事,信实无欺,节省开支,爱护百姓,役使老百姓要在农闲时节。"

【评论】　如何治理好国家,古往今来仁者见仁,智者见智。此章载孔子论治国为政,点出为政之要:以民为本!孔子熟知兴亡,深知历史上的亡国之君,大都荒于政事,奢侈浪费,不以百姓之事为然。而明君则如尧舜禹汤文武,皆有圣德,勤政爱民。这就为如何为政指明了路径。《礼记·檀弓下》载孔子及弟子途经泰山,看到一妇人在墓旁哭泣,孔子使子路前去询问。原来当地虎患严重,妇人的公公、丈夫、儿子均被恶虎所食。问她为何不离开此地,妇人说此地虽有虎患而无苛政。孔子听了大受震动,于是教导弟子们说:"苛政猛于虎"。这是从反面讲为政之大忌,意思与此章略同。

孔子反对苛政,提倡"敬事而信,节用而爱人,使民以时",主观上是为了维护统治者的利益,但在客观上则有利于减轻被统治者的压力,符合人民的愿望。《集注》云此章"言治国之要,在此五者,亦务本之意也。"其说甚是。

1.6 子曰："弟子入则孝①,出则悌②,谨而信③,泛爱众④而亲仁。行有余力,则以学文⑤。"

【注解】 ①弟子:或指年幼之人,或指学生。此处指年幼者。②悌:敬爱兄长。皇侃《义疏》本作"弟"。《释文》:"本亦作'悌'"。今据改。③谨:寡言。④泛爱众:博爱大众。⑤文:文献知识。此句荀悦《汉纪·孝元帝论》引作:"行有余力,则可以学文。"有"可"字。

【译文】 孔子说:"年轻人,在父母跟前,就孝顺父母;离开自己的房子,便敬爱兄长;话不多,但说的必是诚实可信,博爱大众,亲近有仁德的人。能做到这些以后,还有剩余的力量,就再去学习'五经''六艺'等知识。"

【评论】 朱熹《集注》释此章曰:"谨者,行之有常也。信者,言之有实也。汎,广也。众,谓众人。亲,近也。仁,谓仁者。余力,犹言暇日以用也。文,谓诗书六艺之文。"教育的实质在于"成人"。孔子教育学生以"做人"为先,其次才是学习知识。在今天,这一点仍然值得我们思考。孝顺父母,敬爱兄长,谨言慎行,讲求诚信,这都是为人之要。在此基础上,还要将此推及他人,博爱大众。仁爱并不限于自己、限于家人,而是推己及人,爱别人,爱大众。《孟子·梁惠王上》曰:"老吾老,以及人之老;幼吾幼,以及人之幼。天下可运于掌。"主张将对父兄之仁爱推广及于他人。这可以说是孟夫子对孔子思想的进一步展,孟轲号称亚圣,名不虚传也。

1.7 子夏①曰:"贤贤易色②;事父母,能竭其力;事君,能致其身③;与朋友交,言而有信。虽曰未学,吾必谓之学矣。"

【注解】 ①子夏:孔子学生,姓卜,名商,字子夏。卫国人,少孔子四十四岁。子夏长于文学,尤擅说《诗》。孔子卒后,居西河,魏文侯以其为师。②贤贤:尊重贤者。前一个"贤"为动词,后"贤"字名词,指贤者。易色:改易好色之心。朱子《集注》:"贤人之贤而易其好色之心,好善有诚也。"陈祖范《经咫》云:"此主夫妇一伦言。贤贤如《关雎》之'窈窕淑女,君子好逑',《车舝》之'辰彼硕女,令德来教'。易色如所谓情欲之感无介乎容仪,宴私之意不形乎动静。在妇为嫁德不嫁容,在夫为好德非好色也。"则以为此句只就夫妇之道而言。亦可通。③致：献纳。致其身,犹言"豁出性命"。

【译文】　子夏说："尊崇德行之贤者胜过喜好美色;侍奉爹娘能尽心竭力;侍奉国君能豁出性命;同朋友交往能诚实守信。人能如此,虽说没学习过,我一定说他已经学习过了。"

【评论】　此章记子夏论"学"之说,涉及教育的本质问题,甚有启发意义。子夏所谓"学",与此前孔子所谓"学"一样,包含生活及实践等诸多方面,主要是处世为人之道,并不局限于书本知识。韩愈《师说》言："师者,所以传道受业解惑也。"恰可发明儒家"学"的精神。孔子更看重的是传授为人之道、修身之道,并进而实现修齐治平的人生理想,这才是真正的学习。现代社会中以知识积累代替成人之教,故而出现许多弊端,如高学历犯罪,高学历心理畸形等,正反衬出为人之道比学识更重要。说得通俗一点,当今社会,即使不能成为硕士、博士,但只要心中有善,行事有德,为人诚实忠厚,工作兢兢业业,这也是值得让人尊重和羡慕的呀!

1.8　子曰："君子不重①则不威②,学则不固③。主忠信④。无友不如己者。过则勿惮改⑤。"

【注解】　①重：庄重。②威：威严。③固：坚固。一说以为不能通达于礼。《礼记·曲礼》："辍朝而顾,君子谓之固",郑氏注云："固,谓不达于礼。"④主忠信：亲近忠信之人。主,亲近。⑤惮(dàn)：忌惮,害怕。

【译文】　孔子说："在上位的君子如果不庄重就没有威严,所学习的东西就不会稳固。要亲近忠信之人。不和不如自己的人交朋友。有了过错不要怕改正。"

【评论】　程树德《集释》引《论语稽》云："君子,谓在位之人也。春秋时世禄世官,或轻浮,或鄙陋,或诈伪,或狎暱小人,或怙恶饰非,皆列国卿大夫之通病。孔子以此戒勉之,较为合理。"在位之君子倘若不庄重、自重,那么他将无威严,所学不会稳固。这里君子特指春秋时代的贵族,他们的通病是轻浮诈伪,不庄重严肃地对待自己的生活,表里不一。这样的人必不能赢得他人的尊重与信赖,那么自然就无威信尊严可谈。孔子很可能是针对这种社会现象而发为此语。

"忠"与"信"是儒家道德体系中的重要范畴,也贯穿于孔子的教学内容之中。"子以四教:文,行,忠,信"(《述而》),"忠""信"乃做人之本。本篇第四章中曾子反省内容之一便是"为人谋而不忠乎",这里是指对朋友的忠诚。"信"是做人的基本品德,于个人是如此,于国家更是如此。孔子说:"能行五者于天下为仁矣。"这"五者"即恭、宽、信、敏、惠。

这一章还谈到交友之道,不与道德学问劣于己者交往。但如换位思考,孔子所说却似乎有点不合逻辑。若每个人都想交比我们优秀的朋友,不去理会不如我们的人,我们最终会无友可交的。

1.9　曾子^①曰:"慎终追远^②,民德归厚矣^③。"

【注解】　①曾子:曾参。②慎终:指父母之丧慎尽其礼。追远:祭敬其诚,指追念祖先。③归:动词,归于。厚,忠厚。

【译文】　曾子说:"谨慎依礼对待父母之丧,以时祭祀以追念父母,在上者能如此,老百姓自然也就归于忠厚老实了。"

【评论】　刘宝楠《集解》引孔曰:"慎终者,丧尽其哀。追远者,祭尽其敬。君能行此二者,民化其德,皆归于厚也。"儒家讲求孝,其主要内容就是生时敬养,丧祭依礼。曾子最重孝道,所以特别强调对父母丧事的重视,对逝去祖先的隆重祭祀。如果在上位者能够带头尽孝道,遵循"慎终追远"之礼,上行下效,民风也就会归于忠厚敦朴了。在曾子看来,孝不仅是个人德行,同时也是治国之重要手段。汉代及之后封建统治者倡导以孝治天下,大概也是看到了这一点。

1.10　子禽^①问于子贡^②曰:"夫子至于是邦也^③,必闻其政。求之与?抑与之与^④?"子贡曰:"夫子温、良、恭、俭、让以得之。夫子之求之也,其诸异乎人之求之与^⑤!"

【注解】　①子禽:姓陈,名亢(kàng),字子禽。陈国人,孔子弟子,少孔子四十岁。《孔子家语·七十二弟子解》载其事。然《子张》篇载其称子贡贤于夫子,近人多据此怀疑其非孔门弟子。《季氏》也记载陈亢曾问孔鲤孔子有无特别的教导。由此看,陈亢可能是有点爱钻牛角尖的人。②子贡：姓端木，名赐，字子贡，卫国人，孔子学生，少孔子三十一岁。子贡不仅学问好，而且有辩才，且善于经商，又善于处理人际关系，因此深得孔子赞许。上博简、郭店简及汉石经凡"子贡"皆作"子赣"。③邦：代指国家。④抑：或者。⑤其诸：齐鲁间之方言语气词，表示推测，犹言"大概""大约"。

【译文】 子禽向子贡问道："夫子到哪个国家，必然了解到那个国家的政事，这是他要求的呢？还是别人主动告诉他的呢？"子贡道："他老人家是通过观察百姓的温和、善良、严肃、俭朴、谦让来推断其政治状况的。他老人家获得的方法大概和一般人不相同吧？"

【评论】 对此章，明代学者李贽颇有微词。他说："子贡之言巧甚，'夫子之求之也'二语，不过形容其得之之妙也"（《四书评·论语》卷之一）。皇侃《义疏》云："政是人君所行，见于民下，不可隐藏，故夫子知之，是人君所行自与之也。"孔子观风俗而知政治之得失，何劳"求之"？孔子周游列国，未得出仕之机会。陈亢问这个问题，其实是想了解夫子对出仕的态度。有点窥探老师隐私的意思，子贡的回答也还算高妙。

1.11 子曰："父在观其志①；父没②观其行，三年无改于父之道③，可谓孝矣。"

【注解】 ①其：指儿子。②父没：父亲去世。③道：人生的道理。

【译文】 孔子说："当父亲活着的时候，要观察儿子的志向；父亲死了，要观察儿子的行为；若是儿子对他父亲的行事之道，长时间未加改变，这也就可以说做到孝了。"

【评论】 朱熹《集注》曰："父在，子不得自专，而志则可知；父没，然后其行可见；故观此足以知其人之善恶。然又必能三年无改于父之道乃见其孝，不然则所行虽善，亦不得为孝矣。"孝是仁德的根本，《论语》中多次提及有关孝的问题。从传统意义上讲，孝不仅要尽赡养义务，还要有尊敬之心。本章是从志向事业上讲孝，"三年无改于父之道"，不必拘泥于"三年之丧"的礼节上，意谓父死之后仍存敬爱也。

当今社会,科学、文化、经济正在高速发展,但是道德的提升却落在了后面。遵从人性当中最本真的情感,恢复孝的美德,不也很让人期待么?当然,此处所谈,也并不是要匡复全部旧礼,乃是"取其精华,弃其糟粕。"

1.12　有子曰:"礼之用①,和为贵②。先王之道③,斯为美。小大由之,有所不行④。知和而和,不以礼节之⑤,亦不可行也。"

【注解】　①用:推行。②和:中和,不过度。《贾子·道术》曰:"刚柔得道谓之和,反和为乖。"③道:治国修身之道。④不行:行不通。⑤节:节制。

【译文】　有子说:"礼的实施,当以中和为最高准则。前代君王的治国修身之道,最好的也正在于此;不管大小事情都依中和之道做得恰当。有行不通的时候,为中和而求中和,不用礼来规范节制,也是行不通的。"

【评论】　孔子提倡礼治,又主张以和为贵。这一点上,有若可说是深得孔子之精髓。看来有子不仅外貌似夫子,学问也是弟子中特出者。刘宝楠《正义》指出:

　　有子此章之旨,所以发明夫子中庸之义也。《说文》:"庸,用也。"凡事所可常用,故"庸"又训"常"。郑君《中庸目录》云:"名曰中庸者,以其记中和之为用也。"注"君子中庸"云:"庸,常也。用中为常道也。"两义自为引申。尧咨舜,舜咨禹,云:"允执其中。"《孟子》言"汤执中","执中"即用中也。"舜执两端,用其中于民","用中"即"中庸"之倒文。《周官·大司乐》言六德:"中、和、祗、庸、孝、友。"言"中和"又言"庸",夫子本之,故言中庸之德。子思本之,乃作《中庸》。而有子于此章已明言之。其谓"以礼节之"者,礼贵得中,知所节,则知所中。《中庸》云:"和而不流,强哉矫!中立而不倚,强哉矫。""和而不流",则礼以节之也,则礼之中也。《中庸》皆所以行礼,故礼篇载之。《逸周书·度训》云:"和非中不立,中非礼不慎,礼非乐不履。"乐谓和乐,即此义也。

　　和,是中华民族几千年文化的要义。直至今日,和谐社会理论的提出,就是对儒家文化的另一种继承和发扬。李泽厚先生认为这里的"和"可以解释为"度"。所谓过犹不及,A≠A+A-。今日讲的"分寸感"同此(《论语今读》)。刘宝楠《正义》引马融曰:"人知礼贵和,而每事从和;不以礼为节,亦不可行。""和"是目标,不是工具,"和"所体现的"度"要靠礼的节制来实现。所以儒家所倡导的是有礼、有节、有序的和,不是丧失分寸感的为"和"而"和"。故此章后半言"亦不可行也"。可见,和并不是无原则的和,一切以礼为标准。

1.13　有子曰:"信近于义①,言可复也②。恭近于礼,远耻辱也③。因不失其亲④,亦可宗也⑤。"

【注解】　①信:诚信。②复:践行诺言。朱熹《集注》:"复,践言也。"③远:远离。④因:依附。《说文系传通论》引《礼》曰:"姻不失其亲。"⑤宗:宗主。皇侃《义疏》本作"亦可宗敬也"。所载孔氏注亦有"敬"字。

【译文】　有子说:"守信言符合道义,说的话才能兑现。态度容貌的恭敬符合礼制,就不致遭受侮辱。依附关系深的人,也就可靠了。"

【评论】　朱熹《集注》释此章曰:"信,约信也。义者,事之宜也。复,践言也。恭,致敬也。礼,节文也。因,犹依也。宗,犹主也。言约信而合其宜,则言必可践矣。致恭而中其节,则能远耻辱矣。所依者不失其可亲之人,则亦可以宗而主之矣。此言人之言行交际,皆当谨之于始而虑其所终。不然,则因仍苟且之间,将有不胜其自失之悔者矣。"

　　态度容貌的恭敬符合礼制,自然就不会招致侮辱。恭,指的是举止端庄、严肃、有礼。敬,是指对待事情严肃认真或对人严肃有礼貌。这二者被连在一起作为君子道德修养高尚的体现。孟子就以"恭敬之心"来阐释"礼",把"恭敬之心"看作是人心固有的善端之一。

1.14　子曰:"君子食无求饱①,居无求安②,敏于事而慎于言③,就有道而正焉④,可谓好学也已矣。"

【注解】　①食:吃饭。②安:舒适。③敏:勤劳敏捷。慎:谨慎。④就:靠近。正:匡正。

【译文】 孔子说:"君子吃饭不一味追求饱足,居住不一味追求舒适,对待工作勤奋敏捷,说话谨慎,接近有德行的人来匡正自己,这样,就可以称得上是好学的人了。"

【评论】 孔子在这里对君子好学提出了三个层面的要求:物质上不贪图享受;对待工作勤劳敏捷,说话谨慎;主动接近有德的人。

　　颜回是孔子认为最好学的学生。孔子曾说:"贤哉,回也!一箪食,一瓢饮,在陋巷,人不堪其忧,回也不改其乐。贤哉,回也!"(《论语·雍也》)意思是说,一竹筐饭,一瓜瓢水,住在小巷子里,别人都受不了那种苦,但是颜回却不改变他的快乐。相比之下,今日拜金主义、享乐主义随处可见,但"食无求饱,居无求安"的君子却难以找寻。有人将物质富裕、追求享受作为自己奋斗的目标,这与孔子当时的要求相距甚远。今日,我们无需苛刻地要求自己也做到"食无求饱,居无求安",但是吃饭是为了活着,活着却不是为了吃饭,弄清人生目的十分重要。"食无求饱,居无求安"只是一种精神境界,并不是规约生活的刻板教条。

1.15　子贡问曰:"贫而无谄①,富而无骄,何如②?"子曰:"可也。未若贫而乐③,富而好礼者也。"子贡曰:"《诗》云④'如切如磋,如琢如磨',其斯之谓与?"子曰:"赐也⑤,始可与言《诗》已矣,告诸往而知来者。"

【注解】 ①谄:谄媚。②何如:怎么样?③未若:比不上。④诗:即《诗经》,简称《诗》。⑤赐:即子贡,名赐。

【译文】 子贡求教说:"贫穷却不事巴结奉承,富裕却不骄傲自大,这样的人怎么样呢?"孔子说:"可以了;但不如虽贫穷却快乐,虽有钱却爱好礼制。"子贡说:"《诗经》上说'要像对待骨、角、象牙、玉石一样,先开料,再糙锉,细刻,然后磨光。'是不是这个意思呢?"孔子说:"子贡呀,现在可以同你讨论《诗经》了,告诉你过去的,你却能举一反三,用在未来上了。"

【评论】 上博简《民之父母》中有一段引《诗》材料可与此章相互发明,其文如下:

子夏曰:"'五至'既闻之矣,敢问何谓'三无'?"孔子曰:"'三无'摩,无声之乐,无体之礼,无服之丧,君子以此横于天下……"子夏曰:"无声之乐、无体之礼、无服之丧,何《诗》是迩?"孔子曰:"善哉!商也,将可孝《诗》矣!'成王不敢康,夙夜基命宥密',无声之乐。'威仪迟迟,不可选也',无体之礼也。'凡民有丧,匍匐救之',无服之丧也。"①

这段材料中记载孔子对子贡善于阐释《诗》篇的称许,与本章孔子称赞子贡举一反三、告往知来相似。孔子在教学的过程中,很注重启发式的教育方式。曾说:"不愤不启,不悱不发。举一隅不以三隅反,则不复也。"(《论语·述而》)意思是说,不到学生想弄清楚而弄不清楚的时候,不去开导;不到学生想说却无法恰当表达出来的时候,不去启发他。告诉他东方,但是他却不能推导出西、南、北三方,便不再教他。从教的角度讲,孔子不提倡"满堂灌",他认为为人师者,应当循循善诱,进行启发式教育;从学的角度讲,要求学生积极思考、举一反三、触类旁通。至今,这种科学的教学方式仍然被大家所认同。

1.16　子曰:"不患人之不己知①,患不知人也②。"

【注解】　①患:担心。②知:了解。人:别人。

【译文】　孔子说:"别人不了解我,我不担心;我担心的是自己不了解别人。"

【评论】　这与第一章中"人不知而不愠"是一个道理。很多人苦于求名,尤其在有点功绩后,更是希望自己名留青史。网络时代,有很多人为了出名,不择手段。那么对待出名,什么样的态度是正确的呢?从孔子这里,我们读到的是一种淡然,一种超脱。关注个体的人生价值和尊严,遵循个人的价值理念,超脱名利,"不以物喜,不以己悲"。那么,孔子就真的反对出名吗?孔子曾说:"君子疾没世

---

①　马承源主编:《上海博物馆藏战国楚竹书(二)》,上海,上海古籍出版社,2002年版,第161~167页。

而名不称焉"(《论语·卫灵公》)。意思是说,一个人死后,如果名字不为人们所称颂,那是一件令人遗憾的事。孔子又说:"君子去仁,恶乎成名?君子无终食之间违仁,造次必于是,颠沛必于是"(《论语·里仁》)。可见孔子认为没有仁,就无法成名。可以说成仁是目的,成名只是顺带出现的结果,而不是为成名而成名。确立好个体的人生目的,是分辨这一误区的关键点。推行仁义,修炼自身道德是人生目的,成名只是顺其自然的结果。反其道而行者,犯了颠倒因果的错误。不择手段的欺世盗名是为人所唾弃的,只有品行高尚的仁义君子才能留名千古。

最后,值得我们思考的是"患不知人也",这是更高的层次。将目光从关注自我的狭隘视野中转移到关注他人,体现了孔子一种包容和豁达的情怀,也可以看作是孔子仁者之心的具体体现。

为政第二

2.1 子曰:"为政以德①,譬如北辰②,居其所而众星共之③。"

【注解】 ①德:仁德。②北辰:北极星。③居其所:在一定的位置上。共:同"拱",环绕。此句《孟子·尽心》篇注、《吕氏春秋·有始览》注均引作"众星拱之"。《释文》亦曰:"共,郑作拱。"《文选·曲水诗序》、《运命论》引此句亦作"拱"。

【译文】 孔子说:"用仁德来治理国家,便会像北极星一样,处在中心位置上,而别的星辰都环绕着它。"

【评论】 孔子思想的核心是"仁",延伸到政治上便是以德治国。他认为统治者应当具备高尚的品行修养,内心仁义,并将这种思想转化到对国家的治理上。基于此,他认为用残酷的刑法治国,只能让人因畏惧而不犯法;而道德教化则不同,它能让百姓发自内心地从善,像众星拱月般拥戴他们的国君。孔子主张以民为贵、反对刑法、减少战争、反对厚敛重赋。虽然这些观点都符合人民的愿望,然而德治思想并不适应当时的社会现实。

　　朱熹《集注》释此章曰:"政之为言,正也,所以正人之不正也。德之为言,得也,行道而有得于心也。北辰,北极,天之枢也。居其所,不动也。共,向也。言众星四面旋绕而归向之也。为政以德,则无为而天下归之,其象如此。"朱子之说取郭象《论语》注以黄老之学解此章,引起清儒之非议。联系孔子所处时代的政治状况及孔子有关为政之言论来看,孔子之学与老子之学并非形同水火,郭象、朱子之说不无道理。

2.2 子曰:"《诗》三百,一言以蔽之①,曰:'思无邪②。'"

【注解】 ①蔽:概括。②思:思想。

【译文】 孔子说:"《诗经》三百篇,用一句话来概括其思想内容,就是'思想纯正'。"

【评论】 孔子以《诗》为教,他不仅对《诗》的思想内容十分熟悉,而且曾对《诗》的音乐等方面也进行过整理。"《诗》教"是孔子教学内容的重要部分。春秋时期,贵族能在政治、外交、宴饮等活动中熟练运用《诗经》以表情达意是一种文化风尚,时人称之为赋诗言志。《左传》《国语》中就有大量关于春秋时贵族赋诗言志的记载。孔子曾说:"不学诗,无以言。"可见《诗经》在他心目中的重要性了。

此章载孔子概括《诗经》的特点是"思无邪",体现了他对《诗经》思想内容的教育功能的重视。这一点对后世文学和文学家都具有重要的启示。

2.3 子曰:"道之以政①,齐之以刑②,民免而无耻③;道之以德,齐之以礼④,有耻且格⑤。"

【注解】 ①道:或作"导",引导。皇侃《注疏》本此章两"道"字均作"導"。程树德《集释》"考异"曰:古本、唐本、正平本均作"導"。《史记》《汉书·酷吏传序》《汉书·刑法志》《后汉书·杜林传》、董仲舒《对贤良策》、王符《潜夫论·德化》篇、《梁书》所载徐勉《修五礼表》皆引作"導"。②齐:整顿。③免:此处指免于刑罚。④无耻:没有羞耻之心。⑤格:正也,使人心归服。

【译文】 孔子说:"用政策来引导,用刑法来整顿,人民只是暂时地免于刑罚,却没有羞耻之心。如果用道德来引导,使用礼教来整顿,人民不但有羞耻之心,而且人心归服。"

【评论】 此章所载,为孔子比较两种治国方略迥然不同之效果:"道之以政,齐之以刑"的后果是"民免而无耻";但是若"道之以德,齐之以礼",则百姓自然就会有羞耻之心,且人心归服。不同的治道,导致不同的结果。其比较的目的,仍在于推行仁政也。

《礼记·缁衣》载:子曰:"夫民,教之以德,齐之以礼,则民有格心;教之以政,齐之以刑,则民有遯心。"《大戴礼记·礼察》亦曰:"为人主计者,莫如安审取舍。取舍之极定于内,安危之萌应于外也。以礼义治之者积礼义,以刑罚治之者积刑罚。刑罚积而民怨倍,礼义积而民和亲,故世主欲民之善同,而所以使民之善者异也。或导之以德教,或欧之以法令。导之以德教者,德教行而民康乐。欧之以法令者,法令极而民哀戚。哀乐之感,祸福之应也。"此二处记载适足以发明本章之意。

2.4　子曰:"吾十有五而志于学①,三十而立②,四十而不惑③,五十而知天命④,六十而耳顺⑤,七十而从心所欲不逾矩⑥。"

【注解】　①十有五:十五岁。有,又。皇侃《义疏》:"志者,在心之谓也。孔子言我年十五而学在心也。十五是成童之岁,识虑坚明,故始此年而志学也。"②立:成立。皇侃《义疏》:"立,谓所学经业成立也。古人三年明一经,从十五至三十是又十五年,故通五经之业,所以成立也。"③不惑:不疑惑。皇侃《义疏》:"业成后已十年,故无所惑也。又引孙绰云:四十强而仕,业通十年,经明行修,德茂成于身,训洽邦家,以之莅政,可以无疑惑也。"朱熹《集注》:"于事物之所当然皆无所疑,则知之明而无所事守矣。"④天命:命运。皇侃《义疏》:"天命,谓穷通之分也。谓天为命者,言人禀天气而生,得此穷通,皆由大所命也。天本无言而云有所命者,假之言也。人年未五十,则犹有横企无厌。及至五十始衰,则自审己分之可否也。"⑤耳顺:闻言则悦。焦循《补疏》释曰:"耳顺即舜之察迩言,所谓善与人同,乐取于人以为善也。顺者,不违也。舍己从人,故言入于耳,隐其恶,扬其善,无所违也。学者自是其学,闻他人之言多违于耳。圣人之道一以贯之,故耳顺也。"⑥逾矩:违反规矩。《集解》引马融曰:"矩,法也。从心所欲,无非法者。"

【译文】　孔子说:"我十五岁下决心学习,三十岁治学修德有所成立,四十岁不再迷惑,五十岁了解了天命,六十岁闻人言而不违,到了七十岁便随心所行,却不违反规矩。"

【评论】　此章是孔子一生的写照,也是千古传诵的名言,甚至很多不识字的中国人都能脱口而出。李贽在《四书评·论语》中评论此章云:"孔子年谱,后人心诀。"

"吾十有五而志于学",在十五岁的时候孔子就树立了自己的志向。"三十而立",可以理解为学业和修养已经可以自成格局,也可理解为人格已经成熟。"四十而不惑",即到了四十岁不再受外界干扰迷惑,心中有了自己的思考。"五十而知天命",李泽厚《论语今读》评论此章说:"谨慎敬畏地承担起一切外在的偶然,'不怨天不尤人',在经历各种艰难险阻的生活历程中,建立起自己不失其主宰的必然,亦既认同一己的有限,却以此有限来抗阻,来承担,来建立,这也就是'立命'、'正命'和'知天命'"。六十岁耳顺,意味着包容;七十岁道德学问已经内化于心外见于行,故举手投足均合乎规矩。进德修业永无止境,人生的每个阶段都有美好的风景。皇侃《义疏》:"从,犹放也。逾,越也。矩,法也。年至七十,习与性成,犹蓬生麻中,不扶自直。故虽复放纵心意,而不逾越于法度也。"此时进德修业已臻化境也。

2.5 孟懿子问孝①。子曰:"无违②。"樊迟御③,子告之曰:"孟孙问孝于我④,我对曰,无违。"樊迟曰:"何谓也?"子曰:"生,事之以礼⑤;死,葬之以礼,祭之以礼。"

【注解】 ①孟懿子:鲁国大夫,孟孙氏的掌权人。孟庄伯之孙,名何忌,谥曰懿子。《左传·昭公七年》载:"孟僖子从昭公如楚,不能相礼,其将死也,召其大夫曰:'礼,人之干也,无礼无以立。我若获没,必属说(南宫敬叔)与何忌于夫子,而学礼焉。'"据此看,孟懿子曾向孔子学礼。蔡仁厚考证说:"定公十二年,孔子用于鲁,与子路(时为季氏宰)主堕三都。季孙氏的费邑,叔孙氏的郈邑,都拆毁了;而孟懿子听信家臣公敛处父之言,竟不肯堕他的成邑。次年春,孔子乃去鲁适卫。懿子既负孔子,又负其父。《论语》载孟懿子问孝,孔子告诉他'无违'。想孟懿子平生行事,必有违师教违父命的地方。《史记·仲尼弟子列传》不载孟懿子,可能就是这个缘故。"①②无违:不要违背礼。"无",阮元校作"毋。"③樊迟:姓樊,名须,字子迟,孔子的学生。据《孔子家语》载,樊迟是鲁国人,比孔子小四十六岁。年龄很小就在季孙氏家做事,因向孔子请教如何种庄稼而被斥为"小人"。④御:驾车。⑤孟孙:即孟懿子。

---

① 蔡仁厚:《论语人物名籍事迹考述》,台北,台湾商务印书馆,1996年版,第12页。

【译文】 孟懿子向孔子问孝道。孔子说:"不要违背礼节。"不久,樊迟替孔子赶车,孔子对他说:"孟懿子向我问孝道,我回答说不要违背礼节。"樊迟说:"这是什么意思?"孔子说:"父母活着的时候,按照礼节来侍奉他们;死了,按照礼节埋葬他们,按时节祭祀他们。"

【评论】 不同的人问相同的问题——"孝",孔子给出的答案却不一样;这体现了孔子的因材施教思想。孟懿子是鲁国的大夫,但却经常僭越礼制。周代的礼仪体现出严格的等级规范,天子、诸侯、大夫、士、庶人之礼各不相同。孟氏作为鲁国公室,不但有时以大夫而用鲁公(诸侯)之礼,有时甚至还用天子之礼。这种行为严重僭越周礼。这是孔子最不能容忍的。孔子回答孟懿子的这几句话,可能就是针对其违礼而发的。

此章中孔子解答孟懿子之问孝,是从尊礼的角度去阐释,颇有深意。皇疏引卫瓘云:"三家僭侈,皆不以礼也,故以礼答之也。或问曰:'孔子何不即告孟孙,乃还告樊迟耶?'答曰:'欲属于孟孙,言其人不足委曲,即以示也。'"对孟懿子而言,不仅是出于个人层面应当尊奉孝道,出于政治层面的考虑,也应当如此。因为"慎终追远,民德归厚矣"(《论语·学而》)。郑汝谐《论语意原》:"无违之答懿子不复致疑者,谓夫子教之以无违其父之命而学礼也。然圣人之意不止于是,故以无违之旨告于樊迟,使之终其身不忘其亲,亦使学者知无违之旨非谓惟父令之是从也。"①孟氏如果能把丧礼、祭祀办好,就是孝,这样也才能由近及远,改正"三桓专权"的违礼之举。只可惜他并未意识到。

2.6 孟武伯问孝①。子曰:"父母唯其疾之忧②。"

【注解】 ①孟武伯:名彘,孟懿子之子。武是谥号,伯是排行。②唯:仅仅。其:指父母。疾:疾病。忧:忧愁。《集解》引马曰:"武伯,懿子之子仲孙彘。武,谥也。言孝子不妄为非,惟有疾病然后使父母忧耳。"

---

① 程树德撰,程俊英、蒋见元点校:《论语集释·为政上》,北京,中华书局,1990年版,第82页。

【译文】 孟武伯向孔子问孝道。孔子说:"父母只是为他们孩子的疾病忧愁。"

【评论】 只为孝子的疾病忧愁,意味着其他各个方面都无需父母挂念。这是一种很高的境界,试问有几人能做到除疾病外无需父母牵挂呢?为人之子,应当做的就是努力减少父母对自身各方面的担忧,值得深思!

2.7 子游问孝①。子曰:"今之孝者,是谓能养。至于犬马,皆能有养②。不敬,何以别乎③?"

【注解】 ①子游:姓言,名偃,字子游,孔子的学生。《史记·孔子世家》言吴人,少孔子四十五岁。《孔子家语》以为鲁人。子游在四科十哲中以文学著称,又长于礼学,在当时就为人所称道。他曾任鲁国武城宰,把礼乐推行到政治实践之中。②有养:指人能养犬与马。③别:指区别父母和犬马。

【译文】 子游向孔子问孝道。孔子说:"现在的孝啊,就是说能够养活父母就行了。至于狗马,都能够得到饲养;如果不尊敬父母,那养活父母和饲养狗马怎样去分别呢?"

【评论】 孔子否定时人把"孝"简单现解为"能养"父母的看法,并指出人对于狗马,也能够饲养,如果不能从内心尊敬父母,那和饲养狗马又有什么区别呢?显然,孝首先是在物质上的赡养,其次是发自内心的尊敬。明人李贽有感于孝道沦丧,评论说:"今之孝也,并'能养'亦无之矣,岂不可叹!"(《四书评·论语》)李贽的话直指当时社会存在的某些丑陋现象,孩子抛弃父母者,早已屡见不鲜。很多人连"能养"都无法践行,更遑论尊敬之心!孔子指出孝的基本内涵,是希望天下子女不仅要尽赡养父母的义务,更重要的是要有敬爱父母之心。

2.8 子夏问孝。子曰:"色难①。有事,弟子服其劳②;有酒食,先生馔③,曾是以为孝乎④?"

【注解】 ①色难:侍奉父母容色恭敬之难。刘宝楠《集解》:"包曰:'色难,谓承顺父母色乃为难也。'"②弟子:年轻人,晚辈。服:承担。③先生：长辈。馔(zhuàn)：吃喝。④曾(céng)：副词，竟，乃。此句汉石经无"乎"字。

【译文】 子夏向孔子请教孝道。孔子回答说："儿子在父母前经常有愉悦的容色，是件难事。有事情，年轻人效劳；有酒饭，年长的吃，这难道就是孝吗？"

【评论】 何为孝？孔子从未作过明确界定，他只是谈了自己的观点。而且就同一问题，因时、因地、因人的不同，而给出不一样的回答。这一章和上一章有异曲同工之妙。"孝"并不是表面的形式，而是内心敬爱的自然流露。只是赡养或者帮忙做事并不是真正的孝道，更高层次的要求是尊敬。为何"色难"呢？人的辞气表情是内心情感的外在显现，总能对父母保持和颜悦色，说明心里尊敬父母。秉持对父母的这份尊敬才是真正孝的体现。

2.9 子曰："吾与回言终日①，不违②，如愚③。退而省其私④，亦足以发⑤，回也不愚⑥。"

【注解】 ①回：颜回，字子渊，又名颜渊，鲁国人。少孔子三十岁，是孔子最得意的学生。他安贫乐道，最接近孔子所说的"仁"。在当时就有很大的影响。②终日：整天。违：此处指持反对意见。③愚：愚蠢之人。皇疏："颜子闻而即解，无所咨问，故言终日不违。"又云："观回终日默识不问，殊似愚鲁。"是以"终日"属下读也。④省(xǐng)：观察，了解。⑤发：启发。⑥皇本"不愚"下又有"也"字。

【译文】 孔子说："我和颜回谈话一整天，他从不提反对意见和提出疑问，就像是个愚蠢的人。我私下里观察他的言行，却发现也能对我讲的内容有所发挥和践行，颜回其实并不愚蠢啊。"

【评论】 邢昺《注疏》曰："此章美颜渊之德。"颜回是孔子最得意的学生，《论语》提到他共计二十一次。孔子多次称赞他。他出生于贵族家庭，但家道衰落后穷居陋巷却不抱怨，也不改变自己的快乐。颜回生性敦厚却天资聪慧，本章提到孔子也曾误解他，认为颜回"愚"，但是最后孔子还是看到了他的聪颖。这个故事也启发我们，评价一个人，不能仅靠自己所看、所听，而且还需要用心观察他的言行是否一致。另外,从这里可以看出孔子最看重的是弟子对所学内容能够用心领会,从中受到启发并能够举一反三,应用于实践之中。其次才是上课时认真听讲,乐于向老师提出问题。

2.10　子曰:"视其所以①,观其所由②,察其所安③,人焉廋哉④?人焉廋哉?"

【注解】　①以:何晏注:"以,用也。言视其所行用。"指言行的动机。②由:是指所由从的道路。③安:安处,寄托。④焉:何处。廋(sōu):隐藏。

【译文】　孔子说:"观察一个人言行的动机,观察一个人为达到自己的目的所采取的方式方法,了解他心情的寄托,这个人怎样隐藏得住呢?这个人怎样隐藏得住呢?"

【评论】　邢昺《注疏》曰:"此章言知人之法也。"孔子谈如何观察了解人,方法确实很妙。"所以"应当是"所由""所安"的关键。这是教我们如何从一个人的日常生活与行为方式中观察一个人的内心世界,是孔子对其教学实践和经验的总结。这种对人的观察与了解方法,对于我们处世也是很有启发的。

2.11　子曰:"温故而知新①,可以为师矣②。"

【注解】　①温故:温习旧知识。知新:有新的体会与发现。②师:老师。

【译文】　孔子说:"能通过温习旧知识而有新的体会、新的发现,就可以做老师了。"

【评论】　邢昺《注疏》曰:"此章言为师之法。"这是一则流传甚广的名言。"温故"就是温习和研究过去所学知识,"知新"则是说要善于思考拓展,从"已知"中获得新体验、新知识。《论语·子张》载子夏说:"日知其所亡,月无忘其所能。可谓好学也已矣。"这意思是说每天知道所未知的,每月都能不忘掉已经学会的知识,就可以说是很好学了。"月无忘其所能"即相当于这里的"知新","日知其所亡"即这里的"温故"。可见好学之人,必定要将"温故"与"知新"有机结合,才可以到达学习的理想境界。这些学习方法在今日依然很实用。

2.12　子曰:"君子不器①。"

【注解】　①器:器物。皇侃《义疏》:"器者,给用之物也。犹如舟可以泛于海,不登山;车可陆行,不可济海。君子当才业周普,不得如器之守一也。"

【译文】　孔子说:"君子不能像器物一般。"

【评论】　"君子不器"是说君子不应当像形而下的器物一器一用那样,局限于一才一艺。孔子身精通六艺,文武兼备,可以说是"不器"的典范,也是他被尊称为圣人的重要原因之一。古代对于君子要求甚高,首先是道德层面的要求,涵盖了重道明本、明辨义利、胸怀坦荡、注重团结、讲求风度等。其次是知识层面的要求。这一点参考孔子的教学内容便可知晓。孔子教授弟子的六艺就包括礼仪、音乐、射箭、驾车、书写、算数。可见孔子致力培养的是综合型高素质人才。用当今社会时兴的概念说,"君子不器"就是拒绝单向度的发展。

　　纵观中外名家不难发现,许多伟大的科学家都是博学多才。比如俄国科学家罗蒙诺索夫,他被誉为"百科全书式的科学家"。他在自然科学方面的知识范围非常广泛,涉及化学、天文学、物理学、地质学等方面,同时也是一位出色的人文学者,在历史学、语言学、哲学方面都有研究,被誉为俄罗斯现代语言之父。另如中国数学家华罗庚,不仅在数学领域成就卓著,而且在语言文学方面也有造诣。新中国成立初期,华罗庚和科学家钱三强、赵九章等一起出国访问,在途中,华罗庚以钱三强的名字为题,给大家出了一副对联,上联是——三强:赵、魏、韩!求下联。一时间大家无法作答。华罗庚道出了下联——九章:勾、股、弦。赢得了满堂喝彩!上联字面是指战国七雄中的三国,其中包含了钱三强的名字。下联表面是指《九章算术》中的勾股弦定理,实际则包含了赵九章的名字。

2.13　子贡问君子①。子曰:"先行其言而后从之②。"

【注解】　①行:实践,践行。②后从之:然后再说出来。

【译文】　子贡问怎样才能做一个君子。孔子说:"对于你要说的话,先做,再说出来。"

【评论】 皇侃《义疏》:"孔安国曰:'疾小人多言而行之不周也。'"邢昺《注疏》:"君子先行其言,而后以言从之,言行相副,是君子也。"言行一致是孔子特别强调的。无论是个人还是国家,讲信用是立命之根本。对于君子尤其如此。这一观点在《论语》中被反复提及。

2.14 子曰:"君子周而不比①,小人比而不周。"

【注解】 ①周:以道义来团结人。比:以私利互相勾结。孔安国曰:"忠信为周,阿党为比。"

【译文】 孔子说:"君子普遍团结人们,而不偏袒勾结;小人偏袒勾结,而不普遍团结。"

【评论】 邢昺《注疏》说:"此章明君子、小人德行不同之事。忠信为周,阿党为比。言君子常行忠信,而不私相阿党,小人则反是。"朱熹《集注》:"皆与人亲厚之意,但周公而比私耳。君子小人所为不同,如阴阳昼夜,每每相反。然究其所以分,则在公私之际,毫厘之差耳。"

2.15 子曰:"学而不思则罔①,思而不学则殆②。"

【注解】 ①学:学习,包括读书和向他人借鉴学习;思:思考;罔:迷惑。②殆:危险。

【译文】 孔子说:"只是一味地读书学习,却不去思考,就会很迷惑;反过来,如果只是一味思考,却不学习借鉴,就会陷入空想和臆想而很危险。"

【评论】 这章讲学习的方法,最是切实有用。读书学习固然重要,但如不会思考,而只是停留在单纯接受知识的层面,那就无法融会贯通,也就无法形成自己的思想。相反,只是无所依傍的思考,而不学习借鉴,也会因失去方向而导致危险。读书的过程,同时也是做思维体操的过程。在学习中思考,在思考中学习,然后批判式的接受其中的精华,摒弃糟粕,就能举一反三、触类旁通,就会有真正的收获。孔子想要表达的是"学"与"思"的互动和完美结合,二者之间是不能割裂开来的。

《荀子·劝学》说:"吾尝终日而思矣,不如须臾之所学也。吾尝跂而望矣,不如登高之博见也。登高而招,臂非加长也,而见者远;顺风而呼,声非加疾也,而闻者彰。假舆马者,非利足也,而致千里;假舟楫者,非能水也,而绝江河。君子生非异也,善假于物也。"荀子发挥了孔子的思想,但更强调"学"也即继承的重要性。的确,能站在巨人的肩膀上,就已经为成功奠定了很好的基础。

2.16　子曰:"攻乎异端①,斯害也已矣②。"

【注解】　①攻:钻研。异端:不正确的学说。斯:指示代词,这。②也已矣:语气词。

【译文】　孔子说:"钻研异端学说,这是祸害啊。"

【评论】　本章的含义争议较大,比较合理的有两种:第一种将"攻"理解为"钻研、致力于"。持这种观点的代表是朱熹《四书章句集注》;第二种将"攻"理解为攻击,意为"攻击那些异端学说,祸害就可以消除了。"杨伯峻先生《论语译注》即采用这种说法。

但不论是哪种解释,从中我们都不难看出孔子对异端学说是持很鲜明的批判态度的。故皇侃《义疏》说"此章禁人杂学诸子百家之书也。"

2.17　子曰:"由①！诲女知之乎②！知之为知之,不知之为不知之,是知也③。"

【注解】　①由:孔子学生,仲由,字子路。②诲(huì):教诲。女:通"汝"。③知(zhì):智慧。

【译文】　孔子说:"子路啊,我教诲你的你明白了吧！知道就是知道,不知道就是不知道,这才是真正的智慧。"

【评论】　历代注家多以为这是因为子路好为人师,因此孔子教训他的话。大体不差。孔子曾说"人之患在好为人师"。即如此,则难免强不知以为知。这与其说是子路的毛病,也可以说是天下人的毛病。

天下之大、学问之广、书籍之多，凭借个人之力，无法穷尽天下所有的知识。惟有真诚勤勉才是为学之正道。只有承认自己不懂，持有一个虚心求教的态度，才能不断进步，不断提高。

2.18　子张学干禄①。子曰："多闻阙疑②，慎言其余③，则寡尤。多见阙殆，慎行其余，则寡悔④。言寡尤⑤，行寡悔，禄在其中矣。"

【注解】　①子张：孔子弟子，姓颛（zhuān）孙，名师，字子张。干：求。禄：禄位。②阙：保留。③慎：谨慎。④寡：少。⑤尤：错误。

【译文】　子张向孔子请教求官职得俸禄的方法。孔子说："多多倾听，保留有所怀疑的地方，其余足以自信的部分，谨慎地说出来，就可以少犯错误；多多观察，保留有所怀疑的地方，其余足以自信的部分，谨慎的实行，就能减少懊悔。讲话少过错，行为少懊悔，官职薪俸便自然会有了。"

【评论】　孔子教学既有他的直接目的——"学而优则仕"，也有他的文化目的——提升人的修养，培养品德高尚的君子。当时的社会以世袭制为主，一般情况下只有贵族出身，才有可能在朝廷为官，布衣通常无缘官场。孔子办私学，打破了这一格局。《论语·子张》讲"仕而优则学，学而优则仕。"这是讲做官有余力就去学习，学习得好就去做官。做了官有时间再去学习的，是那些世袭的贵族。学习的好就去做官，这成为庶民阶层为官的重要路径。孔子的教学活动推动了士阶层的兴起。

　　本章是孔子就如何为政所发表的看法。孔门最优秀的学生都被分在"四科"——德行、言语、政事、文学。这四科也都直接间接地与从政有关。"德行"可看作为官之本。只有个人德行高尚，才能赢得他人的肯定与举荐；"言语"可看作善于辞令。善于辞令的官员，往往可以在迎接宾客，出使别国时表现出众；"政事"就是纯粹的为官之道；"文学"应当指拥有渊博的学识，出众的文采。无论是官场之上、宴席之间还是祭祀典礼、朝堂之上，学富五车、侃侃而谈必定会赢得领导者的青睐。事实证明，孔子的办学目的是达到了，他的学生中确实有不少为官者。仅《论语》一书中记载的就有：冉有、子路为季氏宰，闵子骞为费宰，子游为武城宰，仲弓为季氏宰,子夏为莒父宰,冉求还曾任鲁国军队的"左师"。由此看来,孔子对于从政人才的培养可谓不遗余力。孔子也指出了为政者所应具备的基本素养。今日看来,仍然大有益处,值得仔细品鉴。

2.19　哀公问曰①:"何为则民服②?"孔子对曰:"举直错诸枉③,则民服。举枉错诸直,则民不服。"

【注解】　①哀公:鲁国国君,姓姬,名蒋。公元前494—前468年在位,"哀"是其谥号。②何为:怎样做。③举:选拔,举用。直:正道直行之人,指贤者。错:安排,放置。枉:邪佞。

【译文】　鲁哀公问:"要如何做才能使老百姓服从?"孔子回答说:"举用正直的人,把他们安排在奸诈的小人之上,百姓就会服从。反之,起用那些邪恶不正直的人,使他们居于正直者之上,百姓便不服从。"

【评论】　影响一个国家兴亡的因素有很多,其中最重要的一条是"用人"。明君圣主,必定懂得举用贤才,罢黜奸佞。《论语·泰伯》亦言:"舜有臣五人而天下治。武王曰:'予有乱臣十人。'""乱"即"治"也,"乱臣"就是治国之臣。大舜和周武王都是因为举用了贤者为臣,得到他们的真心拥戴、全力辅佐,才得以天下大治。诸葛亮在《出师表》中也提到"亲贤臣,远小人,此先汉所以兴隆也;亲小人,远贤臣,此后汉所以倾颓也。"由此可见,用人之道对国家社稷是何等重要。

　　有人问孔子:卫灵公昏庸无道,为什么卫国还不灭亡呢？孔子回答说:"仲叔圉治宾客,祝鮀治宗庙,王孙贾治军旅。夫如是,奚其丧?"(《论语·宪问》)卫灵公虽然昏庸,但是他有贤臣仲叔圉、祝鮀、王孙贾。有贤臣辅佐,怎么会亡国呢？总之,能否举用贤臣,对于一个国家的发展,甚至生死存亡都关系甚大。春秋时代,在宗法制、世袭制的社会环境中,平民阶层很难获得入仕的机会。孔子就在这样的背景之下提出"举贤才"。英雄不问出身,只注重才能和德行。这不能不说是历史的进步。《孟子》中就提及很多出身卑贱的贤能之士被举用的情况:"傅说(商王武丁的臣子)举于版筑之中,胶鬲(商纣的臣子)举于鱼盐之中,管夷吾(齐桓公的宰相)举于士,孙叔敖(楚庄王的令尹)举于海,百里奚(秦穆公的臣子)举于市。"反映了当时"举贤才"的趋势。孔子的举贤任能思想,也得到了墨子、孟子等人的继承和发展,此后也对古代封建社会的官员选拔制度产生了深远影响。

2.20　季康子问①:"使民敬、忠以劝②,如之何?"子曰:"临之以庄③则敬,孝慈则忠;举善而教不能④,则劝。"

【注解】　①季康子:季孙肥,"康"是其谥号。鲁哀公的臣子,当时政治上最有权力的人。②以:连词,与"和"同。③庄:严肃认真。④不能:能力弱的人。

【译文】　季康子请教孔子说:"要使人民严肃认真、尽心竭力而互相劝勉,如何才能做到呢?"孔子回答说:"你对老百姓严肃认真了,他们对你的政令也就严肃认真了;你孝顺父母,慈爱幼小,老百姓也就会对你尽心竭力;你提拔好人而教育那些能力弱的人,老百姓就会互相劝勉。"

【评论】　季康子的问题是为政者如何才能让人民严肃认真、尽心竭力、互相劝勉。也许有人认为要改变的对象是百姓,所以必须推行一定的法令,或者对他们进行相关教化。但孔子的回答却是另一种思路。孔子认为,虽然目标是让人民具有高尚的德行,但问题的关键取决于为政者的行为。只有为政者以身作则,树立榜样,才能赢得百姓的尊敬与爱戴。也就是说,只有为政者自身做到"庄""孝""慈""举善""教不能",才会出现为政者所期盼的"使民敬""忠以劝"。孔子认为一个上下有序、文明和谐的国家是每个为政者梦寐以求的,然而这一切的核心要素不在别处,就在为政者自身的修炼与提升。《礼记·大学》中这样说:"身修而后家齐,家齐而后国治,国治而后天下平。"

2.21　或谓孔子曰:"子奚不为政?"子曰:"《书》云①:'孝于惟孝,友于兄弟,施于有政②。'是亦为政,奚其为为政?"

【注解】　①书:指《尚书》。以上引文《伪古文尚书·君陈》作:"惟尔令德孝恭,惟孝,友于兄弟,克施有政。"②有:名词词头。

【译文】 有人问孔子说:"你为什么不参与政治?"孔子说:"《尚书》上说,'孝呀,只有孝顺父母,友爱兄弟,把这种风气影响到政治上去。'这就是参与政治,为什么定要做官才算参与政治呢?"

【评论】 针对时人有点嘲讽语气的"为什么不入仕从政"之问,孔子的回答听起来似乎风马牛不相及,但实则富含深意。这是孔子对政事的另一种解读。其中既体现了孔子的含蓄表达——并不反对直接参与政事,又体现了孔子对家庭伦理与政治关系的看法——"孝乎惟孝,友于兄弟,施于有政。"儒家提倡的"修身、齐家、治国、平天下",修身是为政之本,修身是第一要义,齐家、治国、平天下都建立在这一基础之上。只有修身达到很高的境界,才能将家族治理好。家族内部团结,需要长幼有序。推而广之,可到一个国家,再扩大到整个天下。这就是儒家治国方略中为何要反复强调孝道的原因。

从另一角度思考,这也是一种对于义务和责任的强调。儒家学说强调集体主义,具体说,就是个人的生存并不仅仅只为个人,而是要通过一定的修养功夫,达到"齐家、治国、平天下"的人生境界! 因而个体对于民族、国家都承担着责任。所谓"君君、臣臣、父父、子子"所强调的正是这一点。儒家认为,如果国君仁爱,那么臣子就会忠臣;如果做父亲的慈爱,为人子者定会孝顺。孔子很注重对国君进行劝谏,要求身为君主,首先要以身作则。但是他也提倡做臣民的应当安分守礼、遵守孝道。总之,各负其责,相互影响、彼此促进,国家社会就会得到治理。虽然,君臣父子的理论含有一定的局限性,但对封建社会的稳定和发展确实起到了举足轻重的作用。

2.22 子曰:"人而无信①,不知其可也。大车无輗②,小车无軏③,其何以行之哉?"

【注解】 ①而:句中语气词。②大车:古代用牛力的车叫大车。用马力的车叫小车。《集解》引包曰:"大车,牛车。輗者,辕端横木以缚枙者也。小车,驷马车。軏者,辕端上曲钩衡者也。"輗(ní):车辕前面驾牲口的横木,大车上的叫做鬲,小车上的叫做衡。鬲、衡两头都有活销,輗就是鬲的活销,軏就是衡的活销。车子没有它,自然无法套住牲口,那怎么走呢? ③軏(yuè):马车衡上的活销。

【译文】 孔子说:"一个人如果不讲诚信,那怎么可以?就譬如大车小车没有了驾车的横木木销,如何能够正常行走呢?"

【评论】 孔子的比喻很形象,同时也点出了诚信的重要性。诚然,在任何时代,人如果没有了诚信,就像"大车无輗、小车无軏",是无法行走的。《论语》全书多次提及诚信,古人对它相当重视。在今日社会,建筑安全、食品安全、交通安全都让人民缺乏信任,诚信的倡导确实应该遵循古礼,把诚信当作个体安身立命的根本!

2.23 子张问:"十世可知也①?"子曰:"殷因于夏礼②,所损益③,可知也;周因于殷礼,所损益,亦可知也。其或继周者,虽百世,可知也。"

【注解】 ① 十世:十代;此句"可知也",一本作"可知乎"。②殷:就是殷商,即商代。夏礼:夏朝的礼。因:继承。③损益:即取舍,指继承中的创新。

【译文】 子张问:"十代以后礼的情况可以推知吗?"孔子说:"殷商继承了夏代的礼制,所减少的,所增加的,是可以看出来的;周朝继承了殷朝的礼制,所削减的,所增加的,也是可以知道的。那么也许有继承周代的,即使百代之下,也是可以知道的。"

【评论】 子张提出的问题主要是针对周礼的传承。孔子提出了展望未来社会的思路:从商代的礼可以推知夏代的礼;从周代的礼可以推知商代的礼。各代之礼都是在继承前代的基础上发展起来的。周礼尚文,有其优越性,将会一直传承下去。明白了这个道理,今后百代的礼仪制度都是可以预先知道的。

由此章还可以得到启示,即"损益"是继承传统的有效方式。鲁迅先生在《拿来主义》一文中提出中国人应当用"取其精华、弃其糟粕"的态度对待传统文化和外来文化,这和孔子的"损益"说有共通之处。

2.24 子曰:"非其鬼而祭之①,谄也②。见义不为,无勇也。"

【注解】 ①鬼:已死的祖先叫"鬼",也泛指已死的人。②谄(chǎn):谄媚。

【译文】 孔子说:"不是自己应该祭祀的鬼神,而去祭祀,这是谄媚求福。遇到应该挺身而出的事情却袖手旁观,这是没有勇气。"

【评论】 程树德《集释》引《四书训义》评论此章曰:"君子以正直交于神明,无所求于鬼者,乃可以质鬼神而无愧。以死生守其节义,不畏其难为者,乃可以有所不为而保其贞。无他,惟全其刚直之气而已矣。不然,吾未见其可以邀福而免祸也。"表面看,孔子强调的是不要谄媚于神,但实际上是告诫功利心、目的性太强的人。儒家认为对自家的祖先进行祭祀,这是一种礼仪、更是一种责任。但是对别人家的鬼神进行祭祀,祈求福佑,这就是越礼的谄媚。这一章后半段谈见义当勇于担当,似与前半段谈祭神无关。有的注家认为当另为一章。颇为有理。不过由此处孔子对见义勇为的提倡,可以看到孔子身上侠义之气的自然流露。

八佾 第三

3.1 孔子谓季氏^①,"八佾舞于庭^②,是可忍也,孰不可忍也?"

【注解】 ①季氏:鲁国季氏家族,此处当指季平子,时任鲁国大夫。②八佾(yì):古代舞蹈奏乐,八人为一行,叫一佾。八佾是八行,八八六十四人。周礼规定,这个规格的舞乐只有天子才能用。诸侯用六佾,即六行,四十八人。大夫用四佾,三十二人。季平子以大夫身份而用天子乐舞,显然是一种僭越礼仪的行为。

【译文】 孔子评论季氏,说:"他一个大夫,居然用天子才能用的六十四个人在庭院中奏乐舞蹈,连这种事都能够做出来,还有什么做不出来的呢?"

【评论】 皇侃《义疏》评曰:"此不标'季氏'而以'八佾'名篇者,深责其恶,故书其事标篇也。"此章为第三篇首章,批评季氏僭越周礼。此后皆论礼乐之事。《礼记·哀公问》载孔子云:"丘闻之,民之所由生,礼为大。非礼,无以节事天地之神也;非礼,无以辨君臣、上下、长幼之位也;非礼无以别男女、父子、兄弟之亲、婚姻、疏数之交也。"礼是最重要的。没有礼,就不能庄重地崇拜天地神明;没有礼,就无法区分君臣上下贵贱长幼的差别;没有礼,便不能区别男女、父子、兄弟间情谊的差别,无法区分家族亲戚的亲疏远近。所以,对于礼仪,就必须要严谨。祭祀祖先、演奏乐曲,甚至服饰、装饰、用具都要依礼而行。总之,礼与政治及社会生活密切相关。春秋时代,周王室势力衰微,"王权衰落、礼崩乐坏"成了当时社会的显著特征。传统的礼乐遭到挑战,"僭越"(违礼)之事,层出不穷,整个社会由此变得很混乱。季氏八佾舞于庭之事,只不过是其中典型事件而已。面对此种景象,孔子痛心疾首,发出了"是可忍也,孰不可忍也"的批判。

3.2　三家者以《雍》彻①。子曰:"'相维辟公,天子穆穆'②,奚取于三家之堂③?"

【注解】　①三家:鲁国当政的三大家族,即仲孙氏、叔孙氏、季孙氏,都是鲁国的大夫,他们把持了鲁国的朝政。雍:《诗经·周颂》的一篇。彻:祭祀结束时的一个仪程。②相(xiàng):助祭者。③堂:祭祀的庙堂。

【译文】　仲孙、叔孙、季孙三大家族祭祀祖先到快结束的时候让乐工演唱《雍》这篇诗来撤除祭品。孔子评论说:"'四方诸侯都来助祭,天子严肃静穆地主祭。'《雍》的这两句诗是天子祭祖时所歌,作为大夫的三家在祭祖的大厅上有什么资格歌唱呢?"

【评论】　朱熹《集注》曰:"天子宗庙之祭,则歌《雍》以彻。是时三家僭而用之。相,助也。辟公,诸侯也。穆穆,深远之意,天子之容也。此《雍》诗之辞,孔子引之,言三家之堂非有此事,亦何取于此义而歌之乎?讥其无知妄作,以取僭窃之罪。"鲁国是周公(姬旦)的封国,故周天子赐伯禽于周之礼乐,以显示鲁国地位在其他诸侯国之上。春秋中后期,鲁国衰微,在外常受齐国侵扰;国内则季孙氏、叔孙氏、孟孙氏三家大夫专权,鲁君大权旁落。据《左传》记载,鲁昭公与三家之一的季孙氏发生冲突,三家联合起来攻打昭公,鲁昭公兵败,于是投奔了齐国,后来又投奔了晋国。身为鲁国国君,却在异乡流亡了七年,最终客死他乡。本章记述的是三家用天子之礼祭祀自家的祖先,这在当时极不符合周礼。孔子亲眼看到这一幕幕的僭越之事,其内心的愤怒和无奈不言而喻。

3.3　子曰:"人而不仁①,如礼何②?人而不仁,如乐何③?"

【注解】　①不仁:没有仁德。②如礼何:怎样对待礼仪制度呢?③如乐何:怎样对待音乐呢?

【译文】　孔子说:"人如果没有了仁,怎样来对待礼仪制度呢?人如果没有了仁,怎样来对待音乐呢?"

【评论】　皇侃《义疏》评曰:"此章亦为季氏出也。季氏三家僭滥王者礼乐,其既不仁,则奈此礼乐何乎?"礼乐的核心是仁德,二者是形式和内容的关系。如无内容,徒有形式,无益。面对一些人将礼乐作为文过饰非的不良现象,孔子的感慨,既夹杂了愤怒,又流露出无奈。

本章运用反诘的语气,表达了孔子对于"僭礼"行为的愤慨:如季氏一族,不遵守礼乐制度,便是不仁之人!然而他们却公然以违礼的方式使用礼乐,真如衣冠禽兽也。由此看,春秋时代的"礼崩乐坏"并不是说礼乐终绝,而更多的是对礼乐的僭越和践踏。正因为如此,才让孔子如此痛心疾首。

3.4 林放问礼之本①。子曰:"大哉问②!礼,与其奢也③,宁俭④;丧,与其易也⑤,宁戚⑥。"

【注解】 ①林放:鲁国人。本:根本。②大:意义重大。③奢:奢侈。④俭:简朴。⑤易:办理。此处指把丧礼办的仪文周全。⑥戚:悲哀。

【译文】 鲁国有叫林放的人请教孔子礼的根本是什么。孔子说:"这个问题意义重大啊!礼,与其铺张浪费,宁可朴素简约;就丧礼说,与其仪式隆重周详,宁可内心保持悲哀。"

【评论】 本章讨论礼的本质,既要重视"礼仪",也要重视"礼义"。如果二者不能两全,宁可重视礼义。林放所问,正合孔子心意。之前讲到的孝道,也与此意有共通之处。针对并非发自内心的"孝"和仅是注重形式的"孝",孔子均予以批驳。礼的形式与内容孰轻孰重?儒家认为,礼的内容远比形式重要。何为礼?礼以节情,礼的本质是内心情感的自然流露,而不是繁文缛节的过度渲染。后代很多人认为儒家学说过度讲求繁文缛节,怕是他们对此章内容理解不深。

3.5 子曰:"夷狄之有君①,不如诸夏之亡也②。"

【注解】 ①夷狄:泛指居于中原地区以外的少数民族。有君:有君主。②诸夏:华夏,此指居于今中原一带的华夏诸侯国。亡:通"无"。

【译文】 孔子说:"文化落后之地纵然有君主,还不如中国没有君主。"

【评论】 此章讲文化是区分夷狄与华夏的主要标准。"诸夏"与"夷狄"并非种族之别,而是文化之别。孔子认为"夷狄"不遵礼乐文明,没有君臣上下长幼尊卑的观念,因此虽有国君也好像没有一样。但是"诸夏"因循周礼,即使没有国君,也可以践行君臣父子的礼仪,自然不会生乱。孔子对周代的礼乐文化表现出高度的自信,这一传统应继续传承发扬。

3.6 季氏旅于泰山①。子谓冉有曰②:"女不能救与③?"对曰:"不能。"子曰:"呜呼!曾谓泰山不如林放乎④?"

【注解】 ①旅:动词,祭山。依周礼,只有有天下者可以祀泰山,季氏此举显然违礼。②冉有:孔子的学生冉求,字子有。当时冉有在季氏手下做事,所以孔子责备他。③女:通"汝",你。救:阻止。④曾:然则。邢昺《注疏》:"曾之言则也。夫神不享非礼。林放尚知问礼,况泰山之神,岂反不如林放乎?而季氏欲诬罔而祭之也?言泰山之神必不享季氏之祭。若其享之,则是不如林放也。"

【译文】 季氏祭祀泰山。孔子对他的学生冉有说:"你不能劝谏阻止吗?"冉有答道:"不能。"孔子感叹道:"唉,难道泰山之神还不及林放吗?"

【评论】 根据周代的礼制,只有天子才可以祭祀泰山,季孙氏作为大夫居然去祭祀泰山,显然是野心激发下的严重"僭越",不符合礼仪。孔子的学生冉有此时在季孙氏手下做事。孔子希望他能主动劝阻季孙氏,然而冉有却说他办不到。这使得孔子很失望和感慨。表面看来,孔子是在责备冉有,实则是在批判季孙氏。祭主敬,故孔子言泰山之神有知,也不会享季氏之祭。

3.7 子曰:"君子无所争。必也射乎①!揖让而升②,下而饮③。其争也君子。"

【注解】 ①射:射箭。②揖让:相互作揖。升:登堂。③下:走下堂。

【译文】 孔子说:"君子没有什么可争的事情。如果有所争,一定是射箭比赛!相互作揖然后登堂比赛;完毕后走下堂来喝酒。这种竞争是君子的竞争。"

【评论】 邢昺《注疏》："此章言射礼有君子之风也。"射礼是孔门"六艺"之一,于射而争,体现了儒家争必由礼的思想。程树德《论语集释》引《松阳讲义》云:"世间有一等人,惟知隐默自守,不与人争,而是非可否亦置不论,此朱子所谓谨厚之士,非君子也。有一等人,惟知阉然媚世,将是非可否故意含糊,自谓无争,此夫子所谓乡原,非君子也。又有一等人,激为高论,托于万物一体,谓在己在人,初无有异,无所容争。……亦非君子也。"批评了三种人:没有是非观念之人、有是非观念却世故圆滑之人、自以为高远之人。这三种人都"不争",但是他们都不是君子。可见孔子所言的君子并非不争,而是要看为什么而争。对功名利禄、人际纷争可以不争,但面对大是大非却不能不争,确定是否争的标准则是什么呢?是仁,是礼。

3.8 子夏问曰:"'巧笑倩兮①,美目盼兮②,素以为绚兮③。'何谓也?"子曰:"绘事后素④。"曰:"礼后乎⑤?"子曰:"起予者商也⑥!始可与言《诗》已矣。"

【注解】 ①倩(qiàn):笑貌;或指长相漂亮。②盼:眼睛黑白分明。③素:白色。绚(xuàn):有文采。④绘:本字作"缋"。《周礼·考工记》:"凡画缋之事,后素功。"后素:后于素。意谓留白。⑤礼后:礼在后面。意思是说,礼也如同绘画一样,彩色的画面必须有洁白的素底才能衬托出来。⑥起:启发。商:即子夏。

【译文】 子夏向孔子请教:"'美人有漂亮的脸笑起来很美呀,黑白分明的眼睛顾盼有神呀,洁白的底子上画着花卉呀。'这几句诗是什么意思?"孔子回答说:"画成的画要有素底才能显现出来。"

子夏提问说:"那么,礼乐也有这种情况吗?"孔子称赞道:"启发我的人是你卜商啊,现在可以同你讨论《诗经》了。"

【评论】 子夏所问诗句出自《诗经·卫风·硕人》一诗。据《左传》记载,此诗是咏庄姜美而无子。子夏向孔子求教这首诗的深层寓意,孔子便道:"绘事后素",子夏马上由孔子所答联系到礼和仁的关系。孔子深以为然,并予以称许。绘事可以喻礼,"礼"和"仁"互为表里,"礼"是外在形式,"仁"是内在感情,如果没有内在的真实情感("仁")作为基础,表面的"礼"便没有意义。

子夏能够将老师所讲的"绘事后素"与"礼"和"仁"的关系联系起来,表明他可以"举一反三"。故深得孔子称许。

3.9　子曰:"夏礼,吾能言之,杞不足征也①;殷礼,吾能言之,宋不足征也②。文献不足故也③。足,则吾能征之矣。"

【注解】　①杞(qǐ):春秋时国名,为夏禹的后代。征:验证。②宋:国名,商的后代。③文献:指书籍和掌握礼仪的贤者。不同于今天所讲的"文献"。朱熹《集注》:"文,典籍也;献,贤也。"

【译文】　孔子说:"夏代的礼,我能讲说,它的后代杞国已经不足以作证;殷代的礼,我能说出来,它的后代宋国已经不足以作证。这是他们的典籍和知礼的贤者不够的缘故。若有足够的文件和贤者,我就可以引来作证了。"

【评论】　邢昺《注疏》曰:"此章言夏、商之后不能行先王之礼也。"从中可以看出孔子于夏商二代礼乐文化未能尽数得到传承的惋惜!程树德《集释》引《论语意原》云:"杞,夏之后。宋,商之后。鲁,周之后。杞宋亡夏商之礼,以无文献可证也。若鲁则不然,以文则有典籍,以献则有夫子。鲁之君臣莫之考证何也?夫子意不在杞宋,托杞宋以见其意,特于鲁则微其辞尔。"大概道出了孔子说杞国、宋国的用心所在。诸侯对西周礼乐制度已经逐渐表现出置若罔闻的态度。鲁国有孔子而不用,正是由于统治者不再重视礼乐文化。若如此,周礼其亡也必速矣。

3.10　子曰:"禘自既灌而往者①,吾不欲观之矣②。"

【注解】　①禘:天子合祭祖先的重大典礼。朱熹《集注》引赵伯循曰:"禘,王者之大祭也。王者既立始祖之庙,又推始祖所自出之帝,祀之于始祖之庙,而以始祖配之也。成王以周公有大勋劳,赐鲁重祭,故得禘于周公之庙。"鲁国之君都沿此惯例,僭用这一禘礼,因此孔子不想看。灌:祭祀中的一个节目,向受祭者第一次献酒叫灌。②观:观礼。

【译文】　孔子说:"禘祭的礼,从第一次献酒以后,我就不想看了。"

【评论】 禘礼本是天子才能举行的祭祀大礼,周成王因周公旦对周朝有功,而特许他举行禘礼。但后来鲁国的国君都照例沿用禘礼,孔子认为这不符合周礼,属于"僭越"。因此他参加典礼时看到第一次献酒的仪节之后就不想看了。这一方面是因为鲁君违礼,另一方面也体现儒家"非礼勿视"的原则。

3.11 或问禘之说①。子曰:"不知也。知其说者之于天下也,其如示诸斯乎②!"指其掌。

【注解】 ①或:有人。说:解说。②示:同"置",放的意思。

【译文】 有人向孔子请教关于禘祭的理论。孔子说:"我不知道;知道禘祭礼仪的人对于治理天下,会好像指示自己手掌一样容易罢!"一面说一面指着手掌。

【评论】 邢昺《注疏》云:"答以不知者,为鲁讳。讳国恶,礼也。"本章和上一章可以联系在一起解读。本意也是对鲁国国君用禘礼的批评。孔子潜心研究礼乐文化,对禘礼岂能不知。他是不想谈及鲁国国君的越礼行为,因而用"不知也"作为回答。但紧接着,他就从反面来说如果知道的人会将国家统治的井井有条,就像指示掌中之手那般容易。这两章表面上看对鲁君的越礼行为没有批驳一字,但是字字透出孔子的态度。颇有《春秋》笔法的效果。

3.12 祭如在①,祭神如神在。子曰:"吾不与祭②,如不祭③。"

【注解】 ①祭如在:祭祀时就好像受祭者在场。②与祭:参与祭礼。③不祭:不举行祭祀。

【译文】 祭祀的时候要如同受祭者就在那里一样,祭神的时候,便好像神就在那里。孔子说:"如果我不能亲自参加祭祀,就好像没有祭祀一样。"

【评论】 《礼记·祭义》曰:"孝子之祭也,尽其悫而悫焉,尽其信而信焉,尽其敬而敬焉,尽其礼而不过失焉,进退必敬,如亲听命,则或使之也。"与此章略同。孔子意在强调祭必以敬,并非鬼神的真正存在。祭祀是"礼"之大宗,与祭者内心的真诚就是"仁"。孔子强调与祭者内心须敬须诚,不能只有外在的形式。因而他才说:"吾不与祭,如不祭。"大概当时礼乐徒有其表,有些国君在祭祀大典上不亲临,而是找人代替。孔子就是针对这一现象发出的感慨。

3.13　王孙贾问曰①:"与其媚于奥②,宁媚于灶③,何谓也?"子曰:"不然。获罪于天,无所祷也④。"

【注解】　①王孙贾:卫灵公手下的大臣。②奥:屋内的西南角叫奥,有主神居于此。何晏注引孔曰:"奥,内也,以喻近臣。灶,以喻执政。"③灶:灶神,古人认为灶神在灶台。④祷:祈祷。

【译文】　王孙贾问:"'与其巴结房屋里西南角的神,宁可巴结灶王爷',这是什么意思?"孔子回答说:"不对,若是得罪了上天,再怎么巴结祈祷也没有用。"

【评论】　此章记孔子周游列国至卫国时事。卫灵公大臣王孙贾以当时人的俗语佯装请教孔子,以用灶君自比,希望孔子奉承迎合自己。这样他就可以像民间传说的灶君一样,到卫灵公跟前帮孔子说说好话,但是孔子显然并不领情。也用一句俗语回答王孙贾:如果得罪了上天,那就向谁祈祷都不行了。此处的"上天"表面指天神,暗指卫国的国君。邢昺《论语注疏》云:"此章言夫子守礼,不求媚于人也。"可谓得其意者。

3.14　子曰:"周监于二代①,郁郁乎文哉②!吾从周③。"

【注解】　①监:视也。引申为继承。二代:夏、商两朝。②郁:《汗简》云古本《论语》作"有或"。文:丰富多彩。③从周:遵从并实行周礼。

【译文】　孔子说:"周朝的礼仪制度是继承了夏商两代的礼仪制度,然后制定的,多么丰富多彩呀!我主张周朝的。"

【评论】　子曰:"殷因于夏礼,所损益,可知也;周因于殷礼,所损益,可知也。其或继周者,虽百世,可知也。"(《论语·为政》)这一章可与本章相互印证。孔子钟情于周朝礼乐制度的原因,正在于它是周公在继承损益夏商二代的基础上形成的。周代礼乐制度在继承中创新,自然博采众长,比夏代、商代更加完善。最集中的特点就是"尚文",就是周代礼仪丰富全面,讲求文饰,贯穿统摄了天文、人文。

3.15 子入太庙①,每事问。或曰②:"孰谓鄹人之子知礼乎③?入太庙,每事问。"子闻之,曰:"是礼也。"

【注解】 ①太庙:周公庙。开国之君的庙称太庙,周公旦为鲁开国之君,此章太庙当指周公庙。②或:有人。③鄹(zōu):春秋鲁国之邑。鄹人指孔子的父亲叔梁纥,曾为鄹邑之宰。

【译文】 孔子进了太庙,每个细节都请教。有不了解他的人便说:"谁说叔梁纥的这个儿子懂得礼呢?到了太庙,他每件事都要向别人请教。"孔子听到了这话,说:"这正是礼啊。"

【评论】 此章所述为孔子为鲁司寇时,摄相事,故得参与太庙之祭。孔子以知礼而闻名于鲁国,一些人看到孔子进入太庙,每件事都发问,就怀疑孔子这位礼学专家,认为孔子不懂礼。《春秋繁露·郊事对》:"孔子入太庙,每事问,慎之至也。"邢昺《注疏》亦云:"'每事问'者,言太庙之中,礼器之属,每事辄问于令长也。……宗庙之礼当须重慎,不可轻言,虽已知之,当更复问,慎之至也。"于礼节持谨慎态度,正显示出对祖先虔诚恭敬。这正是合乎礼的精神的。与孔子的"人不知而不愠"相比,那些误解他的人就显得平庸无礼了。

3.16 子曰:"射不主皮①,为力不同科②,古之道也③。"

【注解】 ①皮:箭靶。以皮为之,故称皮。②为:因为。同科:同等。③道:指古射礼的精神。

【译文】 孔子说:"射箭比赛,并不一定要穿破箭靶,只要射中即可,因为各人的气力大小不一样,这是古时射礼的风尚。"

【评论】 此章讲射礼的精要不在比射者的力量,而是看谁射中多。邢昺《注疏》引马融注曰:"射有五善焉:一曰和志,体和。二曰和容,有容仪。三曰主皮,能中质。四曰和颂,合《雅》《颂》。五曰兴武,与舞同。"射和御都是春秋时代的士必须掌握的实用技能,同时也是两种礼仪。《仪礼》中就有《乡射礼》《大射》专门记录射礼的仪节和注意事项。根据这两篇文献的记载,"古者诸侯之射也,必先行燕(燕通'宴')礼;卿、大夫、士之射也,必先行乡饮酒之礼。故燕礼者,所以明君臣之义也;乡饮酒之礼者,所以明长幼之序也"。由此可知,射礼不仅单独举行,也常和燕礼一起举行。在射礼中射箭的过程被礼仪化,射箭场合成为展示参与者的礼仪素养的重要场所。射礼带有竞赛的性质,以中靶多少计胜负,中靶少的要罚喝酒,所以大家都努力争取中靶多一点。射虽是竞争,但参与射箭者均进退有度,礼让有加,彬彬有礼。《礼记·射义》说:"射者,仁之道也。射求正诸己,己正而后发。发而不中,则不怨胜己者,反求诸己而已矣。"这段话充分揭示了射礼的礼义。射者首先应当讲求自身之"正",心术不"正"之人是无法射中的。失败者不应怨恨对手,而应该向对手学习,查找自身不足,以便提高射术。这就是射箭中的礼让精神和自省精神。

3.17 子贡欲去告朔之饩羊^①,子曰:"赐也^②!尔爱其羊^③,我爱其礼^④。"

【注解】 ①告朔:周代于每年秋冬之交举行的周天子颁发历书给诸侯的礼仪。历书规定下一年有无闰月,哪一天为"朔",故称"告朔"。饩(xì)羊:诸侯受历书藏于祖庙时祭庙用的羊。②赐:即子贡。③爱:吝惜。④礼:告朔之礼。鲁至鲁文公始不行告朔之礼,孔子因此而发出感叹。

【译文】 子贡想要免掉每月初一告祭祖庙的那只活羊。孔子道:"赐呀!你可惜的只是那只羊,而我可惜的是告朔礼的废止。"

【评论】 蔡邕《明堂月令论》云:"古者诸侯朝正于天子,受月令以归而藏诸庙中。天子藏之于明堂,每月告朔朝庙,出而行之。周室既衰,诸侯怠于礼。鲁文公废告朔而朝,仲尼讥之。"鲁自文公始废此礼,至孔子时鲁君不但不亲临祖庙,而且不听政,更成为了以饩羊虚应故事的形式。对此种情况,子贡主张索性去掉只是礼仪象征的羊,放弃虚礼。孔子则认为如果连这羊都去了,那么这种礼仪就彻底地要中断了。李泽厚先生的《论语今读》点评说:"即使某种典礼仪文已失去其实用意义和具体内容,但其形式本身仍有某种价值在。它是远古文明的具体遗痕,在后世即以审美意味吸引着人们,培养造塑的是某种审美情感,许多古迹和某些失去实用价值的实用物件,今日均成为'艺术'或'艺术品',即如此。……Benjamin Schwartz 所谓敬神仪式比敬神本身还重要,亦此意。古代的礼文仪典以可感知的'物态化'(舞蹈、咒语、音乐、雕塑、图画、建筑、文字等)形式,在当时凝聚和呈现了那神圣不可违抗的行为规范、思想观念、情感体验和群体秩序。人们通过这些仪文形式的不断实践和反复巩固,以获得理性的内化(认识)和理性的凝聚(道德)。其后,这仪文形式本身便成了审美的对象。"道出了孔子的用意。

3.18 子曰:"事君尽礼①,人以为谄也②。"

【注解】 ①事:侍奉。尽礼:礼仪周全。②谄:谄媚。

【译文】 孔子说:"侍奉君主,一切按照臣子的礼节去做,有些小人却以为是谄媚。"

【评论】 春秋时期,礼乐崩坏,至其极端者,臣子弑君的大逆不道之行公然上演。面对这种境况,孔子事君依然遵循周礼。《论语·乡党》载他"入公门,鞠躬如也,如不容。立不中门,行不履阈。过位,色勃如也,足躩如也,其言似不足者。摄齐升堂,鞠躬如也,屏气似不息者。出,降一等,逞颜色,怡怡如也。没阶,趋进,翼如也。复其位,踧踖如也。"孔子践行事君之礼的这种举措,与当时社会形成强烈反差。有些人自然看不惯,认为孔子在向国君献媚。孔子这样说,并不是抱怨,而是表明他践行周礼而绝不顾周遭非议的态度。

3.19 定公问①:"君使臣②,臣事君,如之何③?"孔子对曰:"君使臣以礼,臣事君以忠。"

【注解】 ①定公:鲁国国君,名宋,昭公之弟。公元前509—前495年在位。②使:差遣。③如之何:怎么样。

【译文】 鲁定公问孔子:"君主差遣臣子,臣子侍奉君主,各应该是怎样的态度?"孔子回答说:"君主使用臣子,应该按照礼仪,臣子侍奉君主,应该忠心。"

【评论】 君臣之间如何相处,这是一个问题。在孔子看来,理想的君臣的关系,是双方都依礼而行。但这些只有明君圣贤做得到。实际上,春秋时代的现实是,君臣之间是不对等的。君要求臣尽忠心,臣子只能无条件接受。臣子对待君主,只能依从,不能违逆。

3.20 子曰:"《关雎》①乐而不淫②,哀而不伤。"

【注解】 ①《关雎》:《诗经》的第一首诗,《毛序》以为是咏后妃之德,宋儒认为是"乐得淑女以配君子",实际上这是一首描写男女爱而不得的诗。②淫:过分,过度。

【译文】 孔子说:"《关雎》这首诗的内容和曲调,听起来快乐而不过分,悲哀而不痛苦。"

【评论】 《诗经》是我国第一部诗歌总集,后被儒家奉为经典。孔子以《诗》为教,特别揭示其"诗教"价值。此章即其一例。《关雎》是《诗经》第一首诗,是儒者所谓"四始"之一,其独到之处就在于其表达情感的方式"乐而不淫,哀而不伤"。合乎温柔敦厚的诗教理想,同时,也符合含蓄适度的蕴藉美。这些,都为后世的诗人树立了创作典范。

3.21 哀公问社①于宰我②。宰我对曰:"夏后氏以松③,殷人以柏,周人以栗,曰使民战栗。"子闻之,曰:"成事不说④,遂事不谏⑤,既往不咎。"

【注解】 ①哀公:鲁国国君。社:土神叫社。这里是指土地神的木制排位,即神主。②宰我:孔子的学生。③夏后氏:夏代的人。④不说:不解释。⑤遂事:已经发生的事。谏:匡正。

【译文】 鲁哀公就作社主用什么木头的事问宰予,宰予回答说:"夏朝用松木,殷商用柏木,周代用栗木,据说,用栗木的用意是让人敬畏而战栗。"孔子听到了这话后,评论说:"已经做了的事不必再去解释,已经发生的事不必再劝谏阻止,已经过去的事就不要追究了。"

【评论】 邢昺《注疏》："此章明立社所用木也。"鲁哀公不知,故有是问。宰我认为周人社主选择栗木,就是为了让百姓对社神战栗敬畏。对此,孔子显然是持不同意见的。依朱熹《四书章句集注》所说,三代立社按照土质,选择合适的树木。而宰我所说,只是望文生义的揣测。孔子可能担心宰我的错误解读会启发鲁哀公的杀伐之心,所以不悦。但宰我的话已经说出,所以孔子说"成事不说,遂事不谏,既往不咎"。夫子如此说,意在让宰我学会出言谨慎。"既往不咎"这个成语也因此流传至今。

3.22 子曰:"管仲之器小哉①!"或曰:"管仲俭乎?"曰:"管氏有三归②,官事不摄③,焉得俭?""然则管仲知礼乎?"曰:"邦君树塞门④,管氏亦树塞门。邦君为两君之好⑤,有反坫⑥,管氏亦有反坫。管氏而知礼⑦,孰不知礼?"

【注解】 ①管仲:名夷吾,春秋时齐国人,有才干,为齐桓公宰相,助其称霸。器小:器量狭小。②三归:娶三姓之女,女子出嫁曰归。一说是有三座府第。《韩非子·外储说左下》:"管仲相齐,曰:'臣贵矣,然而臣贫。'桓公曰:'使子有三归之家。'"当以后说为是。③摄:兼职。④树:树立。塞门:大门口类似屏风的短墙,用来遮挡视线。相当于院门前的照壁。⑤好(hǎo):友好。⑥反坫(diàn):置放酒器的土台子,只有国君有。⑦而:句中语气词,表示假设。

【译文】 孔子说:"管仲这个人,器量很狭小啊!"有人便问:"他很节俭吗?"孔子回答说:"管仲有三座府第,他手下的人员众多,都是专职,从不兼职,这能称得上节俭吗?"那人又问:"那么,管仲懂得礼节吗?"孔子又说:"国君宫殿门前立照壁,管仲也在大门内立照壁;国君的外交宴会的堂上,有放置酒杯的台子,管仲也修了这样的台子。假如说他是个懂得礼节的人,那么谁还不懂得礼节呢?"

【评论】 《新序·杂事篇》曰:"桓公用管仲则小也。故至于伯而不能以王。故孔子曰:'小哉!管仲之器。'盖善其遇桓公而惜其不能以王也。"管仲是春秋时期齐国的名相,他辅佐齐桓公大兴改革,因地制宜,破除旧俗,重视鱼盐商业,推行合理的赋税制度,实行兵民一体等,为齐桓公称霸打下坚实的基础,被后人誉为"春秋第一相"。

《论语·宪问》载孔子曰:"管仲相桓公,霸诸侯,一匡天下,民到于今受其赐。微管仲,吾其被发左衽矣。岂若匹夫匹妇之为谅也,自经于沟渎而莫之知也。"可以看出,孔子对管仲的功业总体上是很欣赏的,但只可惜未能再进一步。这和本章对管仲的批评并不矛盾。孔子评价管仲并不因为他功大于过,就忽视他的无礼;也不因为他不守礼节,就抹杀其功绩。在评价历史人物时,我们应当借鉴孔子的方法。

3.23 子语鲁大师乐①,曰:"乐其可知也:始作②,翕如也③;从之④,纯如也,皦如也⑤,绎如也,以成。"

【注解】 ①大师:主管音乐的官员。②始作:刚开始演奏时。③翕(xī)如:指乐曲盛大貌。④从(zòng)之:舒展开来。⑤皦(jiǎo)如:清晰分明的样子。

【译文】 孔子为鲁国主管音乐的官员讲说演奏乐曲的程序说:"音乐表演的过程是可以了解的:开始演奏的时候,众声合奏,效果热烈盛大;接下来,乐曲展开,整齐和谐,音节清晰,连续不绝,这样直到最后,曲终了。"

【评论】 孔子在音乐方面有很高的造诣,他擅长弹琴、鼓瑟、击磬、唱歌,并对音乐的审美价值和社会功能有极深的体会。孔子论乐的精彩言论很多,此章即是一例。鲁国主管音乐的大师,其音乐造诣必定不浅。面对这样一位专业人士,孔子却能侃侃而谈,那份洒脱与自信,仿佛透过文字袭来。据《史记·孔子世家》记载,孔子在卫国没有得到重用,于是向西行,前往晋国。到了黄河边,听到晋国的贤臣窦鸣犊和舜华被赵简子杀害的消息。孔子十分心痛,感慨晋国权臣赵简子对贤臣的迫害,便作《陬操》这首琴曲来抒怀,投奔晋国之事也就此作罢。礼、乐一体,在孔子而言,礼与乐已经深入内心,成为其生命的有机组成部分。

3.24 仪封人①请见,曰:"君子之至于斯者②,吾未尝不得见也。"从者③见之。出曰:"二三子何患于丧乎④?天下之无道也久矣,天将以夫子为木铎⑤。"

【注解】 ①仪封人:仪,地名。封人,官名,即管理边界的长官。

②斯：此地。③从者：随从。④丧：失去。⑤木铎：铜质木舌的铃子。古代公家若有什么事要宣布，就通过摇铃的方式，召集大家来听。

【译文】 卫国仪地守卫疆界的官员请求孔子接见他，说："所有来到此地的有道德学问的人，我从来没有不和他见面的。"随行的学生领着他见了孔子。仪封人出来以后，对孔子的学生们说："你们这些人担心会丧失什么呢？天下黑暗的日子已经很长了，上天会让你们的老师做天下人的导师。"

【评论】 仪封人定是一位贤者。他说："君子之至于斯也，吾未尝不得见也。"可以说，他做到了孔子所说的"就有道而正焉"。他追随和学习贤者，认为当时天下人无知已经很久了，上天必定会让夫子为木铎，让他布道以教化民众。这也许只是一种美好的祝福或者希冀吧。事实证明，在当时的社会条件下，孔子的思想并没有得到太多实践的机会。朱熹点评说："言天使夫子失位，周流四方以行其教，如木铎之徇于道路也。"（《四书章句集注》）这其中既包含了对孔子作为"木铎"的肯定，但不免也有些许的遗憾与同情。李贽对此也感叹道："仪封人是仲尼第一个知己，亦是老天一个知己。异人，异人！"（《四书评·论语》）

3.25 子谓《韶》①："尽美矣，又尽善也②。"谓《武》③："尽美矣，未尽善也。"

【注解】 ①《韶》：帝舜时的乐舞名。②美：指曲调很动听。善：指乐曲的内容合乎善。③《武》：周武王时的乐舞，内容涉及武王克商。

【译文】 孔子评论《韶》乐，说："乐舞美极了，而且内容好极了。"评论《武》乐，说："乐舞美极了，但内容涉及杀伐，还不够好。"

【评论】 孔子在音乐方面修养很高，其欣赏音乐的角度也很新颖别致。朱熹说："舜绍尧致治，武王伐纣救民，其功一也，故其乐皆尽美。然舜之德，性之也。又以揖逊而有天下；武王之德反之也，又以征诛而得天下。故其实有不同者。"（《四书章句集注》）《韶》乐和《武》乐的区别正在于其内容。孔子认为，音乐的形式美和内容的良善相统一。《韶》乐展示的就是舜的道德修养与为民父母的品行。《韶》乐既有美妙的旋律,也有道德精神的芬芳,所以孔子才对《韶》乐这样欣赏。相比《韶》乐,《武》乐歌颂的是周武王伐纣,建功立业的内容。在孔子看来,商纣王虽然昏庸无道,但是武王作为臣子是不该以下犯上的。在孔子看来,总有些"未尽善"之处。

3.26 子曰:"居上不宽①,为礼不敬②,临丧不哀,吾何以观之哉③?"

【注解】 ①居上:处于上位。不宽:不宽宏大量。②为礼:行礼。不敬:不庄重。《礼记·曲礼》:"临丧则必有哀色。"③观:看待。

【译文】 孔子说:"居于上级的地位,却不包容别人,行礼的时候不庄重,参加丧礼的时候没有悲哀,这让我怎么看待呢?"

【评论】 《礼记·曾子立事》云:"临事而不敬,居丧而不哀,祭祀而不畏,朝廷而不恭,则吾无由知之矣。"说与此章相似。对于这些违礼的行为,"吾何以观之哉?"孔子的失望与无奈展示得淋漓尽致。面对"礼崩乐坏"的情景,一个倡导仁义礼乐的智者,其矛盾心理可想而知。大凡乱世,多出仁义正直之士,只是那份欲救天下于水火中的迫切心情,又有几人能够有所体会?孔子就是这样的人。

里仁第四

4.1 子曰:"里仁为美①。择不处仁②,焉得知③?"

【注解】 ①里:本指民之所居,此处作动词,意为居住。②择:阮元校作"宅"。《九经古义》:"按《释名》曰:'宅,择也,择吉处而营之。'是'宅'有'择'义,或古文作宅。"处仁:与仁者比邻而居。③知:同"智"。

【译文】 孔子说:"居住在有仁者的地方,这才算好。选择的居住地倘若没有仁德之人,这怎么能算是聪明呢?"

【评论】 本章讲的是居住环境对人的重要性。《荀子·劝学》言"君子慎其所立",即是发挥此章之义。刘向《列女传》载:"孟子生有淑质,幼被慈母三迁之教。"这也是家喻户晓的事了。择仁而居,早已成为中国人的共识。在民间,许多不识字的人都深懂此理,儒家文化的力量也正体现于此。当然,作为一个具有社会属性的个体,有时候我们无法选择自己所处的环境。此时,应当告诫自己的当是"三人行,必有我师焉,择其善者而从之,其不善者而改之"(《论语·述而》),并应当努力做到"出淤泥而不染,濯清涟而不妖"(周敦颐《爱莲说》)。

4.2 子曰:"不仁者不可以久处约①,不可以长处乐②。仁者安仁,知者利仁③。"

【注解】 ①约:穷困的境遇。②乐:富贵的境遇。③知:通"智"。利仁:有利于仁德的实行。邢昺《注疏》引王曰:"知仁为美,故利而行之。"

【译文】 孔子说:"没有仁德的人,不可以使之长期处于艰苦贫困之中,也不可以长久地居于安逸富贵之中。有仁德的人,其天性会使其安于践行仁德;聪明的人则会以自己的行动有利于仁德的实行。"

【评论】 此章讲仁者与不仁者之别,颇有意味。朱熹点评说:"不仁之人失其本心,久约必滥,久乐必淫。惟仁者则安其仁而无适不然,知者则利于仁而不易所守,唯深浅不同,然皆非外物所能夺矣。"(《四书章句集注》)这是说,没有仁德的人,无法长久地处于贫困之中,会为非作乱地想要改变自己的处境。同样,这种人也无法长久地处于安乐之中,会骄奢淫逸,最终致使自己失去一切。与此形成鲜明对比的则是孟子提出的"富贵不能淫,贫贱不能移,威武不能屈"(《孟子·滕文公下》)。可以说,孟子的观点是对此章的具体演绎。纵览历史,如孔子描摹的这般君子不胜枚举,如荆轲、文天祥等人。这些仁义之士在富贵生死面前表现出的气节非一般人能达到。

此外,仁者和智者相比还是有一定的差距。此二者均高于不仁者,但是智者与仁者比较而言,还是次之。智者并不是将仁义作为自己的人生信条,而是懂得施行仁义的好处,于是践行仁义。可以说,仁义只是其实现人生目的的手段,并非人生信仰。仁者不然,他是将仁义作为自己内心的准绳,淡定自若地实行仁义。颜回曾身处陋巷,一箪食、一瓢饮就足以使其快乐。这种境界,是所谓的智者不能达到的。

4.3 子曰:"唯仁者能好人①,能恶人②。"

【注解】 ①好人:喜欢该喜欢的人。②恶:厌恶无德之人。

【译文】 孔子说:"只有仁德之人才能够态度鲜明地喜爱有德之人,厌恶无德之人。"

【评论】 邢昺《注疏》:"此章言唯有仁德者无私于物,故能审人之好恶也。"黄式三《后案》:"仁者之所好惟仁,所恶惟不仁,仁具于己而值。人之仁不仁,称量而施,亦如心以出。贤否无私,喜怒无溢,皆本于仁而已。"此章讲仁德之人如何处世。有仁德的人,能做到爱憎分明。普通人的判断标准,是基于自身利益出发的。而仁者则会抛弃自我得失,用真正的是非观念,评判喜爱之人和厌恶之人。

值得思考的是:儒家讲仁者爱人,所谓爱人,并不是爱所有人,而是爱有仁德之人。爱憎分明,绝不做老好人。这为仁者增加了一点人间烟火的气息,但并没有让孔子和儒家思想变得俗媚,反而更加和蔼可亲,真实生动!

4.4　子曰:"苟志于仁矣①,无恶也②。"

【注解】　①苟:诚。黄式三《后案》谓字当作"苟",并据《说文》以为当读如"稷"。黄说是。志:立志。《集注》:"苟,诚也。志者,心之所之也。其心诚在于仁,则必无为恶之事矣。"②无恶:没有恶行。

【译文】　孔子说:"一个人真的立志于实行仁德,那他就不会做坏事了。"

【评论】　孔子认为只要一个人立志于道德,那么他自然就不会做坏事了,此章意在突出正面道德引领的重要性。黄式三《后案》:"克、伐、怨、欲之不行而未尽仁,遏其流也。志仁无恶,清其源也。遏恶者,或发引犬上堂而逐之,或灭东生西,随遏随起。惟志于仁者常充不忍害人之心,无敢间断而诸恶自去也。"一个人的行为是其思想支配的,个人的道德观念会引导人们选择该做什么,不该做什么。只有内心真正遵循仁义,才能正气充塞,趋善去恶。

4.5　子曰:"富与贵,是人之所欲①也;不以其道②得之,不处③也。贫与贱,是人之所恶④也;不以其道得之,不去也。君子去仁,恶乎⑤成名?君子无终食之间违仁⑥,造次⑦必于是,颠沛必于是。"

【注解】　①欲:欲求,愿望。②道:道义,此指正当的途径。③处:居,此处意为接受。《论衡·问孔篇》与《刺孟篇》"不处也"皆引作"不居也"。《后汉书·陈蕃传》载《让封侯疏》曰:"窃慕君子不以其道得之,不居也。"《盐铁论·褒贤章》:"君子不以道得之,不居也。"④恶(wù):动词,厌恶。⑤恶(wū)乎:何处,从哪儿。⑥终食之间:一顿饭的时间。⑦造次:仓促。

【译文】　孔子说:"发财和做官,这是人人都梦寐以求的,不用符合道义的方式得到的,君子不会接受。贫穷和卑贱,这是人人所厌弃的,不是用正当的方式摆脱这种境遇的,君子宁可守着贫贱。君子如果远离了仁德,那他怎么成就自己的名声呢?哪怕是一顿饭的时间,君子也不会远离仁德,哪怕是仓促匆忙的时候,君子也一定与仁德相伴,哪怕是生活颠沛流离的时候,君子也一定持守仁德不放弃。"

【评论】 王充《论衡·问孔》评此章曰:"此言人当由道义得,不当苟取也;当守节安贫,不当妄去也。"君子和小人一样喜爱富贵、厌恶贫贱,但二者的区别在于取舍的标准。君子用礼义道德来约束自己,不符合仁义的富贵不会追逐,不会用损害仁义的方式脱离贫贱。小人与此相反,为财富名位不择手段,为了摆脱贫困牺牲仁义。"君子无终食之间违仁,造次必于是,颠沛必于是",相比之下,君子那种贫贱不改其志,富贵不忘其本,坦荡的胸襟,高贵的气质,高尚的作风,令人肃然起敬。《荀子·大略》:"君子隘穷而不失,劳倦而不苟,临患难而不忘细席之言。岁不寒无以知松柏,事不难无以知君子。无日不在是。"是对此章的发挥,值得今人借鉴。

4.6 子曰:"我未见好仁者,恶不仁者。好仁者,无以尚之①。恶不仁者,其为仁矣②,不使不仁者加③乎其身。有能一日用其力于仁加矣乎?我未见力不足者。盖有之乎④,我未之见也。"

【注解】 ①尚:同"上",意谓超过。②其:代词,指厌恶不仁者之人。③加:影响。④盖:表示揣度的副词,大概。

【译文】 孔子说:"我没有见过喜欢仁德和厌恶不仁德的人。喜欢仁德的人,没有什么比这更好的了。厌恶不仁德的人,他行仁德,不会让不仁德的事影响自己。有谁能用哪怕一天的时间尽力去实践仁德呢?我没见过想行仁德而力不够的情况,只是不愿意罢了。也许真的有,只是我不曾见过吧。"

【评论】 此章记录孔子对于人们不肯用心行仁德的感叹!孔子想要看见的是人们能将仁德放在内心,真正遵循仁道并实行之。当时"礼崩乐坏",从社会上层到下层,都不讲仁德。看到此情此景,夫子不禁黯然神伤,徒然慨叹。孔子对门弟子讲这番话,还是希望弟子们都能够努力实行仁德的。《礼记·表记》载:"子曰:'无欲而好仁者,无畏而恶不仁者,天下一人而已矣。'"郑玄注:"一人而已,喻少也。"可与此章相互发明。

4.7　子曰："人之过①也,各于其党②。观过,斯知仁③矣。"

【注解】　①人:皇本作"民"。过:错误。②党:本意指亲族,此处引申为"同类"。③斯知仁:由此可知是否具有仁德。

【译文】　孔子说:"人们所犯的错误,各有其类。通过观察人所犯错误的类型,就可以推知他是不是有仁德的人了。"

【评论】　《礼记·表记》云:"与仁同过,然后其仁可知也。"通过所犯错误来评判一个人,也是判断一个人是否具有仁德的途径。刘宝楠《正义》:"案《表记》此文最足发明此章之义。《汉书·外戚传》:'燕王上书言:"子路丧姊,期而不除。"'《后汉书·吴祐传》言:'啬夫孙性私赋民钱,市衣进父。'《南史·张裕传》言:'张岱母年八十。籍注未满,便去官还养。'"所举例证都很典型。

4.8　子曰:"朝闻道①,夕死可矣②。"

【注解】　①朝(zhāo):早上。闻道:懂得道义。②夕:傍晚。矣:汉古经作"也"。

【译文】　早上懂得了人生的道理,当晚死去,都是值得的。

【评论】　这章是说人应当以闻道得道为终身追求之业,终其一生求之,即使在生命行将结束时才达成目标,也是值得的。当然,什么是道,孔子之后各有其不同的解释。朱熹说:"道者,事物当然之理。苟得闻之,则生顺死安,无复遗恨矣。朝夕,所以甚言其时之近。"(《四书章句集注》)刘宝楠说:"闻道者,古先圣王君子之道。"(《论语正义》)这是孔子为人生确立价值和意义的精辟之言。

4.9　子曰:"士志于道,而耻恶衣恶食者①,未足与议也②。"

【注解】　①恶衣恶食:丑陋的衣服和粗劣的食品。②未足:不值得。

【译文】　孔子说:"士有志于求道弘仁,但是又以吃粗茶淡饭穿破衣烂衫为耻,这样的人,不值得与他讨论什么。"

【评论】　表面说想要追求仁义之道,却又不甘于贫贱,孔子认为对这种人是不屑与之讨论的。孔子并不反对君子追求富贵,但追求富贵要符合礼义道德。当时有很多人，以衣食简陋为耻，可见其"志于道"只是挂在口头上，并没有将其内化为人生信条。孔子所说，大概是要告诫门人弟子，应当以此为鉴！真正的仁者，必是言行合一、知行合一。我们可用此言来拆穿那些伪善之人，岂不妙哉？

4.10　子曰："君子之于天下也，无适①也，无莫②也，义之与比③。"

【注解】　①适：可以。又《释文》：郑本作"敵"。可以。②莫：不可以。③比(bì)：靠近。皇本"比"下有"也"字。

【译文】　孔子说："君子对于天下的事情，没有规定怎样是可以，也没有规定怎样不可以，只要合理恰当就可以了。"

【评论】　本章章旨历来争议较大。程树德《集释》云："此章程朱派概以处事言，陆王派概以存心言，均属模糊影响之谈，非圣人立言之旨。"毛奇龄《论语稽求篇》："'适''莫'与比皆指用情言。适者，亲也；莫者，薄也，漠然也；比者，密也，和也。"刘宝楠《正义》则释"適"作敵，并云："敵当即仇敵之意。无敵无慕，义之与比，是言好恶得其正也。"不论从哪种角度进行解读，归根到底都是强调做事情要合理恰当。本章所要劝导的是那些仅凭个人喜好就武断的全盘接受或者全盘否定之人。凡事合理恰当为好，切不可过度、越礼。

4.11　子曰："君子怀德①，小人怀土②；君子怀刑③，小人怀惠。"

【注解】　①怀：牵挂，关注。②怀土：安于故土。③刑：法度。

【译文】　孔子说："君子牵挂的是道德，小人关注的是乡土；君子牵挂的是法度，小人关注的是恩惠。"

【评论】　朱熹《集注》说："怀，思念也。怀德，谓存其固有之善。怀土，谓溺其所处之安。怀刑，谓畏法。怀惠，谓贪利。君子小人趣向不同，公私之间而已矣。"黄式三《后案》云：

怀土，孔训重迁，汉时师说如此，见于《史记》《汉书》者此义甚多。《韦贤传》："嗟我小子，岂不怀土？庶我王寤，越迁于鲁。"又《叙传》《班彪王命论》以高祖沛人而都关中，而云"断怀土之情"，皆引经之明显者也。怀刑者，不怨不忘，率由旧章，兢兢焉恐蹸先王之法度也。《汉书》霍、金同传。金翁叔教诲有法度,霍子孟家有盈溢之欲,以取颠覆,是勋臣不可不怀刑也。后汉党锢祸起,申屠蟠独擅见几之誉,则激浊扬清之士不可不怀刑也。《论语传注》:重耳怀安败名,殷民安土重迁,皆怀土也。韩信以捐地会兵,陈豨将为多陷,皆怀惠也。

黄氏举史书之例而明此章之意,多所启发:君子小人所怀不同,导致看问题的出发点不同,最终的命运结局也就不同。

4.12 子曰:"放于利而行①,多怨。"

【注解】 ①放(fǎng):通"仿",意为依据。一说,放,逐也。黄式三《后案》:"《说文》放本训逐。驱逐、追逐皆为放,放利即逐利也。放纵、放弃之义亦从放逐引申,今读去声。依放之放今读上声,或作仿字,古无是分别也。"

【译文】 孔子说:"只是依据个人利益而行动,会招致很多的怨恨。"

【评论】 朱熹《集注》引程子之言云:"欲利于己,必害于人,故多怨。"集体利益和个人利益并不冲突,很多时候,可以将二者很好地统一起来,但关键是拿什么作为原则。如若只承个人利益,势必会损害他人利益。贪赃枉法、行贿受贿等诸多罪孽不正由此引发?对于此种人,有几人能不怨?

4.13 子曰:"能以礼让为国①乎,何有②?不能以礼让为国,如礼何?"

【注解】 ①为国:治理国家。②何有:有什么困难的意思。《后汉书·刘般传》载贾逵上书曰:"孔子称能以礼让为国,于从政乎何有?"《列女传》载曹世叔妻上疏曰:"《论语》曰:'能以礼让为国,于从政乎何有?'"是汉时《论语》此句多"于从政"三字。

【译文】 孔子说:"能够用礼让来治理国家吗?这有什么困难呢?如果不用礼让来治理国家,那如何对待礼呢?"

【评论】 程树德《集释》引《左传·襄公十三年》引君子曰:"让,礼之主也。世之治也,君子尚能而让其下,小人农力以事其上,是以上下有礼,而谗慝黜远,由不争也。谓之懿德。"这种景象是孔子所乐于看到的。

4.14 子曰:"不患无位①,患所以立②。不患莫己知③,求为可知也。"

【注解】 ①患:担心。②所以立:安身立命的才能。③莫己知:即莫知己,不了解自己。

【译文】 孔子说:"不要担心没有职位,只发愁不具备胜任那个位子的才能。不要担心别人不知道自己,去追求让别人知道的本领吧。"

【评论】 古往今来,急功近利者数不胜数。孔子此言大约就是针对当时社会中的这种现象发出的。君子修身养性,立足于自身造诣而扬名于世。"君子求诸己,小人求诸人"(《论语·卫灵公》)所说也正是此意。对于"不患莫己知"这一思想,《论语》一书反复提及,可参考前文所谈。

4.15 子曰:"参乎①!吾道一以贯②之哉。"曾子曰:"唯。"子出,门人问曰:"何谓也?"曾子曰:"夫子之道,忠恕而已矣③。"

【注解】 ①参:曾参,孔子的学生。②贯:贯穿、统贯。③忠恕:尽心尽力与换位思考。邢昺《注疏》:"忠,谓尽中心也。恕,谓忖己度物也。"

【译文】 孔子说:"曾参啊,我的学说自始至终都贯穿着一个道理。"曾参说:"是的。"孔子走出去以后,别的学生就问曾参:"这是什么意思?"曾参就说:"他老人家的学说,就是忠和恕罢了。"

【评论】 孔子之学说,"一以贯之",只是"忠恕而已矣。"此章是夫子示弟子修养之门径。朱熹对此讲:"尽己之谓忠,推己之为恕。"(《四书章句集注》)所谓"忠",是自己对别人的忠诚。"为人谋而不忠乎"(《论语·学而》),应该以这种态度对待朋友,对君主更是如此。对"恕",可理解为"己所不欲,勿施于人"。"忠恕"体现的都是推己及人的精神,归根结底,就是儒家所倡导的"仁"。仁者,爱人。但这一标准,非常人可及。要达到这一高度,就需要不断提高道德水平,提高学识素养,在平日生活中践行"仁"。就是"忠"和"恕"的实践。因为只有怀此心态,才能推行"仁",达到"仁"。"仁"是儒家的核心思想,"礼"则是仁的表现形式,"忠恕"就是"仁"的具体行为模式。

4.16　子曰:"君子喻①于义,小人喻于利。"

【注解】　①喻:懂得。

【译文】　孔子说:"君子懂得的是义,小人懂得的是利。"

【评论】　在这章里,孔子只是强调"义"与"利"相比,他更看重"义"。这里并没有将"义"与"利"对立起来。后世很多人都曲解孔子的意思,认为君子就应该只重义不要利。其实孔子的意思是君子应当懂得在利益的取舍面前,把"义"作为标准,先"义"后"利"。与君子相对,小人则是见利忘义,唯利是图。孔子说:"富与贵,是人之所欲也;不以其道得之,不处也。"(《论语·里仁》)孔子本人也是"罕言利"(《论语·子罕》)。可见他并非反对追求富与贵,并非不言利。所以今天读《论语》,切不可断章取义。

4.17　子曰:"见贤思齐焉①,见不贤而内自省②也。"

【注解】　①齐:看齐,一致。②省:反思。

【译文】　孔子说:"看到贤人,应该想的是如何和他看齐,看到不贤的人则应该想的是如何反省自己。"

【评论】　这是儒家讲修养的名言,已成为中国人修身的通则。孔子认为,明智的人,一是乐见他人之好,并向他人学习;二是警惕他人缺点,要反省自身。此章与"三人行,必有我师焉。则其善者而从之,其不善者而改之"(《论语·述而》)所说是同一个道理。学习,并不局限于书本,生活处处皆学问。这种"见贤思齐焉,见不贤而内自省"的精神,是不是每个人都应该奉为自己的行为准则呢?如果人人都能奉行这样的准则,则不但个体生命质量会获得提升,世间的罪恶也会减少很多。

4.18　子曰:"事父母几谏①,见志不从,又敬而不违②,劳而不怨③。"

【注解】　①几(jī)谏:态度温和地劝谏。②违:直言冒犯。③劳:忧愁。怨:怨恨。

【译文】　孔子说:"侍奉父母,对他们的过错,得委婉温和地劝告。如果父母并不听从自己的劝告,仍然应该尊敬不直接冒犯他们。虽然自己忧愁,但是却不怨恨。"

【评论】 接下来几章都是谈论孝道。本章所讲,是如何对待父母的过错。孔子认为首先得温和轻微的劝告,如若不听,则应仍然尊敬,不能怨恨。这有一点为尊者讳的意思,在当时社会十分重要。不过在今天的社会环境中,却很少有人能够做到,从另一角度看,这一思想本身也许仅仅是特殊时代的产物。当然,孝道本身还是理应传承的。

4.19 子曰:"父母在,不远游,游必有方①。"

【注解】 ①方:计划,方向。

【译文】 孔子说:"父母在世的时候,不要出远门去游学或做事,如果一定要出远门的话,也应当有一定的去处。"

【评论】 《礼记·玉藻》曰:"亲老,出不易方,复不过时。"《曲礼上》:"夫为人子者,出必告,反必面。所游必有常,所习必有业。"意思与此章相近。抛却形式,考察本质,孔子所关注的是孝道——不让父母担心。作为人子,四处飘荡,父母怎能不牵肠挂肚地忧愁呢?今天的世界被誉为"地球村",很多人以为距离不再是问题。但此处所讲,不仅是空间距离远近,也是心的距离。是否做到常回家看看?是否做到不让父母担忧?显然,孔子对于孝的强调并未过时,在今日的社会生活中仍有其特殊意义。

4.20 子曰:"三年无改于父之道,可谓孝矣①。"

【注解】 ①此章又见《学而》。《论语》中有多章重出于不同部分,盖当时弟子各有所记,后编纂讨论时一并收录其中。此类现象也证明《论语》一书非一次编成。

4.21 子曰:"父母之年①,不可不知也。一则以喜②,一则以惧③。"

【注解】 ①年:年龄。②喜:欢喜。因父母健康长寿而高兴。③惧:忧惧。因年岁越大就越担心其辞世。

【译文】 孔子说:"父母的年龄不能不知道,一方面因其年纪大而欢喜,一方面又因其年纪大而忧惧。"

【评论】 这章亦讲论孝道。这是一种伦常真情的刻画,细致入微,动人心弦。知道父母的年龄,一方面应该感到欢喜,因为父母年龄虽增但是依然健康硬朗,另一方面忧惧父母越来越接近死亡。不要等到双亲远去,才想起曾经的岁月,徒增懊悔与伤感。不如把握现在的每寸光阴,为父母尽自己的一份孝心,拥有的才是永恒的!

4.22　子曰:"古者言之不出①,耻躬之不逮②也。"

【注解】 ①言之不出:不轻易说话。②耻:以为可耻。躬:自己的行动。逮(dǎi):赶上。

【译文】 孔子说:"古时候人们不轻易说话,怕自己的行动赶不上。"

【评论】 朱熹说:"言古者,以见今之不然。逮,及也。行不及言,可耻之甚。古者所以不出其言,为此故也。"(《四书章句集注》)孔子之所以说"古者言之不出",是因为当时已经不是那个遵守诚信的时代了。孔子说这话,仍是在慨叹世风日下。君子总是担心自己不能做到言出必行,故不轻易许诺别人。这和那些轻诺寡信之人形成了显明的对比。

4.23　子曰:"以约①失之者鲜②矣。"

【注解】 ①约:约束。②鲜:少。

【译文】 孔子说:"因为约束自己而犯错的,这样的事情是很少的。"

【评论】 大凡有成就之人,都具备一些共同的品质,其中一点便是"自制力",或者可以称作意志力。个体生来都有惰性,人在走向成功的路途中,无不披荆斩棘,其中最重要的就是战胜自我,克制自我的各种欲望。孔子此处所讲,大致就是人要懂得约束自己。当然,后世有人将其过分强调,压抑人性,但这也许并非夫子本意。作为今人,对待这些经典文化,要懂得取其精华,去其糟粕。

4.24　子曰:"君子欲讷①于言而敏②于行。"

【注解】 ①讷(nè):言语迟钝。②敏:勤劳敏捷。

【译文】 孔子说:"君子言语要谨慎迟钝,行动要勤劳敏捷。"

【评论】 儒家认为行动优于语言,提倡言出必行。对巧言令色之举,我们理应摒弃。本章所强调的是重行动,轻言语。这是一种将认识和实践统一的思想,只有言行一致、知行合一、表里如一,才能达到高尚的道德境界。重在躬行,正是这个意思。

4.25 子曰:"德不孤①,必有邻②。"

【注解】 ①德:有道德的人。②邻:志同道合的人。

【译文】 孔子说:"有道德的人是不会孤单的,一定会有志同道合的人来和他做伴。"

【评论】 《周易·系辞上》曰:"方以类聚,物以群分。"《大戴礼记·曾子立事》:"君子义则有常,善则有邻。"正因为有相似的价值追求,那么相互切磋,以文会友,以友辅仁,就是再自然不过的事了。

4.26 子游曰:"事君数①,斯辱矣;朋友数,斯疏②矣。"

【注解】 ①数(shuò):频繁,此处指多次进谏。"朋友数"的"数"同此。②疏:疏远。

【译文】 子游说:"对待国君的过错多次进谏,就会招致侮辱;对于朋友的过错进谏过于频繁,这样也会被朋友疏远。"

【评论】 此章讲进谏之道,不听则止,才不会引起对方的反感。朱熹《集注》引胡氏评曰:"事君,谏不行则当去;导友,善不纳则当止。至于烦渎,则言者轻,听者厌矣。是以求荣而反辱,求亲而反疏也。"劝谏君王和朋友改正错误,人家不听,就适可而止。如果劝谏过于频繁,甚至于强行进谏,只会自取其辱。从历史事实来看,确实如此。那些冒死进谏的忠臣,大都被昏庸无道的君主冷落。屈原的《离骚》就是这种情形的真实写照。当然,作为忠实的朋友,还是应当尽心地劝说。

当然,换个角度看,个体都有追求自由的权利。这就是所谓的个人空间。"君子之交淡若水,小人之交甘若醴"(《庄子·山木》),正是此意。

公冶长第五

5.1 子谓公冶长①:"可妻也,虽在缧绁②之中,非其罪也。"以其子③妻之。

【注解】 ①公冶长:孔子的学生。据《史记·仲尼弟子列传》,氏公冶,名长,齐国人。据传公冶长能知鸟语,有特殊的才能。②缧绁(léixiè):本指捆绑犯人用的绳索,这里借指牢狱。③子:女儿,古时无论儿、女均称子。

【译文】 孔子称许公冶长说:"这个人可以把女儿嫁给他。他虽然因故吃了官司被关在狱里,但这并不是他的罪过呀。"孔子就把自己的女儿嫁给了他。

【评论】 此章称许公冶长,但语焉不详。未说明公冶长做了什么事情,导致他吃官司。皇侃《义疏》引《论释》云:

公冶长从卫还鲁,行至二堺上,闻鸟相呼往清溪食死人肉。须臾见一老妪当道而哭,冶长问之,妪曰:"儿前日出行,于今不反,当是已死亡,不知所在。"冶长曰:"向闻鸟相呼往清溪食肉,恐是妪儿也。"妪往看,即得其儿也,已死。即妪告村司,村司问妪从何得知之,妪曰:"见冶长道如此。"村官曰:"冶长不杀人,何缘知之?"因录冶长付狱。主问冶长何以杀人,冶长曰:"解鸟语,不杀人。"主曰:"当试之。若必解鸟语,便相放也;若不解,当令偿死。"驻冶长在狱六十日。卒日,有雀子缘狱栅上,相呼嘖嘖唯唯,冶长含笑。吏启主冶长笑雀语,是似解鸟语。主教问冶长:"雀何所道而笑之?"冶长曰:"雀鸣嘖嘖唯唯,白莲水边有车翻覆黍粟,牡牛折角,收敛不尽,相呼往啄。"狱主未信,遣人往看,果如其言。后又解猪及燕语,屡验,于是得放。

此处所载带有传奇色彩,故皇氏又言:"然此语乃出杂书,未必可信,而亦古旧相传,云冶长解鸟语,故聊记之。"并引范宁曰:"公冶行正获罪,罪非其罪,孔子以女妻之,将以大明衰世用刑之枉滥,劝将来实守正之人也。"孔子称许公冶长的地方,除行正获罪外,亦在其能坦然面对冤狱,并能机智化解险情。

5.2 子谓南容①:"邦有道,不废;邦无道,免于刑戮"。以其兄之子妻之。

【注解】 ①南容:孔子弟子,姓南宫,名适(kuò),字子容。《孔子家语·弟子》:"南容,弟子南宫縚,鲁人也,字子容。"邢昺《注疏》:"然则名縚,名括,又名阅,字子容,氏南宫,本孟氏之后也。"

【译文】 孔子评论南容说:"国家政治清明时,做勤勉官;国家政治黑暗时,他急流勇退保全自己免于刑罚。"孔子把自己的侄女嫁给了他。

【评论】 本章评价弟子南宫适。孔子对南容在出处进退方面的智慧给予了比较高的评价,其中难免也寄托着自己怀才不遇明时的遗憾。皇侃《义疏》谓南宫适"卷舒随世,乃为有智",可谓知人之论。

5.3 子谓子贱①,"君子哉若人②!鲁无君子者,斯焉取斯③?"

【注解】 ①子贱:孔子弟子。姓宓(fú),名不齐,字子贱。鲁人,少孔子四十九岁。王引之《春秋名字解诂》谓"贱"通"翦","不齐"之"不"是语词(王引之:《经义述闻》,南京,江苏古籍出版社,2000年版,第524页)。当从王说。②若人:这人,此人。③斯焉取斯:第一个"斯"指子贱,第二个"斯"指子贱的品德。意谓他从哪里取得这种君子的品德呢。

【译文】 孔子评论宓子贱说:"这个人真是个君子呀!如果鲁国没有君子的话,他是从哪里学到这种君子的品德的呢?"

【评论】 此章记孔子称赞宓子贱有君子之德,并说,鲁国如无君子,子贱也不可能学到君子的品德,言下之意,是说鲁国的君子也是很多的。近朱者赤,鲁有孔子,故多君子也。《韩非子·外储说左上》载:

宓子贱治单父。有若见之曰:"子何臞也?"宓子曰:"君不知不齐不肖,使治单父,官事急,心忧之,故臞也。"有若曰:"昔者舜鼓五弦,歌《南风》之诗而天下治。今以单父之细也,治之而忧,治天下将奈何乎?"

这里说宓子贱治单父很辛苦。《吕氏春秋·察贤》记载恰好相反。其书云:

宓子贱治单父,弹鸣琴,身不下堂而单父治。巫马期以星出,以星入,日夜不居,以身亲之,而单父亦治。巫马期问其故于宓子。曰:"我之谓任人,子之谓任力。任力者故劳,任人者故逸。"宓子则君子矣。

从孔子对其评价来看,两处记载中当以《吕氏春秋》比较接近真实。除政事方面的才能外,宓子贱在学术上也颇有造诣。《汉书·艺文志》载"《宓子》十六篇",看来还颇有著述。王充《论衡·本性》载:"宓子贱、漆雕开、公孙尼子之徒皆论情性,与世子相出入,皆言性有善恶。"指出宓子贱对于儒家学说中关于情性的内容有过讨论,由这些零星记载可知其思想的一个侧面。

只可惜,宓子贱未得善终。《韩非子·难言》载:"宓子贱、西门豹不斗而死人手。"也叹其死不得其所。

5.4　子贡问曰:"赐也何如?"子曰:"女,器也①。"曰:"何器也?"曰:"瑚琏②也。"

【注解】　①器:器皿。②瑚琏:古代宗庙祭祀时盛粮食用的器皿,以竹为之而饰以玉,很贵重。《礼记·明堂位》:"有虞氏之两敦,夏后氏之四琏,殷之六瑚,周之八簋。"此章用瑚琏比喻贤才。

【译文】　子贡问孔子:"我这个人怎么样?"孔子说:"你呀,好比一个器皿。"子贡又问:"是什么器皿呢?"孔子说:"是瑚琏。"

【评论】　此章是对子贡的称赞。皇侃《义疏》:"此答定器有善分也。瑚琏者,宗庙宝器,可盛黍稷也。言汝是器中之贵者也。或云君子不器,器者用必偏,瑚琏虽贵而为用不周,亦言汝乃是贵器,亦用偏也。"子贡是孔子比较喜欢的学生之一,但从本章可以看出,孔子对子贡的评价富有深意:一方面把子贡比作瑚琏,是肯定子贡有一定的才能,这是在夸奖子贡。另一方面,也有批评的意思。孔子曾说过"君子不器"的话,联系起来分析,可见孔子还是认为子贡太重现实功利,是其不足之处。

5.5　或曰:"雍①也仁而不佞②。"子曰:"焉用佞? 御人以口给③,屡憎于人。不知其仁。焉用佞?"

【注解】　①雍:孔子弟子,姓冉,名雍,字仲弓。以德行著称,名列"十哲"之德行科。②佞(nìng):能言善辩,有口才。③口给(jǐ):嘴快话多而不实。皇侃《疏》:"言佞者口辞对人,捷给无实,则数为人所憎恶也。"

【译文】　有人说:"冉雍这个人有仁德但不能言善辩。"孔子说:"何必要能言善辩呢? 伶牙俐齿而不实,常常招致别人的讨厌。我不知道冉雍是不是能够做到仁,但何必要能言善辩呢?"

【评论】　此章记载对冉雍的评价。孔子针对有人对冉雍的评论,提出了自己的看法。他认为人要有仁德,不需要能言善辩。那种伶牙俐齿、油嘴滑舌的人反而更容易引起别人讨厌。

5.6　子使漆雕开仕①。对曰:"吾斯之未能信。"子说②。

【注解】　①漆雕开:孔子弟子,姓漆雕,名开,字子开,一说字子若。《孔子家语》:"漆雕开,蔡人,字子若。少孔子十一岁。习《尚书》,不乐仕。孔子曰:'子之齿可以仕矣,时将过。'对曰:'吾斯之未能信。'"②说(yuè):同"悦"。

【译文】　孔子让漆雕开去做官。漆雕开回答说:"我对做官这事还没有信心。"孔子听了很高兴。

【评论】　此章评论漆雕开之行。孔子的教育方针是"学而优则仕",他经常向学生灌输读书做官的思想,并鼓励和推荐他们去做官。孔子让他的学生漆雕开去做官,但漆雕开"不乐仕",就推脱说尚未达到"学而优"的程度,还没有把握。孔子听了很高兴,为什么呢? 邢昺《注疏》:"'子说'者,孔子见其不汲汲于荣禄,知其志道深,故喜说也。"

5.7 子曰:"道不行,乘桴浮于海①。从我者,其由与?"子路闻之喜②。子曰:"由也好勇过我,无所取材③。"

【注解】 ①桴(fú):用竹子做成的渡河工具,大的叫筏,小的叫桴。②子路:即仲由,字子路,又字季路。孔子的得意门生。③取材:取制桴之材。

【译文】 孔子说:"如果我的主张行不通,我就乘木筏子到海外去。那时候能跟从我的大概只有仲由吧!"子路听到这话很高兴。孔子又说:"仲由啊,你比我勇敢,只是无处取制桴的材料。"

【评论】 孔子在现实中处处碰壁,有时难免有退隐的念头,但他绝不是甘心要急流勇退。子路不解,故夫子以言语提点。邢昺《义疏》曰:"然孔子本意托乘桴激时俗,而子路信之将行,既不达微旨,故孔子不复更言其实,且先云'由好勇过我'以戏之也。"孔子对子路有很多次的评论和教导,此章亦是。

5.8 孟武伯问:"子路仁乎①?"子曰:"不知也。"又问。子曰:"由也,千乘之国,可使治其赋也②,不知其仁也。""求也何如?"子曰:"求也,千室之邑,百乘之家,可使为之宰也,不知其仁也。""赤也何如③?"子曰:"赤也,束带立于朝,可使与宾客言也,不知其仁也。"

【注解】 ①孟武伯:鲁国大夫。此句,刘宝楠《正义》曰:"《史记·弟子传》作'季康子问',当出古《论》。"②赋:指兵役,治赋即治军。《左传·隐公四年》:"敝邑以赋,与陈蔡从。"服虔云:"赋,兵也。以田赋出兵,故谓之兵赋。"③赤:孔子弟子,姓公西,名赤,字子华。鲁人,少孔子四十二岁。有容仪,可使为行人。

【译文】 孟武伯问孔子:"子路做到了仁吧?"孔子说:"我不知道。"孟武伯又问。孔子说:"仲由嘛,在拥有一千辆兵车的国家,可以让他掌管军事,但我不知道他是不是做到了仁。"孟武伯又问:"冉求这个人怎么样?"孔子说:"冉求这个人,可以让他在有千户人家的公邑或有一百辆兵车的采邑里当总管,但我也不知道他是不是做到了仁。"孟武伯又问:"公西赤又怎么样呢?"孔子说:"公西赤嘛,可让他穿着礼服站在朝廷上,接待他国来的贵宾,我也不知道他是不是做到了仁。"

【评论】 此章讨论的核心是"仁"。程树德《集释》引《读四书丛说》:"武伯见圣人专教人行仁,而不知仁之体段,故就门人中举以为问,非泛论人才之谓也。"孟武伯不是真的想选孔子三弟子去做官,而是想了解什么是"仁"。孔子未肯定三个学生做到了"仁",而是讲他们在管理军事、处理政务、办理外交方面的才干。在孔子看来,他们虽然各有自己的专长,但还不能说是仁德。可见,孔子是把"仁"放在相当高的位置上的。

5.9 子谓子贡曰:"女与回①也孰愈②?"对曰:"赐也何敢望回?回也闻一以知十,赐也闻一以知二。"子曰:"弗如也,吾与尔③,弗如也。"

【注解】 ①回:即颜回,字子渊,孔子弟子。②愈:超过,更胜一等。③与:赞同,同意。尔:通行本作"女",据阮元校改。

【译文】 孔子对子贡说:"你和颜回两个相比,谁更胜一等呢?"子贡回答说:"我怎么敢和颜回相比呢?颜回他听到一件事就可以推知十件事;我呢,知道一件事,只能推知两件事。"孔子说:"是不如他呀;我同意你的看法,是不如他啊。"

【评论】 皇侃《义疏》引顾欢曰:"回为德行之俊,赐为言语之冠,浅深虽殊,而品裁未辨,欲使名实无滥,故假问'孰愈'?子贡既审回、赐之际,又得发问之旨,故举十与二,以明悬殊愚智之异。夫子嘉其有自见之明,而无矜夸之貌,故判之以'弗加',同之以'吾与女'。此言'我'与'尔'虽异,而同言'弗如',能与圣师齐见,所以为慰也。"颜回是孔子最得意的学生之一。他十四岁即拜孔子为师,此后终生师事之。在孔门诸弟子中,孔子对他称赞最多。他勤于学习,而且肯独立思考,能做到闻一知十,融会贯通,所以孔子对他大加赞扬。而且孔子也希望他的其他弟子都能像颜回那样,刻苦学习,举一反三,在学问修养上事半功倍。

5.10　宰予昼寝。子曰:"朽木不可雕也,粪土之墙不可杇①也;于予与何诛②?"子曰:"始吾于人也,听其言而信其行;今吾于人也,听其言而观其行。于予与改是。"

【注解】　①杇(wū):抹墙用的抹子。这里指用抹子粉刷墙壁。②诛:责备,批评。

【译文】　宰予白天睡觉。孔子说:"腐朽的木头无法雕刻,粪土垒的墙壁无法粉刷。对于宰予这个人,责备还有什么用呢?"孔子说:"起初我对人,是听了他说的话便相信了他的行为;现在我对于人,听了他讲的话还要观察他的行为。在宰予这里我改变了观察人的方法。"

【评论】　刘宝楠《正义》引《逸周书·芮良夫解》云:"以言取人,人饰其言;以行取人,人竭其行。饰言无庸,竭行有成。"《说苑·尊贤篇》:"夫言者,所以抒其匈而发其情者也。是故先观其言而揆其行。夫以言观其行,虽有奸轨之人,无以逃其情矣。"是取人之术当以言察其行也。《大戴礼·五帝德》:"子曰:'吾欲以言语取人,于予邪改之。'"宰予聪明却不够勤奋,他在大白天睡觉,所以受到孔子斥责。孔子还因此改变了听其言而可观其行的观点。

程树德《集释》引《论语集说》评云:"学者诚能立志以自强,则气亦从之,不至于昏惰,何有于昼寝?故学莫先于立志。"李泽厚《论语今读》评价此章说:"对生活、人生采取积极、进取、奋斗不息的精神,已成为某种深层的文化心理结构,即韧性精神的情理结构,这正是使中华民族饱经困苦而能长期生存的重要原因,也是千万华侨在各地艰难创业、获有成就的文化因素,尽管他们并不一定意识到儒学或孔子。"

5.11　子曰:"吾未见刚者。"或对曰:"申枨①。"子曰:"枨也欲,焉得刚?"

【注解】　①申枨(chéng):孔子弟子,姓申,名枨,字周。

【译文】　孔子说:"我没有见过刚毅不屈的人。"有人回答说:"申枨就是这样的。"孔子说:"申枨这个人欲望太多,怎么能刚毅不屈呢?"

【评论】 孟子说:"贫贱不能移,富贵不能淫,威武不能屈。"最能体现"刚"的内涵。李泽厚《今读》说:"所谓'刚'者,不屈不挠,无坚不摧,无惧不胜也。"孔子认为,一个人多欲,就不再刚强。如果想成为有崇高理想的君子,那就要舍弃世俗欲望的诱惑,一心向仁。

5.12　子贡曰:"我不欲人之加诸我也①,吾亦欲无加诸人。"子曰:"赐也,非尔所及也。"

【注解】 ①加:强加。诸:之于合音。

【译文】 子贡说:"我不愿意别人强加于我的事情,也不愿强加给别人。"孔子说:"赐呀,这就不是你想做到就能完全做到的啊。"

【评论】 此章之意,即"己所不欲,勿施于人";《礼记·大学》:"所恶于上,毋以使下;所恶于下,毋以事上;所恶于前,毋以先后;所恶于后,毋以从前;所恶于右,毋以交于左;所恶于左,毋以交于右。此之谓絜矩之道。"又《中庸》:"忠恕违道不远,施诸己而不愿,亦勿施于人。"正是对这章最好的解释。不喜欢别人强加给自己的,也不愿强加给别人,这是恕。"仁"与"恕"也正是儒家所追求与提倡的,但只是意识到了,还须时时实行,一直坚持下去是很难的。

5.13　子贡曰:"夫子之文章①,可得而闻也已矣。夫子之言性与天道②,不可得而闻也③。"

【注解】 ①文章:指孔子传授的《诗》《书》《礼》《乐》等。②性:人的本性。天道:天命。《史记·孔子世家》作"夫子言天道与性命,弗可得而闻也已",以性命释性。天道一般指自然和人类社会祸福吉凶之间的关系。③此句,皇本"不可得而闻也"下有"已矣"二字。天文本《论语校勘记》:足利本作"不可得而闻也已",与天文本同。

【译文】 子贡说:"老师讲授的书面的知识,依靠听讲就可以学到;老师讲授的人性和天道的理论,只依靠听讲是不能够学到的。"

【评论】 《后汉书·桓谭传》曰:"天道性命,圣人所难言。自子贡以下,不得而闻。"注引郑康成《论语》注:"性,谓人受血气以生,有贤愚吉凶。天道,七政变动之占也。"皇《疏》引太史叔明云:"文章者,六籍是也。性与天道如何注。以此言之与,是夫子死后,七十子之徒,追思曩日圣师平生之德音难可复值。六籍即有性与天道,但垂于世者可踪,故千载之下,可得而闻也。至于口说言吐,性与天道,蕴藉之深,止乎身者难继,故不可得而闻也。"朱熹《集注》:"文章,德之见于外者,威仪文辞皆是也。性者,人所受之天理。天道者,天理自然之本体。其实一理也。言夫子之文章日见乎外,固学者所共闻。至于性与天道,则夫子罕言之,而学者有不得闻者。盖圣门教不躐等,子贡至是始得闻之而叹其美也。"

在子贡看来,孔子所讲的诗书礼乐等具体知识有文献可参考,靠耳闻就可以学到,但关于人性与天道的理论,深奥神秘,不是通过耳闻就可以学到的,必须经历日常生活的磨砺,得到发自内心的体验,才有可能把握得到。

5.14 子路有闻,未之能行①,唯恐有闻②。

【注解】 ①此句,皇本无"之"字。②有:同"又"。

【译文】 子路在听到一个道理,但未能实践的时候,害怕又听到新的道理。

【评论】 韩愈《名箴》云:"勿病无闻,病其晔晔。昔者子路,唯恐有闻。赫然千载,德誉愈尊。"《朱子语类》:"子路不急于闻,而急于行。今人惟恐不闻,不去行处著功夫。"子路勇于行义。这一章生动表现了子路的急切正直、勇于实践的性格。

5.15 子贡问曰:"孔文子①何以谓之'文'也?"子曰:"敏而好学②,不耻下问,是以谓之'文'也。"

【注解】 ①孔文子:卫国大夫孔圉(yǔ),"文"是谥号,"子"是尊称。②敏:敏捷、勤勉。

【译文】 子贡问道:"为什么给孔文子一个'文'的谥号呢?"孔子说:"他聪敏勤勉而好学,不以向比他地位卑下的人请教为耻,所以给他谥号叫'文'。"

【评论】 程树德《集释》评曰:"刘氏《正义》:'《世本》云:"孔达生得

间叔谷,谷生成叔烝鉏,鉏生顷叔羁,羁生昭叔起,起生圉。"'圉即孔叔圉。亦称仲叔圉。邢《疏》引《谥法》云:'勤学好问曰文。'是文为谥也。《论语稽》:'孔悝之鼎铭曰:"乃考文叔,兴旧耆欲,作率庆士,躬恤卫国。其勤王家,夙夜不解,民咸曰休哉。"'然其人于伦纪之间,帷薄不修。观浑良夫之通于其妻,而大叔遗之再搂其女,皆三尺童子所羞称,故子贡疑其人不足谥为文。夫子则就文论文,故取其敏而好学、不耻下问以许之,殆亦善善从长之意欤?"

本章记载子贡与孔子讨论什么是"文"。子贡对孔文子有质疑,孔子指出其"不耻下问""敏而好学",即可谥称"文",其依据盖出于《谥法》。

5.16 子谓子产①:"有君子之道四焉:其行己也恭②,其事上也敬,其养民也惠,其使民也义。"

【注解】 ①子产:姓公孙,名侨,字子产,郑国大夫,郑穆公之孙,长于辞令,颇有政绩,是春秋时著名的政治家、文学家和思想家。②行己:犹修己。

【译文】 孔子评论子产说:"他有君子的四种道德:他自己态度谦逊、行为庄重,他事奉君主长辈严肃恭敬,他养护百姓恩惠长存,他役使百姓合理有度。"

【评论】 本章记孔子对子产治国才能和德行的称赞。程树德《集释》评曰:"《论语稽》:'子产者,穆公之孙,子国之子。鲁襄公八年见左传,十九年为郑卿,三十年执政,历仕郑简、定二公,凡相郑二十二年,卒于鲁昭公二十年。其于晋当悼平昭顷定五世,于楚当共康郑敖灵平五君,周旋两大之间,戎马交争,郑恃之以为安危。其行己恭,事上敬,则谦谦君子也。其养民惠,使民义,则良相也。故孔子称美之。'黄陶菴曰:'子产者,救时之相也。参王霸而用之,去其丘赋、刑书之失,即可进于王。无其秉礼守义之心,亦可流于霸。不王不霸之间,其子产之自处乎?盖亦春秋已来,一人而已。'"

子产的确是中国古代一位杰出的政治家和外交家。孔子对子产的评价甚高,认为治国安邦就应当具有子产的这四种品德。

5.17 子曰:"晏平仲善与人交①,久而人敬之。"

【注解】 ①晏平仲:齐国的贤大夫,名婴,"平"是谥号。晏婴亦为春秋时著名思想家、政治家。除《左传》外,还有《晏子春秋》记其事,《史记》亦有传。

【译文】 孔子说:"晏平仲善于与人交往,相识越久,别人越尊敬他。"

【评论】 孔子称赞齐国大夫晏婴,认为他与人为善,能够获得别人对他的尊敬,这是很不容易的。孔子称赞晏婴,是希望学生们学习他,做到"善与人交"。孔子仕鲁前曾受到齐景公的信任,景公欲任用孔子,因晏婴谏阻而未果。孔子并未因此而怀恨在心,反而称赞晏婴善与人交,其胸怀之宽广,可见一斑。

《庄子》言:"君子之交淡若水,小人之交甘若醴;君子淡以亲,小人甘以绝。"晏婴之所以长时间得到别人的尊重,大概也是因为他有君子之风。

5.18 子曰:"臧文仲①居蔡②,山节藻棁③,何如其知④也?"

【注解】 ①臧文仲:鲁国之贤大夫,姓臧孙,名辰,"文"是谥号。②蔡:占卜用的大龟。蔡产大龟,故大龟称蔡。③山节藻棁:节,柱子上的斗拱。棁(zhuō)房梁上的短柱。把斗拱雕成山形,在棁上绘以水草花纹。这是古时装饰天子宗庙的做法。④知:同"智"。指聪明才智。

【译文】 孔子说:"臧文仲给蔡国产的大神龟盖了一间屋子,这屋子非常华丽,斗拱雕成山的形状,短柱上还画上水草花纹,他这种违礼的做法怎么能叫聪明呢?"

【评论】 臧文仲是春秋鲁国的杰出人物,他博学广知,政绩突出,并有着卓越的军事的外交才能。但他不重礼法,故孔子指责他"不仁""不智"。臧文仲不顾周礼的规定,竟然修建了藏龟的大屋子,还装饰成天子宗庙的式样,这在孔子看来就是"越礼"之举了。所以,孔子指责他"不仁"。臧文仲被人们称为"智者",却崇尚迷信,大兴土木就为了养一只所谓的"神龟",这并不是君子所为,所以,孔子指责他"不智"。

5.19　子张问曰:"令尹子文三仕为令尹①,无喜色;三已之②,无愠色。旧令尹之政,必以告新令尹。何如?"子曰:"忠矣。"曰:"仁矣乎?"曰:"未知,焉得仁?""崔子弑齐君③,陈文子有马十乘④,弃而违之⑤。至于他邦,则曰:'犹吾大夫崔子也。'违之。之至一邦,则又曰:'犹吾大夫崔子也。'违之。何如?"子曰:"清矣。"曰:"仁矣乎?"曰:"未知,焉得仁?"

【注解】　①令尹子文:令尹,楚国官名,相当于宰相。子文,即斗谷於菟,是楚国的贤者,曾三次为令尹。《国语·楚语下》:"昔子文三舍令尹,无一日之积。"②三已:三次被罢免。已,罢免。③崔子:齐国大夫崔杼(zhù)。弑:地位在下的人杀了地位在上的人。④陈文子:齐国大夫,名须无。⑤弃而违之:舍弃家产离开齐国。

【译文】　子张问孔子说:"令尹子文几次做楚国宰相,都没有显出高兴的样子;几次被免职,也没有显出怨恨的样子。每一次被免职他都会把自己未完之政事告诉新接任者。你看这个人怎么样?"孔子说:"可算是忠诚了。"子张问:"算得上仁了吗?"孔子说:"不知道,这怎么能算得仁呢?"子张又问:"崔杼杀了他的君主齐庄公,陈文子家有四十匹马的财产,都舍弃了离开了齐国。到了另一个国家,他说:'这里的执政者和我们齐国的大夫崔杼差不多。'就离开了。又到了另一个国家,他说:'这里的执政者也和我们的大夫崔杼差不多。'再次选择离开。这个人你看怎么样?"孔子说:"够清高了。"子张说:"可说是仁了吗?"孔子说:"不知道,这怎么能算得仁呢?"

【评论】　孔子认为,令尹子文和陈文子都是行事有方、清正廉洁之人。一个忠于君主,算是尽忠了;一个宁可舍弃家财,也不与逆臣共事。他们都算是清高的了,但都还算不上达到了仁。因为在孔子看来,"忠"只是尽心竭力去做事,"清高"只是不与世俗同流合污。距离达至仁的境界,还是有差距的。

5.20　季文子①三思而后行。子闻之,曰:"再思,斯可矣②。"

【注解】　①季文子:鲁国大夫季孙行父,"文"是谥号。②斯:就。

【译文】 季文子每做一件事都要考虑多次才实行。孔子听到了,评论说:"考虑两次也就行了。"

【评论】 "三思而后行"这句耳熟能详的成语就是出自《论语》。这是教我们要养成做事前多思考的好习惯。但为什么孔子并不同意季文子的这种做法呢？因为当时季文子做事过于谨慎,顾虑太多,反而造成了消极的影响。所以孔子说考虑两次就行了。

"三思而后行"并不是胆小怕事、瞻前顾后,而是慎重严谨的表现。做事比较冲动,往往凭第一感觉,结果考虑问题不周全,很容易出现纰漏。因此,在决定做一件事的时候,特别是重大之事时,必须进行全方位的谋划,还可以多听听旁人的意见,也很有好处。

5.21 子曰:"宁武子①,邦有道则智;邦无道则愚②。其知可及也,其愚不可及也。"

【注解】 ①宁武子:姓宁,名俞,"武"是他的谥号,卫国大夫。《左传》多次记载他在外交场合"赋诗言志"、发表辞令、救国于危急之事。②愚:傻笨。此处是指假装愚笨以保全自己。

【译文】 孔子说:"宁武子这个人,当国家政治清明时就显得聪明;当国家政治昏暗时就显得笨拙。他的聪明别人可以做得到,但他那种假装笨拙以保全自己的智慧别人就赶不上了。"

【评论】 孔子对宁武子的这种做法,基本采取赞许的态度。宁武子处世为官都很有一套。卫国政局形势好转,对他有利时,他就充分发挥自己的聪明智慧,为卫国的政治竭力尽忠;当政局恶化,对他不利时,他就退居幕后或处处装傻,以保全自己并等待时机。

5.22 子在陈①,曰:"归与！归与！吾党之小子狂简,斐然成章②,不知所以裁之③。"

【注解】 ①陈:春秋时诸侯国,妫姓,周武王克商后封大姬及舜之后人妫满于此。大约在今河南东部和安徽北部一带,春秋末为楚国所灭。②斐(fěi)然:有文采的样子。③裁:裁剪,节制。

【译文】 孔子在陈国,说:"回去吧！回去吧！家乡的学生有远大志向,文采出众,我还不知道该如何指导他们。"

【评论】 此章又见《孟子》。《孟子·尽心下》:"万章问曰:'孔子在陈曰"盍归来乎!吾党之士狂简,进取不忘其初。"孔子在陈,何思鲁之狂士?孟子曰:'孔子"不得中道而与之,必也狂狷乎?狂者进取,狷者有所不为也。"孔子岂不欲中道哉?不可必得,故思其次也。'"所引述与《论语》文字稍异。今人杨义系此章于公元前492年,孔子61岁时。并认为孔子说这段话时,周游列国刚到陈国,季桓子去世,季康子执政,召冉求回去,协助办理政务。冉求将行之时,孔子有如此之说。① 孔子是希望冉求回鲁从政,实现他未能实现的抱负。

5.23 子曰:"伯夷、叔齐①不念旧恶,怨是用希②。"

【注解】 ①伯夷、叔齐:殷末孤竹君之二子,父死,互让王位,逃至周。武王伐纣,二人以为不义,拦马劝阻。周统一天下,耻食周粟,饿死首阳山。《史记》卷六十一有传。②希:同"稀",少也。

【译文】 孔子说:"伯夷、叔齐两个人不记过去的仇恨,因此内心的怨念也就少了。"

【评论】 伯夷、叔齐认为周武王伐纣是"以暴易暴",极力劝谏武王,但武王不听,决意灭商。伯夷、叔齐对周武王的行为不满,誓死不作周的臣民,也不吃周的粮食,饿死在首阳山上。孔子从伯夷、叔齐不记恨别人旧怨的角度对他们加以称赞,这似乎与其饿死首阳之事相违。程树德《集释》引蔡清《四书蒙引》:"今人皆知天下归仁,邦家无怨,为仁人盛德事。固也,然薰莸不同味,而去取生;泾渭不同流,而爱恶生,则夫为君子者,固不能无恶于人也。如司马温公,虽奸邪小人恶其害己者,亦敛衽咨嗟其贤。如程明道先生,则狡诈者献其诚,暴慢者致其恭。如诸葛武侯,则李平、廖立虽为所废,亦惜其死而为之流涕。此无他,公也,诚也。公则可怒在彼,诚则不言而信,皆夷齐不念旧恶辈人也。"伯夷、叔齐内心能不念人旧恶,后继有人。

---

① 杨义:《论语还原》(下),中华书局2015年版,第862~863页。

5.24　子曰："孰谓微生高直①？或乞醯焉②，乞诸其邻而与之。"

【注解】　①微生高：姓微生，名高，鲁国人。或以为即《汉书·古今人表》所列尾生高。"微"与"尾"音同通用。《庄子·盗跖》："尾生与女子期于梁下，女子不来，水至不去，抱梁柱而死。"②醯(xī)：醋。

【译文】　孔子说："谁说微生高这个人直率？有人向他讨点醋，他不直说自己没有，到他邻居家里讨了点再给人家。"

【评论】　微生高是鲁国人，以率直著名。《庄子·盗跖》记载他和一位女子相约在桥下见面，不巧的是，遇上了大雨，河水暴涨。尾生高抱着桥柱不肯离去，结果被大水淹没而死。因为他遭遇危急，仍然不改变原来的约定。在《庄子》的记载中，他似乎不太懂得变通。

邢昺《注疏》曰："此章明直者不应委曲也。"有人向尾生高讨醋，他并不直说自己没有，而是暗地里跑到邻居家里讨要，再给讨醋的人。醋是小东西，没有就说没有，家里欠缺了，也不会造成危急。微生高却转向邻居乞讨，再拿给讨醋的人。孔子借此为例，说明微生高并不直，他认为"直"应是诚诚恳恳，真实不虚假。

5.25　子曰："巧言、令色、足恭①，左丘明耻之②，丘亦耻之。匿怨而友其人③，左丘明耻之，丘亦耻之。"

【注解】　①足恭：十足恭敬。②左丘明：姓左丘，名明；或曰姓左，名丘明。鲁国人，相传是《左传》《国语》的作者。③匿怨：隐藏内心的怨恨。

【译文】　孔子说："花言巧语，虚情假意，阿谀奉承，左丘明认为这种人可耻，我也认为可耻。把怨恨装在心里，表面上装出友好的样子，左丘明认为这种人可耻，我也认为可耻。"

【评论】　孔子反感"巧言令色"之人，已见《学而》。他认为人与人相交应保持正直、坦率、诚实，不要口是心非、表里不一。这可能也是针对当时社会虚枉之人而言。李泽厚《今读》却有不同见解，认为"搞政治无诚实可言"，"'匿怨而友其人'，是政治家的常规作业，否则也就没有政治可言了"。

5.26　颜渊、季路侍①。子曰:"盍各言尔志②?"子路曰:"愿车马衣裘③,与朋友共,弊之而无憾。"颜渊曰:"愿无伐善④,无施劳⑤。"子路曰:"愿闻子之志。"子曰:"老者安之,朋友信之,少者怀之。"

【注解】　①侍:服侍,站在旁边。"侍"字为《论语》常见,有时用"侍侧",指站着或坐着陪在身边。有时用"侍坐",指孔子和弟子都坐着。有时单用"侍"字,指孔子坐着,弟子站着。②盍:何不。③此句阮元校作"车马衣裘",无"轻"字。今据改。④伐:夸耀。《老子》二十二章:"不自伐,故有功;不自矜,故长。"⑤施劳:施,表白。劳,功劳。

【译文】　颜渊、子路两人站着陪侍在孔子身边。孔子说:"你们何不各自说说各自的志向?"子路说:"希望拿出自己的车马、衣服、皮袍,同我的朋友共享,即使用坏了也不抱怨。"颜渊说:"希望能做到不夸耀自己的长处,不表彰自己的功劳。"子路说:"希望听听老师您的志向。"孔子说:"让年老的安心,让朋友们信任我,让年轻的子弟们得到关怀。"

【评论】　在这一章里,孔子及其弟子自述志向,主要谈的还是道德修养及为人处世的态度。子路的回答充满慷慨的侠义情怀;颜渊的回答谦虚谨慎;孔子的回答则再次表现了他对"仁"的重视,也以此从各方面严格要求自己和学生。

5.27　子曰:"已矣乎!吾未见能见其过而内自讼①者也。"

【注解】　①讼:自责。

【译文】　孔子说:"唉!我还没有看见过能够看到自己的错误而又能从内心责备自己的人。"

【评论】　朱熹《集注》曰:"已矣乎者,恐其终不得见而叹之也。内自讼者,口不言而心自咎也。人有过而能自知者鲜矣,知过而能内自讼者为尤鲜。能内自讼,则悔悟深切而能改必矣。夫子自恐终不得见而叹之,其警学者深矣。"人们常常能够看到别人的错误与缺点,却很难看到自己的错误和缺点。很多人明知自己有错,或者被他人好心指出,大多数人也会因为顾及面子或其他原因不愿意接受并改正,更谈不上从内心去责备自己了。孔子说他没有见过有自知之明、有错即改的人。其实,在现实社会生活中,这种明知自己犯了错,还不愿去反省改正,甚至还把责任推到别人头上得人也不是少数。

曾子说:"吾日三省吾身",《中庸》讲:"反身而诚,乐莫大焉",其实都是在讲自我反省,自责的结果是"乐",是一种难得的好品质。

5.28　子曰:"十室之邑①,必有忠信如丘者焉②,不如丘之好学也。"

【注解】　①十室之邑:有十户人家的小邑。②必:一定。

【译文】　孔子说:"即使是只有十户人家的里巷,也一定有像我这样讲忠信的人,只是不如我那样好学罢了。"

【评论】　《荀子·大略》:"禹过十室之邑必下",杨倞注:"十室之邑,必有忠信,故下之也。"《大戴礼记·制言》:"禹过十室之邑则下,为秉德之士存焉。"孔子是一个十分坦率直爽的人。他认为自己的忠信并不是最突出的,因为在只有十户人家的小村子里,就会有像他那样讲求忠信的人。但他坦言自己非常好学,表明他承认自己的德行和才能都是学来的,这也从另一个角度阐述了"人非生而知之者",所拥有的东西都是后天通过学习得来的。

雍也第六

6.1 子曰:"雍①,可使南面②。"

【注解】 ①雍:即冉雍,字仲弓。孔子的弟子,与冉耕(伯牛)、冉求(子有)皆在孔门十哲之列,世称"一门三贤",人称三冉。②南面:古时候坐北朝南是最尊贵的位置,天子与官员的位次也是如此,这里代指做官。

【译文】 孔子说:"冉雍这个人可以去做官。"

【评论】 朱熹《集注》曰:"南面者,人君听治之位。言仲弓宽洪简重,有人君之度也。"《经义述闻》:"南面,有谓天子及诸侯者,有谓卿大夫者。雍之可使南面,谓可使为卿大夫也。"古代以面向南为尊位,天子上朝,诸侯、官员听政都是面向南面而坐。这里孔子说"使南面"是指可以让冉雍去从政做官,治理国家。孔子一贯主张"学而优则仕",他认为当一个人学习到一定程度的时候就应该入朝为官,他支持并鼓励自己的学生这么做。

6.2 仲弓问子桑伯子①。子曰:"可也简②。"仲弓曰:"居敬而行简,以临③其民,不亦可乎?居简而行简,无乃大简乎④?"子曰:"雍之言然⑤。"

【注解】 ①子桑伯子:鲁国人,或以为即《庄子》中所载之子桑户。②简:简要,不烦琐。③临:面临,面对。这里有"治理"的意思。④无乃:相当于"岂不是",一般用于反问句。大:同"太"。⑤然:正确。

【译文】 仲弓问孔子,子桑伯子这个人怎么样。孔子说:"他简单得恰好。"仲弓说:"如果严肃认真而行事简要,像这样来治理百姓,不是也可以吗?但自己马马虎虎,又以简要的方法办事,这岂不是太疏略了吗?"孔子说:"冉雍,这话你说得对。"

【评论】 朱熹《集注》曰:"子桑伯子,鲁人。胡氏以为疑即庄周所称子桑户者是也。伯弓以夫子许己南面,故问伯子如何。可者,仅可而有未尽之辞。简者,不烦之谓。言自处以敬,则中有主而自治严,如是而行简以临民,则事不烦而民不扰,所以为可。若自处以简,则中无主而自治疏矣,而所行又简,岂不失之大简而无法度之可守乎?《家语》记伯子不衣冠而处,夫子讥其欲同人道于牛马,然则伯子盖大简者,而仲弓疑夫子之过许与?仲弓盖未喻夫子可字之意,而其所言之理有默契焉者,故夫子然之。"孔子主张办事简明扼要,果断利落,任何事情都要有度,不可太过分。但是如果在办事时,一味追求简要,马马虎虎敷衍了事,就不够妥当了。所以,孔子听完仲弓的话以后,认为他说得很有道理。

6.3 哀公问曰:"弟子孰为好学①?"孔子对曰:"有颜回者好学,不迁怒②,不贰过③。不幸短命死矣,今也则亡④,未闻好学者也。"

【注解】 ①孰:谁。②不迁怒:不把对此人的怒气发泄到另外的人身上。③不贰过:不犯同样的错误。④亡:同"无"。

【译文】 鲁哀公问孔子:"您的学生中谁是最好学的呢?"孔子回答说:"有一个叫颜回的学生好学,他从不迁怒于别人,也从不重犯同样的过错。却不幸短命死了,现在没有那样的人了,再没有听说过有比颜回好学的人了。"

【评论】 程树德《集释》评曰:"问好学而答以不迁怒不贰过,则古人所谓学,凡切身之用皆是也。古人之学,在学为人。今人之学,在求知识。语云:'士先器识而后文艺。'不揣其本,而惟务其末,呜呼!此后世之所以少治而多乱,而古今之人之所以不相及欤?"孔子的众多弟子中,颜回聪明勤奋、好学上进、尊师重道,且"一箪食,一瓢饮,在陋巷,人不堪其忧,回也不改其乐"。孔子叹惜他英年早逝,认为不会再有如此好学的人了。

6.4 子华①使于齐②,冉子③为其母请粟④。子曰:"与之釜⑤。"请益。曰:"与之庾⑥。"冉子与之粟五秉⑦。子曰:"赤之适齐也,乘肥马,衣轻裘⑧。吾闻之也:君子周急不继富⑨。"

【注解】 ①子华:孔子弟子,姓公西,名赤,字子华,比孔子小42岁。②使于齐:出使齐国。③冉子:即冉有。④粟(sù):小米,五谷(稻、黍、稷、麦、菽)之一。一般粟指带壳的谷粒,去壳以后叫作米。在古书中也把米叫作粟。⑤釜(fǔ):周代计量单位,一釜约等于六斗四升。⑥庾(yǔ):周代计量单位,一庾等于二斗四升。⑦秉(bǐng):周代计量单位,一秉等于十六石(dàn)。⑧衣(yì):动词,穿。⑨周:同"赒",意为周济,救济。

【译文】 子华出使齐国,冉求替他的母亲向孔子请求补助一些谷米。孔子说:"给他一釜(六斗四升)。"冉求请求再增加一些。孔子说:"再给他一庾(两斗四升)。"冉求却给了他八十石。孔子说:"公西赤到齐国去,乘坐着肥壮的马拉的车子,穿着又暖和又轻便的皮袍。我听说过,君子宁可雪中送炭而不锦上添花。"

【评论】 孔子对公西华赠冉有母亲五秉粟十分不满,主张"君子周急不继富"。《老子》第七十七章曰:"天之道,其犹张弓与?高者抑之,下者举之;有余者损之,不足者补之。天之道,则不然,损不足以奉有余。孰能有余以奉天下,唯有道者。"此与孔子所主张相似。史载孔子曾赴洛阳问礼于老子,由此章看,其思想与老子的确有相通处。

6.5 原思为之宰①,与之粟九百②,辞。子曰:"毋③!以与尔邻里乡党乎④!"

【注解】 ①原思:孔子弟子,姓原,名宪,字子思。孔子在鲁国任司法官的时候,原思曾做他家的总管。《史记·仲尼弟子列传》:"孔子卒,原宪遂亡在草泽中。子贡相卫而结驷连骑,排藜藿,入穷阎,过谢原宪。宪摄敝衣冠见子贡,子贡耻之。曰:'夫子其病乎?'原宪曰:'吾闻之,无财者谓之贫,学道而不能行者谓之病。若宪,贫也,非病也。'子贡惭,不怿而去,终身耻其言之过也。"之:孔子。宰:家宰,管家。②与之:指孔子给原宪。③毋(wù):不要推辞。④邻里乡党:古代地方单位的名称,5家为邻,25家为里,500家为党,12500家为乡。这里泛指原思的同乡或家乡周围的百姓。

【译文】 原思给孔子家当总管,孔子给他俸米九百,原思推辞不要。孔子说:"不要推辞! 如果有多的,就分给你的乡亲们吧!"

【评论】 邢昺《注疏》:"此章明为受禄之法。"孔子的意思,要求原思拿俸米,因为俸米是原思应该得到的俸禄,所以孔子让原思不要推辞。此章和上一章形成鲜明对比,原宪该得却辞而不受,冉有本已富足,却仍贪图多得。程树德引《论语稽》:"何晏《集解》本分此为两章,朱子合为一章,今从朱子。"

6.6 子谓仲弓,曰:"犁牛之子骍且角①,虽欲勿用②,山川③其舍诸④?"

【注解】 ①犁牛之子:耕牛的牛犊。此处暗指仲弓出身低贱。骍(xīn)且角:牛的毛为红色且角长得端正。骍,红色。②用:指用于祭祀。③山川:山川之神,比喻上层统治者。④其舍诸:其,当"怎么会"解。舍,舍弃。诸,指牛。

【译文】 孔子在评论仲弓的时候说:"耕牛产下的牛犊却长着红色的毛,角也长得整齐端正,人们虽想不用它做祭品,但山川之神会答应吗?"

【评论】 朱熹《集注》:"仲弓父贱而行恶,故夫子以此譬之。言父之恶不能废其子之善,如仲弓之贤,自当见用于世也。然此论仲弓云尔,非与仲弓言也。"孔子认为一个是否得到禄位,重要的在于高尚的道德和优异的才能,而不能只问出身,更不能因其父之恶而弃子之善。

6.7 子曰:"回也,其心三月不违仁①,其余则日月至焉而已矣②。"

【注解】 ①三月:"三"是虚数,指较长的时间。②其余:指其他弟子。日月:相对于上文的"三月",指较短的时间。

【译文】 孔子说:"颜回这个人,他的心可以在长时间内不违反仁德,其余的学生则只能在短时间内做到仁而已。"

【评论】 皇《疏》曰:"既不违,则应终身。而止举三月者,三月一时为天气一变,一变尚能行之,则他时能可知也。亦欲引汲,故不言多时也。故包述云:'颜子不违仁,岂但一时?将以勖群子之志,故不绝其阶耳。'"颜回是孔门大贤,他对孔子以"仁"为核心的思想有深刻的理解和认识,并能将"仁"真正地贯彻到自己言行中。孔子这么说,也有勉励其他学生的意思。

6.8 季康子问①:"仲由可使从政也与?"子曰:"由也果②,于从政乎何有?"曰:"赐也可使从政也与?"曰:"赐也达③,于从政乎何有?"曰:"求也可使从政也与?"曰:"求也艺④,于从政乎何有?"

【注解】 ①季康子:即季孙肥,春秋时期鲁国的正卿。姬姓,季氏,名肥。谥康,史称"季康子"。②果:果断,决断。③达:通达事理。④艺:有才能技艺。

【译文】 季康子问孔子说:"仲由这个人,可以让他管理国家政事吗?"孔子说:"仲由做事果断,让他管理国家政事有什么困难呢?"季康子又问:"端木赐这个人,可以让他管理国家政事吗?"孔子说:"端木赐通达事理,让他管理政事有什么困难呢?"又问:"冉求这个人,可以让他管理国家政事吗?"孔子说:"冉求有才能,让他管理国家政事有什么困难呢?"

【评论】 本章所述之事在孔子自卫返鲁之后,鲁不能用孔子,又不能委子路、冉有、子贡以重任,孔子多有感慨。《四书大全辨》曰:"为政者君,执政者卿,从政者大夫也。当孔子自卫反鲁,正季康子执政之日,子路、冉有已为季氏宰,子贡已用于鲁,独未从政为大夫耳。康子此问,其亦有同升诸公之意乎?然三子惟子贡为大夫,从政于鲁卫之间,而二子并以家宰终,要皆未究其用,惜哉!"姚惜抱《经说》:"当定公之时,孔子有东周之志,将广鲁于天下。惜乎说行于桓子,而小人间之,不获终焉,此道之将废也。若夫哀公之时,无论道不复行于天下也,而鲁且日危;鲁固不能用孔子矣,第使由求赐三人者一居当国之任,治一国而保之,固皆有余力,以比孔子三月之事则不能,以比子产之全郑则可,故曰'于从政乎何有'。"

雍也第六

6.9 季氏使闵子骞为费宰①。闵子骞曰："善为我辞焉②。如有复我者,则吾必在汶上矣③。"

【注解】 ①闵子骞:姓闵,名损,字子骞,孔子弟子。费:季氏封邑,在今山东费县一带。②善:好,引申为尽力。《集注》:"闵子不欲臣季氏,令使者善为己辞,言若再来召我,则当去之齐。"③汶(wèn)上:汶,水名,今山东大汶河,当时流经齐、鲁两国之间。"汶上"是说要离开鲁国到齐国去。此句,阮元《校勘记》:"《史记》无'则吾'二字,与郑本同。"

【译文】 季氏派人请闵子骞去做费邑的长官,闵子骞对使者说:"请你尽力替我推辞吧!如果再来召我,那我就只能跑到汶水那边的齐国去了。"

【评论】 《史记·仲尼弟子列传》:"闵损,字子骞,少孔子十五岁。孔子曰:'孝哉闵子骞!人不间于其父母昆弟之言。不仕大夫,不食污君之禄。''如有复我者,必在汶上矣。'"朱熹也极赞赏闵子骞的气节。《集注》:"谢氏曰:'学者能少知内外之分,皆可以乐道而忘人之势。况闵子得圣人为之依归,彼其视季氏不义之富贵不啻犬彘。又从而臣之,岂其心哉?在圣人则有不然者,盖居乱邦见恶人,在圣人则可。自圣人以下,刚则必取祸,柔则必取辱。闵子岂不能蚤见而豫待之乎?如由也不得其死,求也为季氏附益,夫岂其本心哉?盖既无先见之知,又无克乱之才故也。然则闵子其贤乎?'"闵子骞知季氏已无药可救,故坚辞不就。这种处世哲学,与庄周辞楚威王之聘如出一辙。

6.10 伯牛有疾①,子问之,自牖执其手②,曰:"亡之,命矣夫③!斯人也而有斯疾也!斯人也而有斯疾也!"

【注解】 ①伯牛:姓冉,名耕,字伯牛,孔子弟子。②牖(yǒu):窗户。③夫:句末语气词,表感叹。此句《史记·仲尼弟子列传》引作"命也夫"。

【译文】 伯牛病危,孔子前去探望他,从窗户外面握着他的手说:"丧失了这个人,这是命里注定的吧!这样的人竟会得这样的病啊!这样的人竟会得这样的病啊!"

【评论】 对这一章的解读分歧很多,主要是争论孔子为什么要从窗户外面探望、握手,好像很不通人情。朱熹《集注》:"伯牛,孔子弟子,姓冉,名耕。有疾,先儒以为癞也。牖,南牖也。礼,病者居北墉下,君视之,则迁于南牖下,使君得以南面视己。时伯牛家以此礼尊孔子,孔子不敢当,故不入其室而自牖执其手,盖与之永诀也。命,谓天命。"这个解说比较接近真实。孔子得知学生得了绝症,强忍悲痛安抚伯牛,感叹伯牛命运不济,为之惋惜不已!

6.11 子曰:"贤哉,回也!一箪食①,一瓢饮,在陋巷,人不堪其忧,回也不改其乐。贤哉,回也!"

【注解】 ①箪(dān):古代盛饭用的竹器,呈圆形。此句意谓饮食很简单。

【译文】 孔子说:"颜回的品德是多么高尚啊!只吃粗劣的饭食,用一个瓢喝水,住在简陋的小巷子里,一般的人都忍受不了这种贫困清苦的生活,颜回却不曾因此而改变他学习的乐趣。颜回的品质是多么高尚啊!"

【评论】 颜子一心向学求仁,"守得住清贫,耐得住寂寞",安贫乐道,故孔子赞之。孔子深知世人能坚守这种精神的人并不多,因此赞赏之余,也颇多感慨。

6.12 冉求曰:"非不说①子之道,力不足也。"子曰:"力不足者,中道而废。今女画②。"

【注解】 ①说(yuè):同"悦"。②画:划定界限,停止前进。

【译文】 冉求说:"我不是不喜欢老师您所讲的道,而是我的能力不够呀。"孔子说:"能力不够是到半路才停下来。现在你是自己事先给自己划了界限不思进取。"

【评论】 《集解》引孔曰:"画,止也,力不足者,当中道而废。今女自止耳,非力极也。"冉有学无进展,借口自己能力不够。孔子批评冉有还未做就先退缩,是自己画地为牢,不思进取,而不是能力不及。夫子因材施教,指出冉有症结所在,几使其无所隐藏。读此章,一位教育家的形象跃然纸上。

6.13　子谓子夏曰："女为君子儒,无为小人儒。"

【译文】　孔子对子夏说:"你要做君子儒,不要做小人儒。"

【评论】　程树德《集释》引《论语述何》:"君子儒,所谓'贤者识其大'者。小人儒,所谓'不贤者识其小'者。识大者方能明道,识小者易于矜名。子游讥子夏之门人小子是也。孙卿亦以为子夏氏之陋儒矣。""君子儒"和"小人儒"之别在于是否"识大",也就是格局的大小。李泽厚《今读》则认为"君子儒"和"小人儒"之别在于一代表"大传统"(巫史文化),一代表"小传统"(民间巫师),这种看法也可供参考。

6.14　子游为武城宰。子曰:"女得人焉尔乎①?"曰:"有澹台灭明者②,行不由径③,非公事,未尝至于偃之室也。④"

【注解】　①焉尔乎:三个语气词连用,无实义。②澹台灭明:孔子弟子,姓澹台,名灭明,字子羽。③径:小路,引申为邪路。④偃:言偃,即子游。

【译文】　子游做了武城的长官。孔子说:"你在那里发现人才了吗?"子游回答说:"有一个叫澹台灭明的人,从来不走邪路,没有公事从不到我屋子里来。"

【评论】　《史记·仲尼弟子列传》载:"澹台灭明,武城人,字子羽,少孔子三十九岁。状貌甚恶,欲事孔子,孔子以为材薄。既已受业,退而修行。行不由径,非公事不见卿大夫。南游至江,从弟子三百人,设取予去就,名施乎诸侯。孔子闻之,曰:'吾以言取人,失之宰予;以貌取人,失之子羽。'"《大戴礼记·卫将军文子》:"贵之不喜,贱之不怒,苟于民利矣,廉于其事上也,以佐其下,是澹台明灭之行也。"

《论语稽》:"子游以文学著称者,大抵文人积习,无不爱才。而有文无行之士,或藉以要结长吏,鱼肉乡里。夫子问得人,正欲观子游平日所赏识者若何。而子游以灭明对,邑有君子长吏,当以为表率而伸式庐之敬者也。今之绅衿,昏夜干求,造门请托,方且借邑宰之威以骄乡党,而为长吏者亦借其声气相通,要虚誉而虐良民,以济其贪酷之私,观此可以愧矣。"

6.15 子曰:"孟之反①不伐②,奔而殿③,将入门④,策其马⑤,曰:'非敢后也,马不进也⑥。'"

【注解】 ①孟之反:鲁国大夫,名侧。②伐:夸耀。③奔:败走。殿:殿后,在全军最后作掩护。④将:将要,快要。⑤策:鞭打。⑥马不进:马不前进。

【译文】 孔子说:"孟之反不喜欢夸耀自己。败退的时候,他留在最后掩护全军,快进城门的时候,他才鞭打着自己的马说:'不是我敢于殿后,是马跑得不快。'"

【评论】 程树德《集释》之"考证"云:"《庄子·大宗师》篇云:'子桑户、孟子反、琴张相与友。'《四书或问》:'孟之反即庄子所谓孟子反,盖闻老氏懦弱谦下之风而悦之者也。'"《集解》:"孔曰:'鲁大夫孟之侧与齐战,军大败。不伐者,不自伐其功。'马曰:'殿,在军后。前曰启,后曰殿。孟之反贤而有勇,军大奔,独在后为殿。人迎为功之,不欲独有其名,曰:我非敢在后距敌也,马不能前进耳。'"孟之反临危不乱,功成不居。对此,孔子给予高度评价,说他"功不独居,过不推诿",认为这是人的美德之一。其事又见《庄子》,盖受道家思想影响。

6.16 子曰:"不有祝鮀之佞①,而有宋朝之美②,难乎免于今之世矣③。"

【注解】 ①祝鮀(tuó):字子鱼,卫国大夫,因能言善辩受到卫灵公重用。佞:能言善辩。②而:"与""和"。宋朝:宋国的公子朝,是当时有名的美男子。他与卫灵公宠妃南子有染。③乎:于。

【译文】 孔子说:"如果没有祝鮀那样的口才,也没有宋朝的美貌,那么在今天的社会上就很难立足了。"

【评论】 这章感叹时事,主要是批评卫灵公。朱熹《集注》:"祝,宗庙之官。鮀,卫大夫,字子鱼,有口才。朝,宋公子,有美色。言衰世好谀悦色,非此难免,盖伤之也。"《论语意原》:"此言专为卫灵公发,其事可考也。定之四年,刘文公合诸侯,欲以蔡先卫。鮀说苌宏,凡数百言,卒先卫侯。其维持卫国,鮀实有力焉。灵公为南子召宋朝,太子蒯聩闻野人之歌,羞之,将杀南子,不克,出奔。然则灵公之无道,不得祝鮀之佞才而有宋朝之美色,安能自免于斯世也?"

6.17　子曰:"谁能出不由户?何莫由斯道也①?"

【注解】　①斯道:大治之道。《集解》:"孔曰:'言人立身成功当由道,譬犹人出入要当从户。'"

【译文】　孔子说:"谁能不经过屋门而走出屋子去呢?为什么没有人不走这条道路呢?"

【评论】　本章用一个比喻批评那些行不由径的人。《春秋繁露·身之养重于义》篇:"故曰:圣人天地动四时化者,非有他也,其见义大,故能动;动,故能化;化,故能大行;化大行,故法不犯;法不犯,故刑不用;刑不用,则尧舜之功德,此大治之道也,先圣传授而复也。故孔子曰:'谁能出不由户?何莫由斯道也?'"

6.18　子曰:"质胜文则野①,文胜质则史②。文质彬彬③,然后君子。"

【注解】　①质:朴实、自然,无修饰的。文:文采。野:指粗鲁、鄙野,缺乏文采。②史:言词华丽。③彬彬:多指人质朴而又礼貌,在这里指文与质的配合很恰当。

【译文】　孔子说:"质朴多于文采,就难免流于粗俗,文采多于质朴,又显得虚伪、浮夸。只有质朴和文采配合恰当,才是个君子。"

【评论】　朱熹《集注》云:"野,野人,言鄙略也。史掌文书,多闻习事,而诚或不足也。彬彬,犹班班,物相杂而适均之貌,言学者当损有余补不足,至于成德则不期然而然矣。"这章简洁明了地说明了文与质的关系,即文与质是对立统一的,互相依存的,不可分离的,质朴与文采是同样重要的。处理好文与质之间的平衡才能成为一个有高尚品质的人。孔子这种文质思想对后世文学理论产生了深远

6.19　子曰："人之生也直①,罔之生也幸而免②。"

【注解】　①此句皇侃本作"人生之直",今从通行本。也:虚词,无实义。②罔:诬罔的人,不直的人。

【译文】　孔子说:"一个人能活下去是因为正直,不正直的人也能生存,那不过是他侥幸地避免了灾祸而已。"

【评论】　《集解》曰:"马曰:'言人之所以生于世而自终者,以其正直也。'包曰:'诬罔正直之道而亦生,是幸而免。'""直"即正直,它符合仁的品德。君子应当坚持正道直行,然而也有一些不正直的人,他们之所以也能生存,只是因为他们侥幸地避免了灾祸,并不值得骄傲。《中庸》言"君子居易以俟命,小人行险以侥幸",与此章孔子所言几近。

6.20　子曰："知之者不如好之者,好之者不如乐之者。"

【译文】　孔子说:"懂得它的人,不如爱好它的人;爱好它的人,又不如以它为乐的人。"

【评论】　皇侃《义疏》:"谓学有深浅也。知之,谓知学问有益者也。好之,谓欲好学之以为好者也。乐,谓欢乐之也。""兴趣是最好的老师",大概说的就是这个意思。孔子提出了求在的三层境界——知之、好之、乐之。无疑,乐之事最高的境界,学习活动为学习者带来的是一种快乐,这样去学习,当然更有效率。

6.21　子曰："中人以上①,可以语上也②;中人以下,不可以语上也。"

【注解】　①中人:中等才智的人。②语上:讲授上等的学问。

【译文】　孔子说:"具有中等以上才智的人,可以给他讲授高深的学问;在中等水平以下的人,不可以给他讲高深的学问。"

【评论】　皇侃《义疏》:"此谓为教化法也。师说云:就人之品识大判有三,谓上中下也。细而分之则有九也,有上上、上中、上下也,又有中上、中中、中下也,又有下上、下中、下下也。凡有九品,上上则是圣人,圣人不须教也。下下则是愚人,愚人不移,亦不须教也。而可教者,上中以下,下中以上,凡七品之人也。"

朱熹《集注》:"语,告也。言教人者当随其高下而告语之,则其言易入而无躐等之弊也。张敬夫曰:'圣人之道精粗虽无二致,但其施教则必因其材而笃焉。盖中人以下之质,骤而语之,太高,非惟不能以入,且将妄意躐等而有不切于身之弊,亦终于下而已矣。故就其所及而语之,是乃所以使之切问近思而渐进于高远也。'"

此章体现了孔子"因材施教"的教育原则,这对后世有着深远的影响。

6.22　樊迟问知①。子曰:"务民之义②,敬鬼神而远之③,可谓知矣。"问仁。子曰④:"仁者先难而后获,可谓仁矣。"

【注解】　①知(zhì):同"智"。②务:从事,致力于。③远之:疏远,不接近的意思。④皇本"曰"前有"子"字。从皇本。

【译文】　樊迟问孔子怎样才算是智慧。孔子说:"专心做对老百姓有益的事情,敬畏鬼神但远离它,就可以称得上是智慧了。"樊迟又问怎样才是仁。孔子说:"有仁德的人做事先付出,然后才收获果实,这就是仁了。"

【评论】　"智"和"仁"都是孔子思想的重要范畴,孔门师生之间常常以解说讨论特定范畴的方式授业,颇有点古希腊学园的意味。"敬鬼神而远之"是名言,是因为体现了"中庸"的思想方法。

6.23　子曰:"知者乐水①,仁者乐山②。知者动,仁者静。知者乐,仁者寿。"

【注解】　①知(zhì):同"智"。乐(yào):喜爱。《释文》:"乐音岳,又五孝反。"②仁者:有仁德之人。

【译文】　孔子说:"聪明人喜爱水,有仁德者喜爱山;聪明人好动,仁德者沉静。聪明人快乐,有仁德者长寿。"

【评论】 《韩诗外传》："夫知者何以乐于水也？夫水者缘理而行，不遗小间，似有智者；动而下之，似有礼者；蹈深不疑，似有勇者；漳汸而清，似致命者；历险致远，卒成不毁，似有德者。天地以成，群物以生，国家以宁，万物以平，品物以正，此智者所以乐于水也。夫仁者何以乐于山也？夫山者万民之所瞻仰也，草木生焉，万物植焉，飞鸟集焉，走兽休焉，四方益取与焉。出云道风，忾乎天地之间，天地以成。国家以宁，此仁者所以乐于山也。""智者"和"仁者"都是有修养的"君子"。孔子以山和水做类比，恰如其分地展示了"智者"和"仁者"的心境与处世方式。

6.24 子曰："齐一变^①至于鲁^②，鲁一变至于道^③。"

【注解】 ①变：指有明君行仁政。②至于鲁：达到周公治理鲁国的状态。③至于道：周公的为政之道。

【译文】 孔子说："齐国如有明君推行改革，就可以达到过去周公治理鲁国的状态；鲁国有明君承周公之政加以改革，就可以达到仁政的理想状态了。"

【评论】 皇侃《义疏》引苞氏曰："言齐、鲁有大公、周公之余化也。大公大贤，周公圣人，今其政教虽衰，若有明君兴之者，齐可使如鲁，鲁可使如大道行之时也。"春秋时期，齐国的经济发展较快，并通过改革成为当时较富强的国家。与齐国相比，鲁国的经济发展比较缓慢，但因为鲁是周公后裔，周礼保存得比较完备。所以孔子说，齐国做一些改变就可以有鲁国的礼乐行政，而鲁国如果有明君加以改革，即可恢复周公之政了。

6.25 子曰："觚不觚^①，觚哉！觚哉！"

【注解】 ①觚（gū）：上古盛酒的器具，也是礼器，上圆下方，有棱，容量约有二升。到春秋时觚的形制被改变，所以孔子认为觚不像觚。

【译文】 孔子说："觚不像个觚了，这是觚吗！这是觚吗！"

【评论】 此章所述可能是孔子参加某次祭礼时所发的感慨，被弟子记录了下来。程树德《集释》："古人制器尚象，以一觚言之，上圆象天,下方象地,且取其置顿之安稳焉。春秋之世,已有破觚为圆者。孔子于献酬之际,见而叹之,其事虽小而轻变古制,已有秦人开阡陌、废井田、焚诗书、尚法律之渐矣。与《春秋》大复古而讥变法同一旨与。""觚",是祭礼上盛酒的器皿,腹部有四条棱角,足部也有四条棱角。春秋时礼崩乐坏首先表现在细节上,此章所述即一例。孔子借礼器之"变古",暗指周礼的废坏。他慨叹酒器不再是原来的酒器,其实是指有周礼的式微。

6.26　宰我问曰:"仁者,虽告之曰:'井有仁者焉①',其从之与?"子曰:"何为其然也？君子可逝也②,不可陷也③;可欺也,不可罔也。"

【注解】　①仁:仁者。皇本作"井有仁者焉其从之也"。一说仁通"人",朱熹《集注》引刘聘君曰:"有仁之仁当作人,今从之。"②逝:往,去。③陷:陷害。

【译文】　宰我问孔子:"有仁德的人,别人告诉他:'井里掉下去一个仁者'。他是不是也要跟着跳下去呢?"孔子说:"为什么要这样做呢？君子可以告诉他远远躲开,却不可以陷害他;君子可以被欺骗,但不可以被愚弄。"

【评论】　此章记宰我就"仁"的问题问难老师,孔子的回答也非常有趣。皇侃《义疏》:"或问曰:'仁人救物,一切无偏,何不但云井中有人,而必云有仁者耶？若唯救仁者,则非仁人堕井,则仁人所不救乎?'答曰:'仁者能好人能恶人,其虽恻隐济物,若闻恶人堕井亦不往也。'又引李充云:欲极言仁,设云救井为仁便当从不耶。故夫子答曰:'何为其然也?'言何至如此。是君子之人,若于道理宜尔,身犹可亡,故云可逝。逝,往也。若理有不可,不宜陷于不知,故云不可诬罔令投下也。君子不逆诈,故可以闇昧欺。大德居正,故不可以非道罔也。"

黄式三《后案》评曰:"宰我为此问者,以井中人喻罹于忧危之人,见仁人之所宜救者在此。天下事固有不救而疑于忍,欲尽力救之而一身之陷害有不可知者。喻言从井,欲观仁者之何以处此也。或谓从井不复能救,圣门言语才胡昧此而有问乎？式三谓从井救人是喻辞。古今任侠之士,轻身患难,或濒危而得幸,或人得全而己已殒,或人己俱殒而无益,是从井救人之类也。"

6.27 子曰:"博学于文,约之以礼①,亦可以弗畔②矣夫③!"

【注解】 ①此句通行本作"君子博学于文",阮元校从《释文》以为无"君子"字。今从阮校。约:约束。②畔:同"叛",违背。③矣夫:语气词,表示强烈的感叹。

【译文】 孔子说:"君子广泛地学习古代的文化典籍,又以礼来约束自己,这样就可以不离经叛道了。"

【评论】 《集注》:"约,要也。畔,背也。君子学欲其博,故于文无不考;守欲其要,故其动必以礼。如此,则可以不背于道矣。"孔子认为君子在广泛学习古代典籍的同时,还要用"礼"来约束自己,这样才不会离经叛道。可见孔子认为"知礼"是"博学"的方向。

6.28 子见南子①,子路不说②。夫子矢③之曰:"予所否者④,天厌之!天厌之!"

【注解】 ①南子:卫灵公的夫人,左右卫国政权,有淫乱的行为。②说(yuè):同"悦"。③矢:同"誓",发誓。④否:不。《史记》谓古本《论语》做"不"。"所不……"是誓词常用格式。

【译文】 孔子去见南子,子路不高兴。孔子发誓说:"如果我做什么不正当的事,让上天谴责我吧!让上天谴责我吧!"

【评论】 本章描述了周游列国在卫国时孔子和子路之间的一次小误会。面对子路的误解,孔子发誓:如果做了什么不正当的事的话,就让上天去谴责他。子路担心孔子见"南子"会有损于他的名声,因为据南子是个淫乱的女人。孔子去拜见她,只是想通过她接近卫灵公,以推行治道。

6.29 子曰:"中庸之为德也①,其至矣乎②!民鲜久矣。"

【注解】 ①德:德行。②至:最高境界。

【译文】 孔子说:"中庸作为一种道德,应该是最高境界的吧!人们缺少这种道德已经很久了。"

【评论】 程子曰:"不偏之谓中,不易之谓庸"。意思是说,中庸就是不偏不倚,不偏于双方的任何一方。中庸之道是儒家的核心思想,既是一种道德观念,也是一种处世哲学。在《论语》中虽只有此处提及"中庸",但不代表孔子不重视中庸。

6.30 子贡曰:"如能博施①于民而能济众②,何如?可谓仁乎?"子曰:"何事于仁!必也圣乎!尧、舜③其犹病④诸!夫⑤仁者,己欲立而立人,己欲达而达人。能近取譬,可谓仁之方也已。"

【注解】 ①施:给予。②众:指老百姓。③尧舜:传说中上古时代的两位帝王。④病:担忧。⑤夫:句首发语词,无实际意义。

【译文】 子贡说:"假若一个人能给老百姓很多好处又能普遍地周济大众,怎么样?可以算是仁人了吗?"孔子说:"岂止是仁人!简直是圣人了!就连尧、舜尚且难以做到呢!所谓的仁人,就是要想自己站得住,也要帮助他人一同站得住;要想自己过得好,也要帮助他人一同过得好。凡事能以自己作比,而推己及人,这就是实行仁的方法了。"

【评论】 "己欲立而立人,己欲达而达人""推己及人""己所不欲,勿施于人"等,都是孔子关于"仁"的基本主张。他在这里强调了自己与他人之间的关系,既对立但更是统一关系,要自己发展得好就要让身边的人一起发展起来。

述而第七

7.1 子曰:"述而不作①,信而好古②,窃③比于我老彭④。"

【注解】 ①述:传述。作:创造。②信:信从,相信。古:指三代的文化。③窃:私,私自,私下。④老彭:人名,但究竟指谁,学术界说法不一。有的说是殷商时代一位"好述古事"的"贤大夫";有的说是老子和彭祖两个人,有的说是殷商时代的彭祖。

【译文】 孔子说:"只阐述而不创作,相信而且喜好三代的文化,我私下里以老彭自比。"

【评论】 孔子提出"述而不作"是表示对上古文化的尊崇。朱子《集注》:"述,传旧而已。作,则创始也。故作非圣人不能,而述则贤者可及。窃比,尊之之辞。我,亲之之辞。老彭,商贤大夫,见大戴礼,盖信古而传述者也。孔子删诗书,定礼乐,赞周易,修春秋,皆传先王之旧而未尝有所作也,故其自言如此。盖不惟不敢当作者之圣,而亦不敢显然自附于古之贤人,盖其德愈盛而心愈下,不自知其词之谦也。然当是时作者略备,夫子盖集群圣之大成而折衷之,其事虽述,而功则倍于作矣。此又不可不知也。"

7.2 子曰:"默而识之①,学而不厌,诲人不倦②,何有于我哉?"

【注解】 ①识:记住。②诲:教诲。

【译文】 孔子说:"默默地记住(所学的知识),学习不觉得厌烦,教人不知道疲倦,这对我能有什么困难呢?"

【评论】 《孟子·公孙丑上》:"昔者子贡问于孔子曰:'夫子圣矣乎?'孔子曰:'圣则吾不能,我学不厌而教不倦也。'子贡曰:'学不厌,智也;教不倦,仁也。仁且智,夫子既圣矣。'"朱熹《集注》:"识,记也。默识,谓不言而存诸心也。一说识,知也,不言而心解也。前说近是。何有于我,言何者能有于我也。三者已非圣人之极至,而犹不敢当,则谦而又谦之辞也。"孔子"默而识之,学而不厌,诲人不倦"的精神,尽显一个伟大教育家的风范。

7.3　子曰:"德之不修也,学之不讲也,闻义不能徙也①,不善不能改也,是吾忧也。"

【注解】　①徙(xǐ):迁移。皇本修、讲、徙、改下各有"也"字。

【译文】　孔子说:"不修养品德,不去讲求学问,听到义不能遵从,有错误不能改正,这些都是我所忧虑的事情。"

【评论】　此章记孔子言修德之要,在提高道德、求取学问和知错即改。《朱子语类》:"修德是本,为要修德,故讲学、徙义、改过即修德之目。"又云:"须先理会孝弟忠信等事,然后就此讲学。"

7.4　子之燕居①,申申如也②,夭夭如也③。

【注解】　①燕居:家居。阮元校作"宴居。"②申申如:衣冠整洁的样子。③夭夭:行动迟缓、斯文和舒和的样子。

【译文】　孔子闲居在家里的时候,一幅仪态温和舒畅的样子,悠闲自在的样子。

【评论】　此章记孔子闲居在家的状态,舒适悠闲,却仍衣冠整洁。皇侃《义疏》引孙绰云:"燕居无事,故云心内夷和外舒畅者也。"

7.5　子曰:"甚矣吾衰也!久矣吾不复梦见周公①!"

【注解】　①此句阮元校无"复"字,其说是。

【译文】　孔子说:"我衰老得很厉害了!我好久没有梦见周公了!"

【评论】《吕氏春秋·博志》篇:"盖闻孔子、墨翟昼日讽诵习业,夜亲见文王、周公旦而问焉。用志如此其精也,何事而不达?何为而不成?故曰精而熟之,鬼将告之。非鬼告之也,精而熟之也。"《潜夫论·梦列》篇:"凡梦有直有象,有精有想,有人有感,有时有反,有病有性。孔子生于乱世,日思周公之德,夜即梦之,此谓意精之梦也。"皇侃《义疏》:"夫圣人行教,既须得德位兼并,若不为人主,则必为佐相。圣而君相者,周公是也,虽不九五而得制礼作乐,道化流行。孔子乃不敢期于天位,亦犹愿放乎周公,故年少之日,恒存慕发梦;及至年齿衰朽,非唯道教不行,抑亦不复梦见,所以知己德衰,而发衰久矣,即叹不梦之征也。"又引李充云:"圣人无想,何梦之有?盖伤周德之日衰,哀道教之不行,故寄慨于不梦,发叹于凤鸟也。"

7.6　子曰:"志于道,据于德①,依于仁,游于艺②。"

【注解】　①德:能将道贯彻于心而不失。②艺:才能,具体指礼、乐、射、御、书、数等。

【译文】　孔子说:"以道为志向,以德为根据,以仁为凭藉,活动于礼、乐、射、御、书、数六艺之中。"

【评论】　《礼记·学记》曾说:"不兴其艺,不能乐学。故君子之于学也,藏焉,修焉,息焉,游焉。大然,故安其学而亲其师,乐其及而信其道,是以虽离师辅而不反也。"这几句话阐明了本章所谓的"游于艺"的意思。孔子培养学生,就是以仁、德为纲领,以六艺为基本,使学生能够得到全面均衡的发展。

7.7　子曰:"自行束脩①以上,吾未尝无诲焉。"

【注解】　①束脩:十条干肉。拜见老师行礼的礼物,后来就将学费叫"束脩"。

【译文】　孔子说:"只要自愿拿着十余干肉为礼物来行拜师礼的人,我从来没有不给他教诲的。"

【评论】　此章言孔子创办私学实行有教无类,只要愿意行拜师礼即可跟随他学习。朱熹《集注》:"脩,脯也。十脡为束。古者相见必执贽以为礼,束脩其至薄者。盖人之有生,同具此理,故圣人之于人,无不欲其入于善。但不知来学则无往教之礼,苟以礼来,则无不有以教之也。"

7.8 子曰:"不愤不启①,不悱不发②。举一隅不以三隅反③,则吾不复也。"

【注解】 ①愤:苦思冥想而不能理解的样子。②悱(fěi):想说又不能说清楚。③隅(yǔ):角落。

【译文】 孔子说:"教导学生,不到他想弄明白而不得的时候,不去开导他;不到他想出来却说不出来的时候,不去启发他。教给他一个方面,他却不能由此而推知其他相关的三个方面的,那就不再教他了。"

【评论】 此章言教育教学的"时机性"原则。孔子提倡启发式教学,要求教者须在学生有学习的动机且愿意积极思考时再启发他们。他还认为,学生如果不能够举一反三,也就不强求了。《集注》:"愤者,心求通而未得之意。悱者,口欲言而未能之貌。启,谓开其意。发,谓达其辞。物之有四隅者,举一可知其三。反者,还以相证之义。复,再告也。上章已言圣人诲人不倦之意,因并记此,欲学者勉于用力以为受教之地也。"

7.9 子食于有丧者之侧,未尝饱也。

【译文】 孔子在有丧事的人旁边吃饭,不曾吃饱过。

【评论】 这章记孔子对丧礼的重视,大概是弟子记录其亲眼所见。程树德《集释》:"《礼记·檀弓》记此文无'子'字'有'字。冯椅《论语解》曰:《檀弓》记此,盖古礼然也。是书所记礼仪多合礼经,当时不行而夫子举行之,故门人以度之耳。"

7.10 子于是日也哭,则不歌。

【译文】 孔子在这一天为吊丧而哭泣,就不再唱歌。

【评论】 这和上一章一样,记孔子对丧礼的重视。孔子在丧礼中的哀戚,体现了对已逝者的一种尊重,也是对丧葬之礼的躬行实践。

7.11 子谓颜渊曰:"用之则行,舍之则藏,唯我与尔有是夫①!"子路曰:"子行三军则谁与②?"子曰:"暴虎③冯河④,死而无悔者,吾不与也。必也,临事而惧⑤,好谋而成者也。"

【注解】 ①夫:语气词,相当于"吧"。②与:在一起的意思。③暴虎:空拳赤手与老虎进行搏斗。④冯(píng)河:无船而徒步过河。⑤惧:谨慎,警惕。

【译文】 孔子对颜渊说:"用我呢,我就去干;不用我,我就隐藏起来,只有我和你才能做到这样吧!"子路问孔子说:"老师您如果统帅三军,那么您和谁在一起共事呢?"孔子说:"赤手空拳和老虎搏斗,徒步涉水过河,死了都不会后悔的人,我是不会和他在一起共事的。我要找的,一定要是遇事小心谨慎,善于谋划而能完成任务的人。"

【评论】 孔子不愿与"暴虎冯河,死而无悔"的人在一起共事,因为在他看来,这种人虽然视死如归,但有勇无谋。在他看来,真正的"勇"是"临事而惧,好谋而成",而不是蛮干。只有智勇兼备的人才能取得最后的胜利。

7.12 子曰:"富而可求也①,虽执鞭之士②,吾亦为之。如不可求者,从吾所好③。"

【注解】 ①富:富贵。而:如果。郑注曰:"富贵不可求而得之,当修德以得之。若于道可求者,虽执鞭之贱职,我亦为之。"②执鞭之士:原指古代为天子、诸侯和官员出入时手执皮鞭开路的人,这里代指地位低下的职事。③所好:爱好,喜好。《正义》曰:郑以"富贵"连言,亦古论义也。修德以得富贵,即夫子言"寡尤、寡悔,禄在其中""学也禄在其中"之旨。"于道可求",谓仕之道也。言己虽修德,仍视道可仕否也。

【译文】 孔子说:"如果富贵合乎于道就可以去追求,虽然是给人执鞭的下等差事,我也愿意去做。如果财富不合于道就不必去追求,那就还是按我的爱好去干事。"

【评论】 孔子鼓励弟子"学而优则仕",在大济天下的同时去追求禄位富贵。然而如果"不以其道得之",则遵从内心所好。刘宝楠《正义》引宋氏翔凤《发微》云:"《周官·太宰》:'禄,以驭其富。'三代以上,未有不仕而能富者。故官愈尊,则禄愈厚,求富即干禄也。

'富而可求',谓其时可仕,则出而求禄。孔子为委吏、乘田,其职与执鞭之士同也。'不可求',为时不可仕。《孔子世家》言'定公五年,阳虎囚季桓子,季氏亦僭于公室,陪臣执国政,是以鲁自大夫以下,皆僭离于正道。故孔子不仕,退而修《诗》《书》《礼》《乐》,弟子弥众,至自远方,莫不受业焉'。此'孔子不仕',谓'不可求';'修《诗》《书》《礼》《乐》'为'从吾所好'。孔子自述出处之际,故以两'吾'字明之。"

7.13 子之所慎:齐①、战、疾。

【注解】 ①齐:同"斋",斋戒。古人在祭祀前要沐浴更衣,不吃荤,不饮酒,不与妻妾同寝,整洁身心,表示虔诚之心。《韩诗外传》八:"传曰:居处齐则色姝,食饮齐则气珍,言语齐则信听,思齐则成,志齐则盈。五者齐,斯神居之。"

【译文】 孔子所谨慎小心对待的事情有三件:斋戒、战争和疾病。

【评论】 斋戒关乎人的精神净化,战斗与疾病关乎性命生死。人不慎,而孔子则能。刘宝楠《正义》:"《说文》云:'战,斗也。'慎战谓临事而惧,好谋而成也。礼器云:'子曰:"我战则克,祭则受福,盖得其道。"'此之谓也。'慎疾'者,所以守身也。金匮要略言'人有疾,当慎养,苦酸辛甘不遗,形体有衰,虽在经络,无由入其腠理',即此义也。儒家学说的人文关怀由表及里,本章就是很好的明证。"

7.14 子在齐闻《韶》①,三月不知肉味,曰:"不图为乐之至于斯也。"

【注解】 ①《韶》:歌颂帝舜的大型乐歌。刘宝楠《正义》曰:皇本"韶"下有"乐"字。《史记·孔子世家》言"孔子年三十五,昭公奔于齐,鲁乱,孔子适齐,与齐太师语乐,闻韶音"云云。江氏永《乡党图考叙》:"此适齐为孔子三十六岁,三十七岁自齐反鲁。"《说苑·修文》篇:"孔子至齐郭门之外,遇一婴儿挈一壶,相与俱行,其视精,其心正,其行端。孔子谓御曰:'趣驱之!趣驱之!韶乐方作。'"

【译文】 孔子在齐国听到了《韶》乐,有很长时间吃肉都没有滋味,他感叹说:"想不到《韶》乐的美达到了这样的境界。"

【评论】 《正义》:"此相传夫子闻韶乐之事。'不知肉味',犹言发愤忘食也。"《韶》乐是舜时大型乐舞,内容与形式都很美。孔子听了《韶》乐以后,在很长时间内竟品尝不出肉的滋味。这当然是一种夸张的说法,但我们不难看出:一方面,孔子在音乐方面的造诣高深;另一方面也体现出了《韶》的优美,符合既善且美的审美标准。

7.15 冉有曰:"夫子为卫君乎①?"子贡曰:"诺②,吾将问之。"入,曰:"伯夷、叔齐何人也?"曰:"古之贤人也。"曰:"怨乎?"曰:"求仁而得仁,又何怨。"出,曰:"夫子不为也。"

【注解】 ①为:辅佐。卫君:卫出公辄,卫灵公之孙。灵公时,太子蒯聩因南子进谗言而奔于晋,卫灵公死后立蒯聩之子辄为卫君。蒯聩在晋国赵鞅支持下欲归卫争君位,卫人拒之。蒯聩父子争位,与伯夷、叔齐互让君位形成显明的对比。②诺:答应。

【译文】 冉有问子贡说:"老师会辅佐卫国的国君吗?"子贡说:"嗯,我去问他。"子贡进去问孔子:"伯夷、叔齐是什么样的人呢?"孔子说:"古代的贤人。"子贡又问:"他们有怨恨吗?"孔子说:"他们求仁而得到了仁,为什么又怨恨呢?"子贡出来对冉有说:"老师不会在卫国入仕了。"

【评论】 邢昺《注疏》:"此章记孔子崇仁让也。"此章借冉有与子贡的谈话从侧面表现了孔子对卫国父子争国的看法和立场。卫国国君辄即位后,其父与其争夺王位,这件事恰好与伯夷、叔齐两兄弟互相让位形成鲜明对照。在这里,借子贡之口暗示孔子的态度:夫子对伯夷、叔齐的赞扬,恰是对卫父子争国的批判。

7.16 子曰:"饭疏食饮水①,曲肱而枕之②,乐亦在其中矣③。不义而富且贵,于我如浮云。"

【注解】 ①饭:吃,动词。疏食:即粗劣的食物。②曲肱(gōng):肱,胳膊,由肩至肘的部位。曲肱,即弯着胳膊。③乐:快乐,乐趣。

【译文】 孔子说:"吃粗粮,喝白水,弯着胳膊当枕头,乐趣也就在这中间了。用不正当的手段得来的富贵,对于我来讲就像是天上的浮云一样。"

【评论】 俗话说:"自己动手,丰衣足食。"劳动和创造的乐趣都在里面了。孔子也提倡"安贫乐道","饭疏食饮水,曲肱而枕之",这种生活对于有德行的人自然是乐在其中的。同时,他还提出,不合道的富贵荣华就如天上的浮云一般,他是坚决不予接受的,这种精神影响了后世许多人。

7.17 子曰:"加我数年①,五十以学《易》②,可以无大过矣。"

【注解】 ①加:这里通"假"字,给予的意思。②易:指《周易》,周代占卜的记录。

【译文】 孔子说:"给我几年的时间,如果五十岁时就学习《周易》,我便可以没有大的过错了。"

【评论】 《史记·孔子世家》载,孔子"读《易》,韦编三绝"。意思是说他读《周易》,曾把束竹简的绳子都翻断了很多次。此章则说如更早一些读《周易》,则可以少犯很多错误。此似是回忆总结性的话。马王堆帛书中有《二三子问》,记录孔子与弟子讨论《周易》的情况,联系起来看,此章当是与弟子讨论《周易》时所说过的话。

7.18 子所雅言①,《诗》、《书》,执礼②,皆雅言也。

【注解】 ①雅言:周王朝的京畿之地在今陕西地区,以陕西语音为标准音的周王朝的官话,在当时被称作"雅言"。孔子平时谈话时可能是用鲁国的方言,但在诵读《诗》《书》和赞礼时,则以当时的标准语音为准。②执礼:赞礼,主持礼仪。《礼记·文王世子》:"瞽宗秋学礼,执礼者诏之。"

【译文】 因为儒者要主持各种礼典,故孔子强调讲雅言,比如诵读《诗》《书》及作为主持人赞礼时,用的都是雅言。

【评论】 孔子向来崇尚礼,在这里也看得出来,像读《诗》《书》及赞礼时,用的都是雅言。郑注曰:"读先王典法,必正言其音,然后义全,故不可有所讳。礼不诵,故言执。"

7.19　叶公①问孔子于子路,子路不对。子曰:"女奚不曰,其为人也,发愤忘食,乐以忘忧,不知老之将至云尔②。"

【注解】　①叶(shè)公:叶公,姓沈,名诸梁,楚国大夫,封地在叶城(今河南叶县南),所以叫叶公。②云尔:而已,罢了。云,如此。尔同"耳"。

【译文】　叶公向子路询问孔子是个什么样的人,子路不答。孔子对子路说:"你为什么不这样说:他这个人,发愤用功,连吃饭都忘了,快乐得把一切忧虑都忘了,连自己快要老了都不知道,如此而已。"

【评论】　这一章记孔子对自己的评价:进德修业,以至于"发愤忘食,乐以忘忧",甚至连自己老了都没有觉察出来。《正义》曰:"发愤忘食者,谓好学不厌,几忘食也。乐以忘忧者,谓乐道不忧贫也。不知老之将至者,言忘身之老,自强不息也。"孔子能从学习和修养中体味到无穷乐趣,不为身旁的小事而烦恼,活得多么惬意,多么潇洒啊!

7.20　子曰:"我非生而知之者,好古,敏以求之者也①。"

【注解】　①敏:勤勉。

【译文】　孔子说:"我不是生来就什么都知道的人,只是我爱好古代文化,做一个勤勉地学习追求知识的人。"

【评论】　邢昺《注疏》:"此章劝人学也。恐人以己为生知而不可学,故告之曰:我非生而知之者,但爱好古道,敏疾求学而知之也。"孔子之所以成为学识渊博的人,在于他的勤奋刻苦,思维敏捷。他这样说可能是为了鼓励学生们发愤努力,不要轻言放弃。

7.21　子不语怪、力、乱、神。

【译文】　孔子不谈论怪异、暴力、变乱、鬼神方面的事。

【评论】　邢昺《注疏》:"此章记夫子为教,不道无益之事。"刘宝楠《正义》引王曰:"怪,怪异也。力,谓若奡荡舟、乌获举千钧之属。乱,谓臣弑君、子弑父。神,谓鬼神之事。或无益于教化,或所不忍言。"

7.22 子曰:"三人行,必有我师焉,择其善者而从之,其不善者而改之。"

【译文】 孔子说:"大家一起走路,其中必定有人可以做我的老师:我选择他善的品德向他学习,看到他不善的地方就作为借鉴,改掉自己的缺点。"

【评论】 刘宝楠《正义》曰:"'三人'者,众辞也。'行'者,行于道路也。"孔子的"三人行,必有我师焉"这句话,现今已是家喻户晓的了。虚心向别人学习的精神值得称许,不仅要以善者为师,而且更要以不善者为戒。人能如此,何愁不能进步?

7.23 子曰:"天生德于予,桓魋①其如予何?"

【注解】 ①桓魋(tuí):宋国司马,是宋桓公的后代。《史记·孔子世家》云:"孔子去卫过曹,去曹适宋,与弟子习礼大树下。宋司马桓魋欲杀孔子,拔其树。孔子去。弟子曰:'可以速矣。'孔子曰:'天生德于予,桓魋其如予何?'"

【译文】 孔子说:"上天把德赋予了我,桓魋能把我怎么样?"

【评论】 邢昺《注疏》:"此章言孔子无忧无惧也。"公元前492年,孔子从卫国去陈国时经过宋国。宋司马桓魋听说以后,带兵去抓捕孔子。当时孔子正与弟子们在大树下演习周礼的仪式,桓魋砍倒大树,要杀孔子。孔子连忙在学生保护下离开了宋国。在逃亡途中,他说了这句话。他认为自己是有仁德的人,而且有上天的庇佑,桓魋对他是无可奈何的。

7.24 子曰:"二三子以我为隐乎①?吾无隐乎尔②。吾无行而不与③二三子者,是丘也。"

【注解】 ①隐:隐匿。②尔:你们,指众弟子。③与:同也。

【译文】 孔子说:"学生们,你们以为我对你们有什么隐瞒的吗?我是丝毫没有隐瞒的。我所做所为没有什么事不同于你们的。我孔丘就是这样的人。"

【评论】 这章记录孔子回答弟子们的质疑,邢昺《疏》:"言孔子教人无所隐惜也。"显示夫子光明磊落的人格。刘宝楠《正义》曰:"圣人知广道深,弟子学之,既不能及,故夫子亦不教之。所谓'中人以下,不可语上'也。乃弟子则疑夫子有所隐匿,故夫子复以'无隐'解之,明我之心,凡所为学,无不欲与二三子共之,但二三子未能几此耳,疑我为隐,不亦过乎!"

7.25　子以四教:文①、行②、忠③、信④。

【注解】　①文:文献,典籍。②行:指德行。③忠:尽己之谓忠,对人尽心竭力的意思。④信:诚实。

【译文】　孔子以文、行、忠、信四项内容教授学生。

【评论】　本章主要讲孔子教学的内容。邢昺《注疏》:"此章记孔子行教以此四事为先也。文谓先王之遗文。行谓德行,在心为德,施之为行。中心无隐谓之忠。人言不欺谓之信。此四者有形质,故可举以教也。"可以看出来,孔子不仅重视书本上的只是,还重视学生道德情操的培养,更将其运用于实践之中。这是将理论与实践相结合的教学方式,值得借鉴。

7.26　子曰:"圣人,吾不得而见之矣;得见君子者,斯可矣①。"子曰:"善人,吾不得而见之矣;得见有恒者②,斯可矣。亡而为有,虚而为盈③,约而为泰④,难乎有恒矣。"

【注解】　①斯:就。②恒:恒心。皇《疏》:"斯可矣"后为另一章。③虚:空虚。④约:穷困。泰:奢侈。

【译文】　孔子说:"圣人,我是不可能看到了;能看到君子,就可以了。"孔子又说:"善人我不可能看到了,能见到始终保持好的品德的人,就可以了。没有却装作有,空虚却装作充实,穷困却装作富足,这样的人是难于保持好的品德的。"

【评论】　《大戴礼记·五义篇》:"所谓圣人者,知通乎大道,应变而不穷,能测万物之情性者也。"《困学纪闻》:"善人,周公所谓吉士也。有恒,周公所谓常人也。"此章记孔子感叹时无圣贤,而多虚伪之"无恒者",同时告诉人们能保持恒心而不为恶者,已实属不易了。

7.27 子钓而不纲①,弋②不射宿③。

【注解】 ①纲:大绳。在水面上拉一根大绳,在大绳上系许多鱼钩来钓鱼,叫纲。这里作动词用。②弋(yì):用带生丝的箭来射鸟。③宿:指归巢歇宿的鸟儿。

【译文】 孔子钓鱼,不用大绳。用带生丝的箭射鸟,不射归巢的鸟。

【评论】 《礼记·月令》载不当竭泽而渔,焚林而猎,既是儒家仁政的特点,也体现出明确的生态保护意识。人须道法自然,与自然和平相处,才能取之不竭,用之不尽。

7.28 子曰:"盖有不知而作之者①,我无是也。多闻,择其善者而从之;多见而识之,知之次也。"

【注解】 ①盖:大约。作之:妄作篇籍。

【译文】 孔子说:"大约有这样一种人,什么都不懂却在那里凭空创造,我却没有这样做过。多听,然后选择其中好的来学习;多看,然后记在心里,这是次一等的智慧。"

【评论】 孔子这么讲其实也就是说:"知之为知之,不知为不知"。对自己不知道的东西,应该多听,然后努力学习,不要不懂装懂,在那里凭空创造。这是他对自己的要求,同时也要求他的学生这样去做。

7.29 互乡难与言①,童子见②,门人惑。子曰:"与其进也,不与其退也,唯何甚?人絜己以进③,与其絜也,不保其往也。"

【注解】 ①互乡:地名,其地不详。难与言:很难交流。②童子见:夫子与一童子相见交谈。③絜己:洁身自好,努力修养。

【译文】 孔子认为很难与互乡那个地方的人谈话,但互乡的一个童子却受到了孔子的接见,学生们都感到迷惑不解。孔子说:"我是肯定他的进步,不是肯定他的倒退。何必做得太过分呢?别人把自己弄干净了来,我们肯定他是正确的,不要死抓住他的过去不放。"

【评论】 邢昺《注疏》:"此章言教诲之道。"孔子是觉世者,面对互乡这个地方的人,一贯的交流方式却有些行不通了。所以他说:"与其进也,不与其退也";"人洁己以进,与其洁也,不保其往也",这也体现出孔子"既往不咎"的包容,与"诲人不倦"的崇高。

7.30 子曰:"仁远乎哉?我欲仁,斯仁至矣。"

【译文】 孔子说:"仁难道离我们很远吗?只要我想达到仁,就能达到仁的境界了。"

【评论】 求仁得仁,万物皆备于我。孔孟修养之道无他,发挥本心即可也。由此章所记孔子的言论来看,他认为仁是人天生的本性,只要心中有"仁",努力去追求就可达到仁的境界。

7.31 陈司败①问:"昭公知礼乎?"②孔子曰:"知礼。"孔子退③,揖巫马期而进之④,曰:"吾闻君子不党⑤,君子亦党乎?君取于吴⑥,为同姓⑦,谓之吴孟子⑧。君而知礼,孰不知礼?"巫马期以告。子曰:"丘也幸,苟有过,人必知之。"

【注解】 ①陈司败:陈国主管司法的官,姓名不详,也有人说是齐国大夫,姓陈名司败。②昭公:鲁国国君,名裯(chóu),"昭"是谥号。③退:退出。④揖:作揖,行拱手礼。巫马期:姓巫马名施,字子期,孔子弟子,比孔子小三十岁。进之:靠近巫马期。⑤党:偏袒、包庇的意思。⑥取:同"娶"。⑦为同姓:鲁国和吴国的国君同姓姬。周礼规定同姓不婚,昭公娶同姓女,是违礼之举。⑧吴孟子:鲁昭公夫人。春秋时代,国君夫人的称号,一般是她出生的国名加上她的姓,但因她姓姬,故称为吴孟子,而不称吴姬。

【译文】 陈司败问孔子鲁昭公懂得礼吗?孔子说:"懂得礼。"孔子出来后,陈司败向巫马其作了个揖,并走近他,对他说:"我听说,君子是没有偏私的,难道君子还包庇别人吗?鲁君在吴国娶了一个同姓的女子为做夫人,吴与鲁同是姬姓,故称她为吴孟子。如果鲁昭公算是知礼之人,还有谁不知礼呢?"巫马期把这话告诉了孔子。孔子说:"我真是幸运。如果有错,人家一定会看得见并指出来。"

【评论】 《集解》引孔注曰:"以司败之言告也。讳国恶,礼也。圣人道闳,故受以为过。"鲁昭公违礼娶同姓之女,时人皆知。孔子答陈司败之问以为鲁昭公知礼,是为尊者讳,并非不知。陈司败向巫马期说"君子不党",是对孔子颇有微词。巫马期闻之而言于夫子,夫子说"丘也幸,苟有过,人必知之。"体现了孔子"闻过则喜"的胸怀。

7.32　子与人歌而善,必使反之①,而后和之②。

【注解】　①反之:再唱一遍。②和(hè):随声附和的意思。

【译文】　孔子与别人一起唱歌,如果人家唱得好,一定要请他再唱一遍,然后和着他。

【评论】　朱熹《集注》曰:"反,复也。必使复歌者,欲得其详而取其善也。而后和之者,喜得其详而与其善也。此见圣人气象从容,诚意恳至,而其谦逊审密不掩人善又如此。"

7.33　子曰:"文莫吾犹人也①。躬行君子,则吾未之有得也②。"

【注解】　①莫:约莫、大概、差不多。②通行本"得"下无"也"字。

【译文】　孔子说:"就书本知识来说,大约我和别人差不多。做一个身体力行的君子,那我还没有做到呢。"

【评论】　《集注》曰:"莫,疑辞。犹人言不能过人而尚可以及人。未之有得,则全未有得。皆自谦之辞。而足以见言行之难易缓急,欲人之勉其实也。"这章是孔子教育学生的实录。他说自己在身体力行方面,还没有取得君子的成就,是希望门人勉力实践君子仁义之道,不要只停留在表面。

7.34　子曰:"若圣与仁,则吾岂敢①?抑为之不厌②,诲人不倦,则可谓云尔已矣③。"公西华曰:"正唯弟子不能学也。"

【注解】　①岂敢:怎么敢。②抑:折的语气词,"只不过是"的意思。

为之：指上文中的"圣与仁"。③云尔：这样说。

【译文】 孔子说："如果说达到圣者与仁者的境界，那我怎么敢当！只不过是学习努力而不感厌倦，教诲别人也从不感觉疲倦，则可以说是如此罢了。"公西华说："这正是我们学不到的。"

【评论】 此章为孔门师生接谈实录，孔子很少直接训导弟子，而总是从自己的实践说起，尽可能地发挥榜样的力量。圣与仁，他觉得自己还不敢当，还要朝这个方向努力，还会不厌其烦地去做。同时，他也要不知疲倦地教诲别人。

7.35 子疾病①，子路请祷②。子曰："有诸?"子路对曰："有之。《诔》③曰：'祷尔于上下神祇④。'"子曰："丘之祷久矣。"

【注解】 ①疾病：病情严重。病，严重。②请祷：向鬼神请求和祷告。③诔(lěi)：祈祷文。黄式三《论语后案》："诔，《说文》引此作'讄'，段氏注曰：'讄，施于生者以求福。诔，施于死者以作谥。'《论语》之'诔'字当作'讄'"。④神祇：古代称天神为神，地神为祇。

【译文】 孔子的病情很严重，子路向鬼神祈祷。孔子说："有这回事吗?"子路说："有的。《诔》文上说：'为你向天地神灵祈祷。'"孔子说："我很久以来就在祈祷了。"

【评论】 《太平御览》引《庄子》(《困学纪闻》引)："孔子病，子贡出卜。孔子曰：'吾坐席不敢先，居处若斋，饮食若祭，吾卜之久矣。'"《论衡·感虚篇》论此事云："圣人修身正行，素祷之日久，天地鬼神知其无罪，故曰祷久矣。"孔子患重病，不反对子路祈祷，是感弟子之孝也；言己祈祷久矣，明无获罪于鬼神也。足见其心胸之坦荡。

7.36 子曰："奢则不孙①，俭则固②。与其不孙也，宁固。"

【注解】 ①孙：同"逊"，恭敬。皇本"孙"作"逊"。②固：简陋、鄙陋。这里是寒酸的意思。

【译文】 孔子说："奢侈了就会骄傲，节俭了就会寒酸。与其骄傲，宁可寒酸。"

【评论】 《集注》:"孙,顺也。固,陋也。奢俭俱失中,而奢之害大。晁氏曰:'不得已而救时之弊也。'"春秋时代各诸侯、大夫等的生活都极为奢华,他们的享乐标准和礼仪规模甚至与周天子没有区别。这在孔子看来,都是越礼的行为。孔子认为尽管节俭就会让人感到寒酸,但比起越礼来,孔子更宁可显得寒酸以维护礼的价值。

7.37 子曰:"君子坦荡荡①,小人长戚戚②。"

【注解】 ①坦荡荡:心胸宽广。②长戚戚:经常忧愁、烦恼的样子。

【译文】 孔子说:"君子心胸宽广,小人经常忧愁。"

【评论】 孔子认为,作为君子,应当有宽广的胸怀,容忍别人,容纳各种事件,不计个人利害得失。像那种心胸狭窄,与人为难、与己为难,时常忧愁,局促不安的人是不可能成为君子的。因此,"君子坦荡荡,小人长戚戚"这句话也成为后世的名言警句,激励每个普通人成为一个君子。

7.38 子温而厉①,威而不猛,恭而安。

【注解】 ①厉:严厉。

【译文】 孔子温和而又严厉,威严而不凶猛,庄重而又安详。

【评论】 这章记录弟子对夫子的评价。孔子态度温和,但又不失谨严;威严而不凶恶;用谦和的心态处世,又尊重他人;有自己的原则,不苟同于人,但又清心寡欲、淡泊名利。

泰伯第八

8.1 子曰:"泰伯①,其可谓至德也已矣。三以天下让②,民无得而称焉③。"

【注解】 ①泰伯:古公亶父的长子。《史记·吴太伯世家赞》:"孔子言太伯可谓至德矣。""泰"字作"太"。《汉书·地理志》引文"泰"亦作"太","德"字作"惠"。②三:多次的意思。③无得:无从。《集解》引王注曰:"泰伯,周太王之长子,次弟仲雍,少弟季历。季历贤,又生圣子文王昌。昌必有天下,故泰伯以天下三让于王季。其让隐,故无得而称言之者,所以为至德也。"

【译文】 孔子说:"泰伯可以说是品德最高尚的人了。几次把王位让给季历,老百姓都找不到合适的词句来称赞他。"

【评论】《韩诗外传》载:"大王亶甫有子曰太伯、仲雍、季历。历有子曰昌。太伯知大王贤昌而欲季为后也,太伯去之吴。大王将死,谓曰:'我死,汝往让两兄。彼即不来,汝有义而安。'大王薨,季之吴告伯仲,伯仲从季而归。群臣欲伯之立季,季又让。伯谓仲曰:'今群臣欲我立季,季又让,何以处之?'仲曰:'刑有所谓矣,要于扶微者,可以立季。'季遂立,而养文王,文王果受命而王。孔子曰:'太伯独见,王季独知。伯见父志,季知父心。故大王、太伯、王季可谓见始知终而能承志矣。'"无泰伯,即无周文王,亦无武王伐纣,统一天下。孔子认为三让天下的泰伯是道德最高尚的人,自然得到老百姓的交口称赞。

8.2 子曰:"恭而无礼则劳①,慎而无礼则葸②,勇而无礼则乱,直而无礼则绞③。君子笃于亲④,则民兴于仁;故旧不遗,则民不偷⑤。"

【注解】 ①劳：劳苦。②葸(xǐ)：拘谨,怯懦。③绞：尖刻,偏激。④笃：厚待。⑤偷：淡薄。

【译文】 孔子说："只是恭敬而不以礼来节制,就会徒劳无功;只是谨慎而不以礼来指导,就会畏缩拘谨;只是勇猛而不以礼来指导,就会说话尖刻。在上位的人如果厚待自己的亲属,老百姓当中就会兴起仁爱之风;在上位的人如果不遗弃老朋友,老百姓就不会对人冷漠无情了。"

【评论】 "恭""慎""勇""直"等行为虽接近于仁义,但必须以"礼"来节制和指导,才会最终达于仁义之德。否则,就会走向反面,出现"劳""葸""乱""绞"。此章记孔子讨论化民兴仁之道,其"×而无×则×"的表述方式,取自"五经",体现了"允执厥中"的思想方法,既是继承,又是创造。

8.3 曾子有疾,召门弟子曰："启予足①！启予手！《诗》云：'战战兢兢,如临深渊,如履薄冰。'②而今而后,吾知免夫③！小子！"

【注解】 ①启：看。《说文解字》作"启"字从"目"。②此三句出自《诗·小雅·小旻》,本意是行事谨慎小心,此处曾子以此告诫弟子小心爱护身体。③免：指身体免于损伤。

【译文】 曾子病危之际,把学生召集到身边来,说道："看看我的脚！看看我的手！《诗经》上说：'小心谨慎呀,好像站在深渊旁边,好像踩在薄冰上面。'从今以后(死后),我知道我的身体是不会再受到损伤了！同学们！"

【评论】 《孝经》记载孔子曾对曾参说："身体发肤,受之父母,不敢毁伤,孝之始也。"作为一个孝子,应当爱护父母给予自己的身体,不可使不全。曾子在临死前要他的学生们看看自己的手脚,以表示自己的身体完整无损,又借用《诗经》语句来表明自己谨慎小心,遵守孝道。

8.4 曾子有疾,孟敬子问之①。曾子言曰："鸟之将死,其鸣也哀;人之将死,其言也善②。君子所贵乎道者三：动容貌③,斯远暴慢矣④；正颜色⑤，斯近信矣；出辞气，斯远鄙倍矣⑥。笾豆之事⑦，则有司存⑧。"

【注解】 ①孟敬子：仲孙氏，名捷，鲁国大夫。马融曰："孟敬子，鲁大夫仲孙捷。"问：探望，探视。②此盖为当时俗语。③动容貌：使自己的内心感情表现于面容。④暴慢：粗暴，傲慢。⑤正颜色：使自己的脸色庄重严肃。⑥鄙倍：鄙，粗野。倍同"背"，悖理。⑦笾豆之事：笾和豆都是古代祭祀和典礼中的用具。这里代礼仪中的一切具体细节。⑧有司：指主管某一方面事务的官吏，这里指主管祭祀、礼仪事务的官吏。

【译文】 曾子病重，孟敬子去看望他。曾子对他说："鸟快死了，它的叫声是悲哀的；人快死了，他说的话是善意的。君子应当重视三个方面：使自己的容貌庄重严肃，这样可以避免粗暴、放肆；使自己的脸色一本正经，这样就接近于诚信；使自己说话的言辞和语气谨慎小心，这样就可以避免粗野和悖理。至于祭祀的礼节仪程方面，自有主管这些事务的官吏来负责。"

【评论】 皇侃《义疏》引李充云："人之所以贵于禽兽者，以其慎终始在困不挠也。禽兽之将死，不遑择音，唯吐窘急之声。人若将死，而不思令终之言，唯哀惧而已者，何以别于禽兽乎？是以君子之将终也，必正存道，不忘格言，临死易箦，困不违礼。辨礼三德，大加明训，斯可谓善言也。或问曰：不直云曾子而云言曰，何也？答曰：欲重曾子临终言善之可录，故特云言也。"曾子在临死以前，还试图改变孟敬子的态度。他认为君子应当重视的三个方面，现在看来都还是很有启示意义的。

8.5 曾子曰："以能问于不能，以多问于寡；有若无，实若虚；犯而为校①，昔者吾友尝从事于斯矣②。"

【注解】 ①校：同"较"，计较。《集解》："包曰：'校，报也。言见侵犯而不报也。'"②吾友：我的朋友。马融曰："友谓颜渊。"

【译文】 曾子说："有才能却向没有才能的人请教，知识渊博却向知识少的人请教；有学问却像没学问一样，学养充实却好像一无所有一样；被人欺负也不计较，从前我的同门颜回就这样做过了。"

【评论】 此章记曾子称赞颜回之气象：博学不夸，为而不恃。《集注》："校，计校也。友，马氏以为颜渊是也。颜子之心，惟知义理之无穷，不见物我之有间，故能如此。谢氏曰：'不知有余在己，不足在人，不必得为在己，失为在人，非几于无我者不能也。'"《困学纪闻》曰："以能问于不能，以多问于寡，有若无，实若虚，犯而不校：颜子和风庆云之气象也。富贵不能淫，贫贱不能移，威武不能屈，孟子泰山岩岩之气象也。"

8.6 曾子曰："可以托六尺之孤①，可以寄百里之命②，临大节而不可夺也，君子人与？君子人也。"

【注解】 ①托六尺之孤：托付无父之孤儿。六尺，未成年者。②寄百里之命：以国命相寄托。百里之命，代指国家政权和命运。

【译文】 曾子说："可以把年幼的君主托付给他，可以把国家托付给他，面临生死存亡的紧急关头而不被动摇和屈服——这样的人是君子吗？是君子啊！"

【评论】 此章记述曾子对孔子的评价。《集解》引孔曰："六尺之孤，幼少之君也。寄命，摄君之政令也。"何曰："大节者，安国家定社稷也。不可夺者，不可倾夺之也。"孔子堪托"六尺之孤"，可以国命为重；临大难而不惧，甚至在生死关头也绝不动摇、屈服，这是真正的大智大勇。程树德《集释》："托孤寄命，大节不夺，古惟伊尹、周公、诸葛亮之流足以当之。若文天祥、史可法诸君，虽心竭力尽，继之以死，而终于君亡国破。则虽时数之不齐，而究于可托可寄之义有间矣。圣门论人未尝不才德并重，朱子非不知之，而其后议论乃偏重德行而薄事功何也？"

8.7 曾子曰①："士不可以不弘毅②，任重而道远。仁以为己任，不亦重乎？死而后已，不亦远乎？"

【注解】 ①此章或以为是孔子所言。《后汉书·祭遵传》注引孔子曰："仁以为己任，不亦重乎？死而后已，不亦远乎？"又《张衡传》注引《论语》："孔子曰：'死而后已，不亦远乎？'"俱以曾子为孔子。

②弘毅：弘，广大。毅，强毅。

【译文】 曾子说："士不可以不弘大刚毅，因为他肩负重任而前途远大。以实现仁为己任，难道还不够重大吗？为之奋斗终身，难道历程还不够远吗？"

【评论】 朱熹《集注》曰："弘，宽广也。毅，强忍也。非弘不能胜其重，非毅无以致其远。仁者人心之全德，而必欲以身体而力行之，可谓重矣。一息尚存，此志不容少懈，可谓远矣。"

8.8 子曰："兴于《诗》①，立于礼②，成于乐。"

【注解】 ①兴：开始。包曰："兴，起也。言修身当先学《诗》。"②立：树立。

【译文】 孔子说："从学习《诗》入手，通过掌握礼而立身，通过习乐而使我个性完善。"

【评论】 这章"记人立身成德之法也"(《注疏》)。《集注》："兴，起也。诗本性情，有邪有正，其为言既易知，而吟咏之间，抑扬反复，其感人又易入。故学者之初，所以兴起其好善恶恶之心而不能自已者，必如此而得之。"孔子示弟子以进阶之法：先学习《诗》，次掌握礼的运用，然后以乐完善个性。

8.9 子曰："民可使由之，不可使知之。"

【译文】 孔子说："让百姓遵从仁政行动即可，不必使之了解为什么要这样做。"

【评论】 邢昺《注疏》："此章言圣人之道深远，人不易知也。"《孟子·尽心上》："孟子曰：'行之而不著焉，习矣而不察焉，终身由之而不知其道者，众也。'"此可释"民可使由之，不可使知之"。此章常被误读为不尊重百姓，如果从社会管理者的角度出发，就会见其说之合理性。

8.10 子曰："好勇疾贫①，乱也。人而不仁，疾之已甚②，乱也。"

【注解】 ①疾：憎恨。②已甚：太过分。

【译文】 孔子说:"喜好勇敢而又不甘穷困,就会犯上作乱。对于不仁之人,被痛恨得太厉害,也会出乱子。"

【评论】 邢昺《注疏》:"此章说小人之行也。言好勇之人患疾已贫者,必将为逆乱也。人若本性不仁,则当以礼孙接,不可深疾之。若疾恶太甚,亦使为乱也。"

8.11 子曰:"如有周公之才之美,使骄且吝,其余不足观也已矣①。"

【注解】 ①不足观:不值一看。

【译文】 孔子说:"一个人即使有周公旦那样的才能,如果骄傲自大而又吝啬小气,那其他方面也就不值得一看了。"

【评论】 此章告诫人切不可"骄且吝"。人须德才兼备,方可建功立业,如有才无德,无足观也!

8.12 子曰:"三年学,不至于穀①,不易得已也②。"

【注解】 ①穀:善也。②皇本"也"下有"已"字。天文本《论语》校勘记:古本、足利本、唐本、津藩本、正平本"不易得也"下有"已"字。

【译文】 孔子说:"学习了三年,还未达到善,这种情况是很少见的。"

【评论】 此章是劝人好学。言学而可达于善,如勤学而不达于善者,不多见也。

8.13 子曰:"笃信好学,守死善道。危邦不入,乱邦不居。天下有道则见①,无道则隐。邦有道,贫且贱焉,耻也;邦无道,富且贵焉,耻也。"

【注解】 ①见(xiàn):同"现",指出仕做官。

【译文】 孔子说:"信念坚定并努力学习,守节至死,不离善道。不入危险之地,不居祸乱之国。天下有道就出仕为官,天下无道就隐居守节。国家有道,而自己贫贱,是耻辱;国家无道,而自己富贵,也是耻辱。"

【评论】 此章言处世之道,其要在守节守道。有道则仕,求利禄富贵可也;无道则隐,隐居全节,独善其身也。皇《疏》引江熙云:"不枉道而事人,何以致无道之宠,所以耻也。夫山林之士,笑朝廷之人束带立朝,不获逍遥也。在朝者亦谤山林之士褊厄也。各是其所是,而非其所非。是以夫子兼宏出处之义,明屈伸于当时也。"

8.14 子曰:"不在其位,不谋其政。"

【译文】 孔子说:"不在那个职位上,就不考虑那职位上的事。"

【评论】 不在其位而谋其政,有僭越之嫌,会被认为是"越礼"之举。此章可能是夫子针对当时多"犯上作乱"而发的议论。

8.15 子曰:"师挚之始①,《关雎》之乱②,洋洋乎盈耳哉!"

【注解】 ①师挚之始:师挚是鲁国的太师。"始"是乐曲的开端,即序曲。古代奏乐,开端叫"升歌",一般由太师演奏,师挚是太师,所以这里说是"师挚之始"。②《关雎》之乱:"乱"是乐曲终了,是合奏。此时奏《关雎》乐章,故曰"《关雎》之乱"。

【译文】 孔子说:"从太师挚演奏的序曲开始,到最后演奏《关雎》结尾,那丰富而优美的音乐一直在我耳边回荡。"

【评论】 《集注》曰:"师挚,鲁乐师名挚也。乱,乐之卒章也。《史记》曰:'关雎之乱,以为风始。'洋洋,美盛意。孔子自卫反鲁而正乐,适师挚在官之初,故乐之美盛如此。"孔子认为《关雎》"乐而不淫,哀而不伤",最合中庸之道,故借师挚而盛赞之。

8.16 子曰:"狂而不直①,侗而不愿②,悾悾而不信③,吾不知之矣④。"

【注解】 ①狂:狷急。直:正直。②侗(tòng):幼稚无知。愿:谨慎。③悾悾(kōng):同空,诚恳的样子。④不知:不明白。

【译文】 孔子说:"狂狷而不正直,幼稚而不谨慎,无能而不守信用,我真不知道有的人为什么会是这个样子。"

【评论】 邢昺《疏》："此章孔子疾小人之性与常度反也。""狂而不直，侗而不愿，悾悾而不信"都不是好的道德品质，孔子对此十分反感。这些不符合儒家一贯倡导的"温、良、恭、俭、让"和"仁、义、礼、智、信"的要求，所以孔子才会有此感慨。

8.17 子曰："学如不及，犹恐失之。"

【译文】 孔子说："学习知识就像追赶什么，生怕赶不上，赶上了，又会担心丢掉什么。"

【评论】 邢昺《注疏》："此章劝学也。言学自外入，至熟乃可长久，故勤学汲汲，如不及，犹恐失之也，何况怠慢而不汲汲者乎？"

8.18 子曰："巍巍乎①，舜、禹之有天下也，而不与焉②！"

【注解】 ①巍巍：崇高的样子。②与(yù)：占有。黄式三《后案》据《孟子》及汉晋诸家说，以为不与即无为之意，言得人善任，不身亲其事也。

【译文】 孔子说："多么崇高啊！舜和禹得到天下，不是夺过来的。"

【评论】 此章论治国之道。春秋末期，政局动荡，弑君篡位者屡见不鲜。孔子以为天下者天下之天下，非私有也。为君者当以德治天下，夫子借称赞舜禹的仁德与政治智慧，隐晦地表达了自己的感慨。

8.19 子曰："大哉①，尧之为君也！巍巍乎，唯天为大，唯尧则之②。荡荡乎③，民无能名焉④。巍巍乎其有成功也，焕乎其有文章⑤！"

【注解】 ①大哉：伟大啊。②则：效法。③荡荡：广大的样子。④名：形容，称说。⑤焕：光辉。文章：指礼乐制度，治国之道。

【译文】 孔子说："真伟大啊！尧这样的君主。崇高啊！只有天最高大，只有尧才能效法天道。恩德广大啊，百姓们真不知道该用什么语言来称赞。他的功绩多么崇高，他制定的礼仪制度多么美好啊！"

【评论】 尧是传说时代的圣君，他以身作则，效法天道，仁爱百姓，功成不居。百姓安居乐业,国家礼仪制度完备。这些都是孔子所向往的。

8.20 舜有臣五人而天下治①。武王曰:"予有乱臣十人②。"孔子曰:"才难,不其然乎?唐虞之际③,于斯为盛④。有妇人焉⑤,九人而已。三分天下有其二⑥,以服事殷。周德其可谓至德也已矣。"

【注解】 ①五人:传说是禹、稷、契、皋陶、伯益。②乱臣:治国之臣。据《说文》:"乱,治也。"③唐虞之际:传说尧在位的时代叫唐,舜在位的时代叫虞。④斯:指周武王时期。⑤妇人:指武王"乱臣十人"中的武王之妻邑姜。⑥三分天下有其二:当时天下九州,文王得六州,是三分之二。《逸周书·程典篇》说:"文王令九州之侯,奉勤于商。"

【译文】 舜有五位贤臣,就能治理好天下。周武王也说过:"我有十位帮助我治理国家的臣子。"孔子说:"人才难得,难道不是这样吗?唐尧和虞舜之间及周武王这个时期,人才最盛。武王十人臣中有一位妇女,实际只有九人而已。周文王得了天下的三分之二,仍然事奉殷朝,周朝的德,可以说是最高的了。"

【评论】 邢昺《注疏》:"此章论大才难得也。"孔子认为治理天下,人才是十分难得的。有了人才,国家就可以得到治理,天下就可以太平。观古今中外,培育和选拔人才一直是国之大事啊。

8.21 子曰:"禹,吾无间然矣①。菲饮食而致孝乎鬼神②,恶衣服而致美乎黻冕③;卑宫室而尽力乎沟洫④。禹,吾无间然矣。"

【注解】 ①间:空隙。此处引申为异辞,即不同看法。②菲:菲薄,不丰厚。致:努力。③黻(fú)冕(miǎn):祭祀时穿的礼服叫黻,祭祀时戴的帽子叫冕。④沟洫(xù):沟渠,这里代指农田水利。

【译文】 孔子说:"对于禹,我已经没有什么可以挑剔的了。他的饮食很简单,却把祭祀办得很丰盛,他平时穿的衣服很简朴,却在祭祀时把祭服尽量穿得华美,他自己住的宫室很简陋,而致力于修治水利事宜。对于禹,我确实没有什么挑剔的了。"

【评论】 此章赞颂禹治天下之功业与德行。孔子对于尧、舜、禹都给予高度评价。为君者生活简朴,孝敬鬼神,堪称是执政者的榜样。皇《疏》引李充云:"夫圣德纯粹,无往不备,故尧有则天之号,舜称无为而治。又曰:巍巍乎!舜禹之有天下也而弗与焉。斯则美圣之极名,穷理之高咏矣。至于此章,方复以事迹叹禹者,而岂徒哉?盖以季主僻王,肆情纵欲,穷奢极侈丽,厚珍膳而简伪乎享祀,盛纤靡而阙慢乎祭服,崇台榭而不恤乎农政,是以亡国丧身,莫不由乎此矣。于有国有家者,观夫禹之所以兴也,览三季之所以亡,可不慎与?"孔子一方面是在赞颂禹,另一方面也是借三代古微讽春秋,希望在上位者不要一味追逐权力和财富,而置百姓于不顾。须知"君者,舟也;庶人者,水也。水则载舟,水则覆舟"。

子罕第九

9.1 子罕言利与命与仁①。

【注解】 ①罕：稀少。与：连词，和。此句歧解较多，或以为当作"子罕言利，与命与仁"。

【译文】 孔子很少谈到利益与天命以及仁德的关系。

【评论】 "利"，就是"功利""利益"。孔子很少将其与命与仁相提并论，是因为"利"与"命"与"仁"不在一个层面，无法统一起来。"命"就是"天命""命运"，是抽象的存在；在儒家看来，人要自己去把握和主宰命运很难。"仁"是道德境界，儒家认为，仁存于心，君子求仁则得仁。仁也无法与"利"相统一。

9.2 达巷党人曰①："大哉孔子！博学而无所成名。"子闻之，谓门弟子曰："吾何执？②执御乎？执射乎？吾执御矣。"

【注解】 ①达巷党人：古代五百家为一党，达巷是党名。此指达巷党这地方的人。②执：擅长。

【译文】 达巷的人说："孔子真了不起啊！他学问渊博，却不能以某一方面的专长来称赞他。"孔子听说了，对他的学生说："我要专长于哪个方面呢？驾车呢还是射箭呢？我选驾车好了。"

【评论】 孔子以博学多识著称，却在"博学，却没有专长"的质疑面前选择当一名"最低级的专家"，这无疑是对那些以一技之长以博取功名的人的一种讽刺。做学问，无论博与专，都应该做到脚踏实地，都应该以学问本身为最高追求，这样无论学什么，都能学有所成，学有所用。

9.3 子曰:"麻冕①,礼也;今也纯②,俭,吾从众。拜下③,礼也;今拜乎上,泰也④。虽违众,吾从下。"

【注解】 ①麻冕:麻织的礼帽。②纯:丝。孔安国注:"纯,丝也。丝易成,故从俭也。"③拜下:大臣面见君主前,先在堂下磕头,再到堂上磕头。④泰:骄纵,傲慢。

【译文】 孔子说:"麻制的礼帽,符合礼。现在大家都用黑丝绸制作的,这样比过去节省,我赞成大家的作法。(臣见国君)首先要在堂下跪拜,这也符合礼。现在大家都到堂上跪拜,这是骄纵的表现。虽然与多数人不一样,我还是主张先在堂下拜。"

【评论】 此章记载孔子对礼义的重视。行礼的原则是宁"俭"勿"奢",宁"敬"勿"不恭",孔子于礼可谓得其要义者。孔子之时,鲁公室弱,三桓专权,不以君为君。此章所言,亦寓刺讥之意也。

9.4 子绝四:毋意①,毋必②,毋固③,毋我④。

【注解】 ①意:通"臆",主观猜想。②必:必定。③固:固执己见。④我:自以为是。

【译文】 孔子努力杜绝四种毛病:不臆猜、不独断、不固执、不自以为是。

【评论】 臆测、独断、固执、自以为是都带有强烈的主观色彩,这会使人陷入误区不能自拔。因此孔子把"绝四"作为自己提高修养的原则。《集注》:"意,私意也。必,期必也。固,执滞也。我,私己也。四者相为终始,起于意,遂于必,留于固,而成于我也。盖意必常在事前,固我常在事后,至于我又生意,则物欲牵引,循环不穷矣。"

9.5 子畏于匡①。曰:"文王既没②,文不在兹乎③?天之将丧斯文也,后死者不得与于斯文也④;天之未丧斯文也。匡人其如予何⑤?"

【注解】 ①畏于匡:畏,畏惧。或以为拘囚。匡,地名,在今河南省长垣县西南。公元前 496 年,孔子从卫国到陈国去经过匡地。匡人曾受到鲁国阳虎的掠夺和残杀。孔子的相貌与阳虎相像,匡人误以孔子就是阳虎,所以将他围困。②文王:周文王,姓姬名昌,有圣贤之德。③兹:这里,指孔子自己。④后死者:孔子自指。⑤如予何:能把我怎样。

【译文】 孔子被匡人囚禁。他说:"周文王死后,难道周代的礼乐文化不都体现在我身上吗?上天想要葬送礼乐,就不可能让我掌握礼乐了;既然上天不打算灭绝礼乐文章,那么匡人又能把我怎么样呢?"

【评论】 皇侃《义疏》:"此章记孔子知天命也。"孔子于危难中之言论体现了"天将降大任于斯人也"的历史使命感。历史文化的价值在于它所蕴含的精神力量对于后世的感召。因此,文化精神的传承就显得举足轻重了。任何一位历史文化的传承者都要肩负着厚重的使命感,同时又要成为一种精神的楷模。由此而言,孔子称得上是伟大的历史文化传承者,他向后人展示了什么是真正的"言传身教"。

9.6 大宰问于子贡曰①:"夫子圣者与?何其多能也?"子贡曰:"固天纵之将圣②,又多能也。"子闻之曰:"大宰知我乎!吾少也贱,故多能鄙事。君子多乎哉?不多也!"

【注解】 ①太宰:官名,其姓名不详。程树德《集释》:"太宰有吴宋鲁陈之四说,以书法言之,当以鲁太宰为正。《左传·隐十年》:'羽父求太宰。'《正义》谓:'以后更无太宰,鲁竟不立。'未知其说何据。此等处止宜阙疑。"②纵:使,让。

【译文】 太宰问子贡说:"孔夫子是位圣人吧?为什么这样多才多艺呢?"子贡说:"这本是上天让他成为圣人,而且使他多才多艺。"孔子听了说:"太宰怎么会了解我呢?因年少时贫贱,我掌握了许多鄙人的技艺。君子会有这么多的技艺吗?不会有这么多的。"

【评论】 黄式三《后案》曰:"夫子之多能与众迥异,亦天纵使然矣。太宰之问,以多能为圣欤?抑谓圣之不必多能欤?端木氏答之以圣又多能,皆由天纵,不待驳斥太宰,而多能与圣之分与合憭然分明,此为圣门言语之选。"人皆以夫子之圣为天纵。此章后半,孔子言己多能鄙事,是否认圣人为天纵,人如能勤学致仁,即可超凡入圣也。

9.7　牢曰①:"子云:'吾不试②,故艺。'"

【注解】　①牢:孔子弟子,姓琴,字子开。邢昺《注疏》:"此章论孔子多技艺之由,但与前章异时而语,故分之。"②试:被任用。

【译文】　琴牢说:"夫子曾说过:'我(年轻时)没机会去做官,所以会许多技艺。'"

【评论】　此章与上章内容相关联。孔子不认为自己是"圣人",也不承认自己是天才,他说他的多才多艺是由于年轻时没机会去做官。这也给了我们在面对逆境时,如何走出人生逆境的思考。

9.8　子曰:"吾有知乎哉?无知也。有鄙夫问于我①,空空如也②;我叩其两端而竭焉③。"

【注解】　①鄙夫:乡下人、社会下层的人。②空空如也:忠实诚恳的样子。空空,即款款。③叩:叩问。两端:两头,指正反、始终、上下等。竭:穷尽。

【译文】　孔子说:"我有知识吗?其实没有知识。有一个乡下人问我问题,忠实诚恳的样子。我只是从问题的正反、首尾、本末去考察,终于得到了结果。"

【评论】　焦循《论语补疏》曰:"此两端即《中庸》'舜执其两端,用其中于民'之两端也。鄙夫来问,必有所疑。惟有两端,斯有疑也。故先叩发其两端,谓先还问其所疑,而后即其所疑之两端而穷尽其意,使知所向焉。"孔子博学却不自傲,回答常人的问题时亦能平易近人,这是多么谦和的一种人格力量啊!

9.9　子曰:"凤鸟不至①,河不出图,吾已矣夫②!"

【注解】　①凤鸟:凤凰,它的出现象征着"圣王"将出,据说舜和周文王时代都出现过。②河不出图：传说伏羲氏时，有龙马背负八卦图而出黄河。它的出现也象征着"圣王"将要出世。《史记·孔子世家》载："子曰：'河不出图，洛不出书，吾已矣夫！'"沈约《辨圣论》亦引孔子曰："河不出图，洛不出书。"

【译文】　孔子说："凤凰不飞来，黄河没有龙背八卦图出现，我这一辈子是不会有明君出现了！"

【评论】　此章记夫子知大道将不行于世之叹。《集解》引孔曰："圣人受命，则凤鸟至，河出图。今天无此瑞。吾已矣夫者，伤不得见也。河图，八卦是也。"本章流露出一种怀才不遇的无奈。

9.10　子见齐衰者①、冕衣裳者与瞽者②，见之，虽少③，必作④；过之，必趋⑤。

【注解】　①齐衰(zī cuī)：丧服，用麻布制成。②冕衣裳者：穿戴礼服的人。冕，官帽；衣，上衣；裳，下服。瞽：目盲。③少：年纪轻。④作：起立，表示敬意。⑤趋：快步走，表示敬意。

【译文】　孔子遇见穿丧服的人、当官的人和盲人时，虽然他们比自己年轻，也一定起立致敬；从他们面前经过时，一定要快步走过。

【评论】　孔子对于周礼十分熟悉，他知道遇到什么人该行什么礼，对于尊贵者、家有丧事者和盲者，都应以礼待之。孔子之所以这样做，也说明他极其尊崇"礼"，并尽量身体力行，以身作则。

9.11　颜渊喟然叹曰①："仰之弥高②，钻之弥坚③，瞻之在前，忽焉在后！夫子循循然善诱人④，博我以文，约我以礼，欲罢不能。既竭吾才，如有所立卓尔⑤。虽欲从之，末由也已⑥！"

【注解】　①喟(kuì)：叹息。②弥：更加，越发。③钻：钻研。④循循然：有次序地。⑤卓尔：卓越的样子。⑥末由：无路可走。末，没有；由，途径，路径。

【译文】　颜渊感慨地说："（对于老师的学问与道德），我抬头仰望，越望越觉得高；我努力钻研，越钻研越觉得不可穷尽。看着它好像在前面,忽然又像在后面。老师善于一步一步地诱导我,用各种典籍来丰富我的知识,又用各种礼节来约束我的言行,使我想停止学习都不可能,直到我用尽了我的全力。好像有一个十分高大的东西立在我前面,虽然我想要追随上去,却没有前进的路径了。"

【评论】 此章借颜渊之口称赞夫子之为人为学为师之道。《集注》:"循循,有次序貌。诱,引进也。博文约礼,教之序也。言夫子道虽高妙,而教人有序也。侯氏曰:'博我以文,致知格物也。约我以礼,克己复礼也。'程子曰:'此颜子称圣人最切当处,圣人教人惟此二事而已。卓,立貌。末,无也。此颜子自言其学之所至也。盖悦之深而力之尽,所见益亲,而又无所用其力也。'"为人师者,最基本的是要做到学高身正;其次要能够对弟子"循循善诱",还要有虚怀若谷的胸襟和平易近人的态度,这样才能使弟子由衷地崇敬和自觉地追随老师,产生无穷的学习动力。

9.12 子疾病,子路使门人为臣①。病间②,曰:"久矣哉,由之行诈也!无臣而为有臣。吾谁欺?欺天乎?且予与其死于臣之手也,无宁死于二三子之手乎③!且予纵不得大葬④,予死于道路乎?"

【注解】 ①为臣:为家臣。古代诸侯之死才能有"臣",孔子不是大夫,没有家臣,但子路叫门人充当孔子的家臣,准备由此人负责安葬孔子之事。②病间:病情减轻。③无宁:宁可。"无"是发语词,无实义。④大葬:指卿大夫的葬礼。

【译文】 孔子病重,子路派门徒充任孔子的家臣,(负责料理后事)。孔子的病稍好转了一些,他说:"仲由干这种弄虚作假的事情很久了。我明明没有家臣,却偏偏要装作有家臣,我骗谁呢?骗上天吗?与其在家臣的侍候下死去,我宁可让你们这些学生安排我的后事!纵使我不能以大夫之礼来安葬,难道就会被丢在路边没人埋吗?"

【评论】 程树德《集释》谓:"此当是鲁以币召孔子,孔子将反鲁,适于道路中得疾也。《王制》云:'大夫废其事,终身不仕,死以士礼葬之。'夫子去鲁是退,当以士礼葬。今子路用大夫之礼,故夫子责之。"孔子病重几死而绝不违礼,批评子路不该越礼行事,一方面可见他恪守周礼的坚定信念;另一方面,孔子认为无端的摆排场是自欺欺人。做人就要实事求是,坦坦荡荡,问心无愧。

9.13　子贡曰:"有美玉于斯,韫匵而藏诸①?求善贾而沽诸②?"子曰:"沽之哉!沽之哉!我待贾者也③!"

【注解】　①韫匵(yùn dú):收藏物件的盒子。《释文》言"匵",本又作"椟"。《后汉书·张衡传》:"且韫椟以待价。"②贾:商人。沽(gū):卖出去。③待贾:待价而沽。此指待有明君而出仕。

【译文】　子贡说:"这里有一块美玉,是把它收藏在盒子里呢?还是找一个识货的商人卖掉呢?"孔子说:"卖吧,卖吧!我正在等着识货的人呢。"

【评论】　此章借子贡与孔子的对话感叹夫子不遇明主,无法施展抱负。皇《疏》引王弼云:"重言沽之哉,卖之不疑也。故孔子乃聘诸侯以急行其道也。""千里马常有而伯乐不常有",孔子也同样存有一份期待圣主明君赏识的求仕之心,让人不禁扼腕叹息。

9.14　子欲居九夷①。或曰:"陋②,如之何?"子曰:"君子居之,何陋之有?"

【注解】　①九夷:泛指东部地区的少数族群。②陋:鄙野,文化闭塞,不开化。

【译文】　孔子想要搬到九夷去居住。有人说:"那里非常落后闭塞,不开化,怎么能住呢?"孔子说:"有君子去住,就不会闭塞落后了。"

【评论】　此章言君子可以化夷之俗,使之知书达礼。刘禹锡《陋室铭》言:"山不在高,有仙则名;水不在深,有龙则灵。"完全是化用夫子之言而成篇。

9.15　子曰:"吾自卫反于鲁①,然后乐正②,《雅》《颂》各得其所③。"

【注解】　①反:通"返"。公元前484年(鲁哀公十一年)冬,孔子从卫国返回鲁国,结束了14年游历不定的生活。②乐正:调整乐曲的篇章。③雅颂:《诗经》中的雅诗和颂诗。

【译文】 孔子说:"我从卫国回到鲁国,订正《诗》乐使之合乎雅乐的标准。'雅''颂'的音乐于是都合乎应有的风格。"

【评论】 孔子"周游列国"十四年后回到鲁国,以整理"六经"及典章制度为己任。此章即其晚年生活之一幕。《史记·孔子世家》:"三百五篇,孔子皆弦歌之,以求合《韶》《武》《雅》《颂》之音,礼乐自此可得而述,以备王道,成六艺。"钱穆说:"孔子周游反鲁,用世之心已淡,乃留情于古典籍之整理,而独以正乐为首事。所谓雅颂各得其所者,非仅是留情音乐与诗歌。正乐即所以正礼,此乃一,私人修德与大群行道合一。正其乐,实有其甚深甚大之意义存在。"①其说甚惬。

9.16 子曰:"出则事公卿,入则事父兄,丧事不敢不勉,不为酒困,何有于我哉①?"

【注解】 ①何有于我哉:即"于我有何哉",对我来说有什么呢?

【译文】 孔子说:"在外事奉公卿,在家孝敬父兄,有丧事不敢不尽力去办,不沉湎于酒食,做到这些事对我来说有什么困难呢?"

【评论】 此章言修养之道无他,只在日常,要在勤谨。《四书翼注》:"当时必有贱不肯事贵,少不肯事长,不肖不肯事贤,而又忽略丧纪,沉湎于酒者。夫子反言以儆之,不然虽曰德盛礼恭,不应况而愈下也。"做好这些事情并不难,用心最重要。

9.17 子在川上曰:"逝者如斯夫!不舍昼夜①。"

【注解】 ①不舍昼夜:即昼夜不舍。舍,停留。《孟子》"徐子章"章指引此章,"子"作"仲尼","斯"下无"夫"字。《文选》郭璞《游仙》、司马彪《赠山涛》、张协《杂诗三》注皆引"逝者如斯",不连"夫"字。

---

① 钱穆:《孔子传》,北京,生活·读书·新知三联书店,2002年版,第96页。

【译文】 孔子站在河边感叹："消逝的时光就像这河水一样啊,不分昼夜地向前流去。"

【评论】 郑玄注曰:"言人年往如水之流行,伤有道而不见用也。"皇《疏》:"孔子在川水之上,见川流迅迈,未尝停止,故叹人年往去,亦复如此。向我非今我,故云'逝者如斯夫'者也。斯,此也。夫,语助也。日月不居,有如流水,故云'不舍昼夜'也。"

9.18 子曰:"吾未见好德如好色者也①。"

【注解】 ①色:女色。

【译文】 孔子说:"我没有见过像好色那样好德的人。"

【评论】 此章言修德之难。"好色"易,"好德"难,如能好德如好色,则何愁德之不修。《礼记·礼运》说:"饮食男女,人之大欲存焉。"体会到"德"与人性的契合处,方能自觉修德。

9.19 子曰:"譬如为山,未成一篑①,止,吾止也。譬如平地②,虽覆一篑,进,吾往也。"

【注解】 ①篑(kuì):装土的筐子。②平地:平整土地。

【译文】 孔子说:"譬如用土堆山,只差一筐土就完成了,这时停下来,那是自己要停下来的;譬如在平整土地,虽然只倒下一筐,这时继续前进,那是自己要前进的。"

【评论】 此章言为学及修德须持之以恒,否则功亏一篑,遗恨终身。夫子善以比喻说理,后世儒者继之。荀子《劝学》:"积土成山,风雨兴焉,积水成渊,蛟龙生焉","骐骥一跃,不能十步,驽马十驾,功在不舍","锲而舍之,朽木不折,锲而不舍,金石可镂。"亦用夫子之教也。

9.20 子曰:"语之而不惰者①,其回也与!"

【注解】 ①惰:懈怠。

【译文】 孔子说:"听我说话而能毫不懈怠的,只有颜回一个人吧!"

【评论】 此章记孔子赞扬颜回从不懒惰懈怠。《集注》引范氏曰:"颜子闻夫子之言而心解力行,造次颠沛,未尝违之,如万物得时雨之润,发荣滋长,何有于惰?此群弟子所不及也。"克服懒惰需要坚韧的意志品格,需要绝对的耐心和定力,可见颜回之特出。

9.21 子谓颜渊,曰:"惜乎①!吾见其进也,吾未见其止也!"

【注解】 ①惜:惋惜。

【译文】 孔子对颜渊说:"可惜呀!我只见他不断前进,从来没有看见他停止过。"

【评论】 此章是孔子痛悼颜渊,赞其好学不止。《集解》引马曰:"孔子谓颜渊进益未止,痛惜之甚。"《论语》中凡"子谓某某",皆非耳提面命,而是夫子对他人评论弟子。

9.22 子曰:"苗而不秀者有矣夫①!秀而不实者有矣夫!"

【注解】 ①秀:稻、麦等庄稼吐穗扬花。

【译文】 孔子说:"庄稼出了苗而不能吐穗扬花的情况是有的;吐穗扬花而不结果实的情况也有。"

【评论】 孔子以禾苗生长比喻人成长历程。似仍是悼念颜回!皇《疏》:"万物草木有苗稼蔚茂,不经秀穗,遭风霜而死者;又亦有虽能秀穗,而值渗焊气,不能有粒实者,故并云'有矣夫'也。物既有然,故人亦如此,所以颜渊摧芳兰于早年矣。"

9.23 子曰:"后生可畏①,焉知来者之不如今也?四十、五十而无闻焉,斯亦不足畏也已矣。"

【注解】 ①畏:敬重。

【译文】 孔子说:"年轻人是值得敬重的,怎么就知道后一代不如前一代呢?如果四五十岁了还默默无闻,那他就没有什么可以敬畏的了。"

【评论】 此章言不可轻视年轻人,但有才学之年轻人如不及时建功立业,至四五十岁还默默无闻,也就没什么了。《集注》:"孔子以后生年富力强,足以积学而有待,其势可畏,安知其将来不如我之今日乎? 然或不能自勉,至于老而无闻,则不足畏矣。言此以警人,使及时勉学也。曾子曰:'五十而不以善闻,则不闻矣。'盖述此意。"

9.24 子曰:"法语之言①,能无从乎? 改之为贵。巽与之言②,能无说乎③? 绎之为贵④。说而不绎,从而不改,吾末如之何也已矣⑤!"

【注解】 ①法:指礼仪规则。②巽与之言:恭顺赞许的话。巽,恭顺,谦逊。与,称许,赞许。③说:同"悦"。④绎:原义为"抽丝",这里指分析鉴别。⑤末:没有。

【译文】 孔子说:"符合礼法的正言规劝,谁能不听从呢? 按正错误就是可贵的。恭顺赞许的话,谁能听了不高兴呢? 但只有认真推究它,才是可贵的。只是高兴而不去分析,只是听从而不改正,对这样的人,我实在是没有办法了。"

【评论】 此章言君子应闻过则喜,知错则改。《集解》载孔曰:"人有过,以正道告之,口无顺从之,必能自改之乃为贵也。"马曰:"巽,恭也。谓恭孙谨敬之言,闻之无不说者,能寻绎行之乃为贵也。"人能做到"法语之言"虚心听,认真改正错误才可贵;"巽与之言"究其义,弄清意义才可贵。这样,才能不断进步。

9.25 子曰:"主忠信,毋友不如己者,过则勿惮改①。"

【注解】 ①惮改:忌惮改正错误。

【译文】 孔子说:"以忠实诚信为主,没有不如自己的朋友,有了过错就要勇于改正。"

【评论】 此章与《学而》第八章同,可参看。

9.26 子曰:"三军可夺帅也①,匹夫不可夺志也②。"

【注解】 ①三军:军队。据《周礼·夏官·司马》,12500人为一军,三军包括大国所有的军队。②匹夫:平民男子。邢昺《疏》:"匹夫,谓庶人也。"

【译文】 孔子说:"一国军队,可以夺去它的主帅;但一个普通人,他的志向是不能强迫改变的。"

【评论】 此章言人为学当先立志也。程树德《集释》引《四书通》:"自'逝川'而下,至此凡十章,皆勉人为学。然学莫先于立志,有志则进,必如川流之不已;无志则止,必如为山而弗成,故凡学而卒为外物所夺者,无志者也。"

9.27 子曰:"衣弊缊袍①,与衣狐貉者立②,而不耻者,其由也与?'不忮不求③,何用不臧④?'"子路终身诵之。子曰:"是道也,何足以臧⑤?"

【注解】 ①衣(yì):穿。弊缊袍:旧丝絮做的袍子。②狐貉(hé):狐和貉的皮做的衣服。③忮(zhì)嫉妒。牛运震《论语随笔》:"忮者,因耻己之无而遂疾人之有。"④臧(zāng):善、好。⑤臧:好。

【译文】 孔子说:"穿着破旧的丝棉袍子,与穿着狐貉皮袍的人站在一起而不觉得可耻,大概只有仲由了吧。(《诗经》上说:)'不嫉妒,不贪求,为什么说不好呢?'"子路听了,反复地背诵这句诗。孔子又说:"只做到这样,怎么能说够好了呢?"

【评论】 此章记夫子称许子路能安贫乐道。《里仁》篇载子曰:"士志于道,而耻恶衣恶食者,未足与议也。"可与此章相发明。《集注》:"子路之志如此,则能不以贫富动其心,而可以进于道矣,故夫子称之。"孔子引《诗·邶风·雄雉》句说理,是其"诗教"之一例。

9.28 子曰:"岁寒,然后知松柏之后彫①。"

【注解】 ①彫:凋谢。

【译文】 孔子说:"到了寒冷的季节,才知道松柏是最后凋谢的。"

【评论】 此章发语平淡而寓意深远,言君子之节操见于艰难困苦之中。《荀子·大略》:"岁不寒,无以知松柏;事不难,无以知君子。"

《史记·伯夷列传》:"岁寒,然后知松柏之后凋。举世混浊,清士乃见。"皆用夫子之意。

9.29　子曰:"知者不惑①,仁者不忧②,勇者不惧③。"

【注解】　①惑:迷惑。②忧:忧虑、忧愁。③惧:惧怕。

【译文】　孔子说:"聪明人不会迷惑,有仁德的人不会忧愁,勇敢的人不会畏惧。"

【评论】　此章记夫子言"三达德"。《宪问》篇载:"子曰:'君子道者三,我无能焉:仁者不忧,智者不惑,勇者不惧。'子贡曰:'夫子自道也。'"《礼记·中庸》:"知、仁、勇三者,天下之达德也,所以行之者一也。"皇《疏》引孙绰云:"智能辨物,故不惑也。安于仁,不改其乐,故无忧也。"又引缪协云:"见义而为,不畏强御,故不惧也。"

9.30　子曰:"可与共学,未可与适道①;可与适道,未可与立②;可与立,未可与权③。"

【注解】　①适道:追求道。②立:守道不移。③权:权变,变通。此章阮元校以为当作"可与共学,未可与立;可与适道,未可与权。"

【译文】　孔子说:"可以一起学习的人,未必能一起追求道义;可以一起追求道义的人,未必能够一起坚守道;能够一起坚守道的人,未必能够随机应变。"

【评论】　皇《疏》引张凭云:"此言学者渐进阶级之次耳。始志于学,求发其蒙而未审所适也;既向方矣,而信道未笃,则所立未固也;又既固,又未达变通之权也。明知反而合道者,则日劝之业,亹亹之功,其几乎此矣。又引王弼云:权者,道之变。变无常体,神而明之,存乎其人,不可豫设,尤至难者也。"

9.31　"唐棣之华①,偏其反而②。岂不尔思?室是远而③。"子曰:"未之思也,夫何远之有哉?"

【注解】　①唐棣:一种植物,属蔷薇科,落叶灌木。②偏:通"翩",随风摆动。③室是远而:家离得太远。

【译文】 "唐棣的花朵啊,翩翩摇摆。岂不想念你?只是所在太远。"孔子评价说:"他还是没有真的想念,如果真的想念,有什么遥远呢?"

【评论】 夫子言"《诗》可以兴",此章即是"兴",意谓如真心求仁求义,自然不惮艰难,终将得之。朱子《集注》曰:"唐棣,郁李也。'偏',《晋书》作'翩'。然则'反'亦当与'翻'同,言华之摇动也。而,语助也。此逸诗也,于六义属兴。上两句无意义,但以起下两句之辞耳。其所谓尔,亦不知其何所指也。""夫子借其言而反之,盖前篇'仁远乎哉'之意。程子曰:'圣人未尝言易以骄人之志,亦未尝言难以阻人之进,但曰未之思也,夫何远之有?此言极有涵蓄,意思深远。'"

乡党第十

10.1 孔子于乡党,恂恂如也①,似不能言者。其在宗庙朝廷,便便言②,唯谨尔。

【注解】 ①恂恂(xún):温和恭顺。②便便:《史记·孔子世家》引此作"辩辩",能言善辩。

【译文】 孔子在家乡表现得温和恭敬,像不善言辞的样子。但在宗庙及朝廷,却讲话明白晓畅,只是措辞比较谨慎而已。

【评论】 这章述孔子在乡党与朝廷宗庙不同场合的不同言行,"礼者,宜也","恂恂如"与"便便言",皆是遵礼而行,准此,则随心所欲而不逾矩也。《集注》:"此一节记孔子在乡党、宗庙、朝廷言貌之不同。"

10.2 朝,与下大夫言,侃侃如也①;与上大夫言,訚訚如也②。君在,踧踖如也③,与与如也④。

【注解】 ①侃侃:平和快乐的样子。②訚訚(yín):诚恳的样子。③踧踖(cújí):恭敬的样子。④与与:小心谨慎的样子。

【译文】 上朝的时候,同下大夫说话,温和而快乐;同上大夫说话,正直而诚恳;国君临朝时,则是恭敬的样子,谨慎的样子。

【评论】《集注》曰:"此一节记孔子在朝廷事上接下之不同也。""礼"体现于言辞态度,则有上下、亲疏、远近、尊卑之别。这绝不是圆滑和世故。

10.3 君召使摈①,色勃如也②,足躩如也③。揖所与立,左右其手,衣前后,襜如也④。趋进,翼如也。宾退,必复命曰:"宾不顾矣。"

【注解】 ①摈(bìn)：负责迎候他国国君的礼官。邢昺《注疏》："摈，谓主国之君所使出接宾者也。"②勃如：脸色立即庄重起来。③躩(jué)：走路快的样子。④襜(chān)：整齐的样子。

【译文】 国君召孔子去接待宾客，孔子神色庄重，脚步轻快。在礼仪上，他向站在一起的人一一作揖，手向左或向右作揖，衣服前后摆动，却整齐不乱。快步走的时候，像鸟展开双翅一样利落。宾客走后，必定向君主回报说："客人已经不回头张望了。"

【评论】 邢昺《疏》："此一节言君如孔子，使为摈之礼也。"儒者习礼，夫子于外交场合进退自如，礼仪得体，故弟子记之。

10.4　入公门，鞠躬如也①，如不容。立不中门，行不履阈②。过位，色勃如也，足躩如也，其言似不足者。摄齐升堂③，鞠躬如也，屏气似不息者。出，降一等，逞颜色④，怡怡如也。没阶⑤，趋进，翼如也。复其位，踧踖如也。

【注解】 ①鞠躬：谨慎恭敬的样子。②阈(yù)：门槛。③摄齐(zī)：提起衣服的下摆。④逞：舒展。⑤没阶：走完台阶。

【译文】 孔子走进朝廷的大门，谨慎而恭敬的样子，好像没有他的容身之地。站立时，他不站在门的中间；走路时，也不踩门槛。经过国君的座位时，他脸色立刻庄重起来，脚步也加快起来，说话也好像底气不足一样。提起衣服下摆向堂上走的时候，恭敬谨慎的样子，憋住气好像没有呼吸一样。退出来，走下台阶，脸色便舒展开了，怡然自得的样子。走完了台阶，快快地向前走几步，姿态像鸟儿展翅一样。回到自己的位置，一副恭敬而不安的样子。

【评论】 这章述孔子在朝廷上的言行举止皆合于"礼"，当时贵族对朝廷之礼或不知要领，或虽知而不行。孔子身体力行，以明对周礼之尊崇。江永《群经补义》曰："人君每日视朝，在治朝惟与群臣揖见而已，议论政事皆在路寝之朝，故视朝退适路寝，则治朝之位虚。如君不视内朝，则群臣各就官府治事，无过位之事。《玉藻》所谓

'使人视大夫,大夫退然后适小寝释服'者也。如有政事当议而视内朝,则群臣皆入路门而朝于内朝,于是有过位升堂之事,《玉藻》所谓'君听政于路寝,不视内朝'者也。《乡党》所记,先视治朝,后视内朝者也。视治朝何以不言其仪?上章'君在,踧踖如也'已言之,故不复言也。黄氏《后案》:此言治朝之位也。曰过者,其正朝之礼。上文所记'君在',是朝毕而位虚也。《五礼通考》曰:'过位升堂,皆既朝以后事。入雉门遂行朝礼,君三揖礼毕,退适路寝听政,诸大夫不得从入,有宰夫小臣掌诸臣复逆,诸大夫有所启奏,乃得因之以入,于是有过位升堂也。'"由江氏考证,可证孔子之精于周礼。

10.5　执圭①,鞠躬如也,如不胜。上如揖,下如授,勃如战色②,足蹜蹜如有循③。享礼④,有容色⑤。私觌⑥,愉愉如也。

【注解】　①圭:行礼时所持玉器,上圆下方,身份不同所持圭之形制亦不同。②战色:战战兢兢的样子。③蹜蹜:小步走路的样子。循:沿着。④享礼:享宾之礼。享,献也。指向宾献礼物。⑤容色:表情举止。⑥觌(dí):会见。

【译文】　(孔子出使他国,)手持玉圭,恭敬谨慎,像是举不起来的样子。向上举时好像在作揖,放在下面时好像是给人递东西。脸色庄重得像战栗的样子,步子很小,好像沿着一条直线往前走。在举行献礼时,显得和颜悦色。和国君私下会晤时,则轻松愉快。

【评论】　这章记述孔子在"外交"活动中的举止言行,充分体现了他对礼仪谨严恭敬态度。人以孔子此举为迂腐,殊不可取。

10.6　君子不以绀緅饰①,红紫不以为亵服②。当暑,袗絺绤③,必表而出之④。缁衣⑤,羔裘⑥;素衣,麑裘⑦;黄衣,狐裘。亵裘长,短右袂。必有寝衣,长一身有半。狐貉之厚以居。去丧,无所不佩。非帷裳⑧,必杀之。羔裘玄冠不以吊⑨。吉月⑩,必朝服而朝。

【注解】　①绀(gàn):深青透红,斋戒礼服之色;緅(zōu),黑中透红。②亵服:家居便服。③袗(zhěn)絺(chī)绤(xì):穿粗的或细的葛布单衣。衫,单衣,此处作动词;绨,细葛布;绤,粗葛布。④表:上衣。⑤缁衣:黑色礼服。⑥羔裘:羔皮衣,黑羊皮,毛向外。⑦麑(ní):白色幼鹿。⑧帷裳:上朝或祭祀时穿的礼服。⑨玄冠:黑色礼帽。⑩吉月:每月初一。

【译文】 君子不用深青透红或黑中透红的布镶边,不用红色或紫色的布做平常在家穿的衣服。夏天穿粗的或细的葛布单衣,但一定要套在内衣外面。黑色的羔羊皮袍,配黑色的罩衣。白色的鹿皮袍,配白色的罩衣。黄色的狐皮袍,配黄色的罩衣。平常在家穿的皮袍做得长一些,右边的袖子短一些。睡觉一定要有睡衣,要有一身半长。用狐貉的厚毛皮做坐垫。丧服期满,脱下丧服后,便佩带上各种各样的装饰品。如果不是礼服,一定要加以剪裁。不穿着黑色的羔羊皮袍和戴着黑色的帽子去吊丧。每月初一,一定要穿着礼服去朝拜君主。

【评论】 这章讲着装的礼制,涉及衣服的质地、色彩、样式、搭配等,很细很繁琐,显示了礼的外在规定性,也体现礼义和行礼者身份地位。《诗·羔羊》"正义"引郑注:"缁衣羔裘,诸侯视朝之服。卿大夫朝服亦羔裘,唯豹袪与君异耳。素衣麑裘,诸侯视朝之服。其臣则青豻褎,绞衣为裼。"《缁衣》"正义"引郑注:"狐裘取温裕而已。"皇《疏》:"裘色既随衣,故此仍明裘上之衣也。缁,染黑七入者也。玄则六入色也。羔者,乌羊也。裘与上衣相称,则缁衣之内故曰羔裘也,此是诸侯日视朝服也。诸侯视朝与群臣同服,孔子是鲁臣,故亦服此服,以日朝君也。素衣,谓衣裳并用素也。麑,鹿子也。鹿子色近白,与素微相称也。谓国有凶荒,君素服,则群臣从之,故孔子鲁臣,亦服之也。岁终大蜡报功,象物色黄落,故着黄衣黄冠也。而狐貉亦黄,故特为裘以相称也。孔子为臣,助蜡祭,亦随君着之黄衣也。"

10.7　齐①,必有明衣②,布。齐必变食③,居必迁坐④。

【注解】 ①齐:同"斋",斋戒。②明衣:斋前沐浴后穿的浴衣。③变食:改变平常的饮食。指不饮酒,不吃葱蒜等。④居必迁坐:迁外室居住,不与妻妾同房。

【译文】 斋戒沐浴的时候,一定要有浴衣,用布做的。斋戒的时候,一定要改变平常的饮食,居住也一定搬移地方。

【评论】 朱熹《集注》:"此一节,记孔子谨齐之事。杨氏曰:'齐所以交神,故致洁变常以尽敬。'"斋戒不仅仅是一个仪节,更是一种行为的约束与心理的考验。只有心存敬畏,才能约束行为。儒家对礼、对人生、对天命的"敬""畏",都源自内心抵挡诱惑的能量。

10.8 食不厌精,脍不厌细①。食饐而餲②,鱼馁而肉败③,不食。色恶④,不食。臭恶⑤,不食。失饪⑥,不食。不时⑦,不食。割不正⑧,不食。不得其酱,不食。肉虽多,不使胜食气⑨。唯酒无量,不及乱⑩。沽酒市脯⑪,不食。不撤姜食,不多食。祭于公,不宿肉⑫。祭肉不出三日,出三日,不食之矣。食不语,寝不言。虽蔬食菜羹瓜祭⑬,必齐如也。

【注解】 ①脍(kuài):切细的鱼或肉。②饐(yì):指食物放置时间过长。餲(ài):食物变味。③馁(něi):腐烂。④色恶:颜色不好看。⑤臭恶:气味不佳。⑥失饪:烹调失当。⑦不时:不新鲜。⑧割不正:肉切得不方不正。⑨气(xì):同"饩",即粮食。⑩乱:指酒醉后神志昏乱。⑪脯(fǔ):熟肉干。⑫菜羹:用菜做成的汤。⑬瓜祭:《鲁论语》"瓜"为"必",今从古。指吃饭前将席上食品分出少许,放在食具之间祭祀。

【译文】 粮食不嫌精细,鱼和肉不嫌切得细。食物放置时间过长变味了,鱼和肉腐烂了,都不吃。食物颜色变了,不吃。气味变了,不吃。烹调不当,不吃。不新鲜的东西,不吃。肉切得不方不正,不吃。佐料放得不适当,不吃。席上的肉虽多,但吃的量不超过米面的量。喝酒虽无限制,但不喝醉。从市上买来的肉干和酒,不吃。每餐必须有姜,但也不多吃。

孔子参加国君祭祀典礼时分到的肉,不能留到第二天。祭祀用过的肉不超过三天。超过三天,就不吃了。吃饭的时候不说话,睡觉的时候也不说话。即使是粗米饭蔬菜汤,吃饭前也要把它们取出一些来祭祖,而且表情要像斋戒时那样严肃恭敬。

【评论】 朱熹《集注》:"此一节,记孔子饮食之节。谢氏曰:'圣人饮食如此,非极口腹之欲,盖养气体,不以伤生,当如此。然圣人之所不食,穷口腹者反食之,欲心胜而不暇择也。'"这章提醒人们须重视饮食品质,诸多不食,既是礼节,也是从健康考虑;饮食要讲究适度,注意细节。

10.9 席不正①,不坐。

【注解】 ①席:放在地面的坐席。

【译文】 席子放得不端正,不坐上去。

【评论】 "席不正,不坐",似太过吹毛求疵,其实不然。朱熹《集注》引谢氏:"圣人心安于正,故于位之不正者,虽小不处。"

10.10 乡人饮酒①,杖者出②,斯出矣。乡人傩③,朝服而立于阼阶④。

【注解】 ①乡人饮酒:乡饮酒礼,一般年末时举行,示尊老选贤之义。②杖者:指老年人。③傩(nuó):古代迎神驱鬼的仪式。④阼(zuò):东面的台阶,主人站在那里迎接客人。

【译文】 行乡饮酒的礼仪结束后,孔子一定要等老年人先出去,然后自己才出去。乡里人举行迎神驱鬼的宗教仪式时,孔子总是穿着朝服站在东边的台阶上。

【评论】 朱熹《集注》:"此一节,记孔子居乡之事。"孔子参加乡饮酒礼,必先礼送老年人起身,才走出来,这是对老年人的尊重;乡人举行驱鬼傩礼时,他穿着官服站立在东边台阶,以示诚敬。孔子的一言一行都堪称典范。

10.11 问人于他邦①,再拜而送之②。康子馈药③,拜而受之。曰:"丘未达④,不敢尝。"

【注解】 ①问:问候,慰问。②再拜:两次拜别。朱熹《集注》:"拜送使者,如亲见之,敬也。"《四书释地》:"拜而受之,如今之一揖折腰而已。再拜而送之,则两揖。至拜下之拜,乃再拜稽首也。"③馈药:赠送药品。④达:了解。孔曰:"未知其故,故不尝,礼也。"

【译文】 托人问候别国的朋友,两次行礼而告别。康子赠送药品,鞠躬接受。说:"我不懂药性,还不敢吃。"

【评论】 本章主要记叙孔子与人交往的情形,突出了一个"诚"字。对于鲁国当权者季康子赠送药品,他"拜而受之",但并未按礼节当着使者的面品尝,体现其直率、坦诚。

10.12 厩焚^①。子退朝,曰:"伤人乎?"不问马。

【注解】 ①厩:马棚。

【译文】 马棚失火。孔子退朝回来,问:"伤人了吗?"不问马的情况。

【评论】 孔子在处理马厩焚毁一事时首先考虑的是人的问题,体现了"仁者爱人"。皇侃《义疏》引王弼云:"孔子时为鲁司寇,自公朝退,而之火所。不问马者,矫时重马者也。"极是。

10.13 君赐食,必正席先尝之;君赐腥^①,必熟而荐之^②;君赐生,必畜之。侍食于君,君祭,先饭。疾,君视之,东首^③,加朝服,拖绅^④。君命召,不俟驾行矣。

【注解】 ①腥:牛肉。②荐:供奉。③东首:头朝东。④绅:古代士大夫束在腰间大带。

【译文】 国君赐给熟食,孔子一定摆正座席先尝一尝。国君赐给生肉,一定煮熟了,先供奉祖宗。国君赐给活物,一定要饲养起来。同国君一起吃饭,在国君举行饭前祭礼时,一定要先尝一尝。孔子病了,国君来探视,他便头朝东躺着,身上盖上朝服,拖着大带。国君召见,他不等车驾好就先步行去。

【评论】 本章记录孔子侍君之礼,可谓严谨周到。孔子之所以如此,是因为鲁"三桓"专权,君臣之礼不行也。

10.14 入太庙^①,每事问。

【注解】 ①太庙:周公庙。

【译文】 孔子走进太庙,每件事情都要询问。

【评论】 此章又见《八佾》,参前"评论"。

10.15 朋友死①,无所归,曰:"于我殡②。"朋友之馈,虽车马,非祭肉,不拜。

【注解】 ①朋友:志同道合的人。②殡:停放灵柩,这里是泛指丧葬事务。

【译文】 孔子的朋友死了,没有亲属敛埋,孔子说:"丧事由我来办吧。"朋友馈赠的物品,即使是车马,不是祭肉,孔子在接受时也是不拜谢的。

【评论】 此章记述了孔子交友之道。由此可见孔子对朋友堪托生死,不重势利,只重情义。《礼记·檀弓》载:"宾客至,无所馆,夫子曰:'生于我乎馆,死于我乎殡。'"可与此章相发明。

10.16 寝不尸,居不容。子见齐衰者①,虽狎②,必变。见冕者与瞽者③,虽亵④,必以貌⑤。凶服者式之⑥。式负版者⑦。有盛馔⑧,必变色而作⑨。迅雷风烈必变。升车,必正立,执绥⑩。车中不内顾⑪,不疾言⑫,不亲指⑬。

【注解】 ①齐衰(zī cuī):指丧服。②狎(xiá):亲近。③瞽者:盲人,在这里指乐师。④亵(xiè):熟悉。⑤凶服:丧服。⑥式:通"轼",伏在马车横木上,以示尊敬。这在当时是一种礼节。⑦负版者:背负国家图籍的人。《世说新语·文学》注引郑注曰:"版,谓邦国图籍也。"古文本《论语》"版"作"板",用于书写的长方形木板。⑧盛馔(zhuàn):隆重的宴礼。⑨作:站起来。⑩绥(suí):登车用的绳子。⑪内顾:回头看。⑫疾言:大声说话。⑬不亲指:不指指点点。

【译文】 睡觉时可放松一些,家居时可舒展一些。看见穿孝服的人,虽然平时很亲密,也一定肃敬容颜。见到着礼帽者与盲人,虽然经常遇到,也一定礼敬。遇到穿丧服的,在车上俯身表敬意;路途中遇到背负国之图籍者,亦如此。主人以丰盛的宴席招待,一定站立还礼。遇到巨雷大风,一定要神色严肃。上车一定端正坐好,拉着扶手。在车中不回头内看,不大声讲话,不随意指点。

【评论】 此章述居家之礼、乘车之礼。其描述多与《礼记·曲礼》同,讲的虽是一些细节,但关乎待人接物及居家、乘车时的言行举止,是很实用的"礼仪指南"。这些礼节,在当今社会中仍有其价值和意义。

10.17 色斯举矣①,翔而后集②。曰:"山梁雌雉③,时哉时哉!"子路共之④,三嗅而作⑤。

【注解】 ①色斯:神色变动。举,本指鸟飞,此指神色变化。②翔而后集:飞翔一阵然后落到树上。③雉:野鸡。④共:通"供"。⑤三嗅而作:闻了闻,未食而起。

【译文】 看见一群野鸡飞翔观察了一阵又落到树上,孔子的神色动了一下。感叹说:"这些山梁上的母野鸡,正得其时啊!正得其时啊!"子路打来野鸡给孔子吃,孔子闻了闻,未食而起。

【评论】 这章历来歧说较多,难以确解。邢昺《注疏》释曰:"此记孔子感物而叹也。梁,桥也。共,具也。嗅,谓鼻歆其气。作,起也。孔子行于山梁,见雌雉饮啄得所,故叹曰:'此山梁雌雉,得其时哉!'而人不得其时也。子路失指,以为夫子云时哉者,言是时物也,故取而共具之。孔子以非己本意,义不苟食,又不可逆子路之情,故但三嗅其气而起也。"其说近是。

先进第十一

11.1　子曰:"先进于礼乐①,野人也②;后进于礼乐③,君子也④。如用之,则吾从先进。"

【注解】　①先进:先掌握。②野人:朴野之人。③后进:后掌握。④君子:指卿大夫贵族。

【译文】　孔子说:"先学习掌握礼乐的,是朴野的人;后学习礼乐的,是君子。如果要任用人才,那我主张任用先学习礼乐的人。"

【评论】　此章历来歧解甚多,比较而言,以朱子之说近真。《集注》曰:"先进后进,犹言前辈后辈。野人,谓郊外之民。君子,谓贤士大夫也。程子曰:'先进于礼乐,文质得宜,今反谓之质朴而以为野人。后进之于礼乐,文过其质,今反谓之彬彬而以为君子。盖周末文胜,故时人之言如此,不自知其过于文也。用之,谓用礼乐。孔子既述时人之言,又自言其如此,盖欲损过以就中也。'"

11.2　子曰:"从我于陈蔡者,皆不及门也①。"德行②:颜渊、闵子骞、冉伯牛、仲弓。言语③:宰我、子贡。政事④:冉有、季路;文学⑤:子游、子夏。

【注解】　①及门:在门下。此句以下言"四科十哲",与前文意不相连属,当另为一章。②德行:德行科,指能行孝悌忠信者。③言语:言语科,指善于辞令者。④政事:政事科,指能从事政治者。⑤文学:文学科,指通晓《易》《诗》《书》《礼》《乐》等文献者。

【译文】　孔子说:"曾跟随我从陈国到蔡地去的学生,现在都不在我身边了。"德行好的有:颜渊、闵子骞、冉伯牛、仲弓。善于辞令的有:宰我、子贡。擅长政事的有:冉有、季路。通晓文献知识的有:

子游、子夏。

【评论】 这一章可能是对往昔的回忆,寄托着孔子晚年的感叹,叹息与他一起蒙难陈蔡的学生,都一个个离他而去!朱熹《集注》:"孔子尝厄于陈、蔡之间,弟子多从者,此时皆不在门。故孔子思之,盖不忘其相从于患难之中也。"

"四科十哲"的说法,可能是弟子据孔子平素对此十人之评价所归纳,未必是孔子说过的话。朱熹《集注》:"弟子因孔子之言,记此十人,而并目其所长,分为四科。孔子教人各因其材,于此可见。"甚是。

11.3 子曰:"回也非助我者也,于吾言无所不说①。"

【注解】 ①说:通"悦",赞同。

【译文】 孔子说:"颜回不是帮助我的人,他对我说的话没有不心悦诚服的。"

【评论】 邢昺《注疏》引孔安国曰:"助,益也。言回闻言即解,无发起增益于己。"此章看似是孔子对于颜回于己所言毫无质疑之批评,实则是对其领悟力的赞扬。康有为《论语注》曰:"颜子于圣人契合无间,相视莫逆,合为一体,孔子深喜之,故为憾之之词。"说极是。

11.4 子曰:"孝哉闵子骞!人不间于其父母昆弟之言①。"

【注解】 ①间:非难。

【译文】 孔子说:"孝顺呀闵子骞!人们对于他的父母兄弟称赞他的话,没有什么异议。"

【评论】 《韩诗外传》载:"子骞早丧母,父娶后妻,生二子。疾恶子骞,以芦花衣之。父察之,欲逐后母。子骞曰:'母有一子寒,母去三子单。'父善之而止。母悔改之,遂成慈母。"闵子骞小小年纪,就能为了维护家庭的和谐和亲人的和睦而委曲求全,毫无怨言,确实令人佩服。皇侃《义疏》曰:"子骞至孝,事父母兄弟尽于美善,故凡人物论,无有非间之言于子骞者也。又引颜延之云:言之无间,谓尽美也。"

11.5 南容三复白圭①,孔子以其兄之子妻之。

【注解】 ①白圭:指《诗经·大雅·抑》之诗句"白圭之玷,尚可磨也,斯兰之玷,不可为也"。

【译文】 南容反复诵读"白圭之玷,尚可磨也;斯言不玷,不可为也",孔子把侄女嫁给了他。

【评论】 此章已见《公冶长》。孔门以《诗》为教,强调从对诗的讨论中获得感悟和启发。"白圭之玷,尚可磨也;斯言不玷,不可为也。"出自《诗经·大雅·抑》,意思是白玉上的污点尚且可以磨去,可是一个人要是说错了话,就无法收回了。南容反复吟诵这句诗,说明他对这句话深有体悟,并且时常拿来提醒自己,可以看出他在做事做人上力求严谨,所以孔子就把自己哥哥的女儿嫁给了他。

11.6 季康子问:"弟子孰为好学?"孔子对曰:"有颜回者好学,不幸短命死矣!今也则亡①,未闻好学者也。"

【注解】 ①亡:没有。

【译文】 季康子问孔子:"众学生中谁最好学?"孔子回答说:"有一个叫颜回的学生很好学,只可惜短命死了!现在再也没有像他那样的了。"

【评论】 此章记夫子痛惜颜回好学而不寿!在孔子看来,人能坚持向学是极其难得的,因而多次赞扬颜回。

11.7 颜渊死,颜路请子之车以为之椁①。子曰:"才不才②,亦各言其子也。鲤也死③,有棺而无椁;吾不可徒行以为之椁,以吾从大夫之后,吾不可徒行也。"

【注解】 ①颜路:颜无繇,字路,颜渊的父亲,也是孔子的学生。椁,外棺曰椁。《史记·仲尼弟子列传》:"颜回死,颜路贫,请孔子车以葬。"②才不才:有才或无才。③鲤也死:孔鲤死的时候。鲤,孔鲤,孔子的儿子,字伯鲁。

【译文】 颜渊死了,(他的父亲)颜路请求孔子卖掉车子,给颜渊买个外椁。孔子说:"无论有才无才,但各自都是自己的儿子。孔鲤死的时候,也是有棺无椁。我没有卖掉自己的车子步行而给他买椁,因为我跟随在大夫之后,是不可以步行的。"

【评论】 皇侃《义疏》引缪协云:"颜路之家贫无以备礼,而颜渊之德美称为圣师,丧予之感,痛之愈深,二三子之徒将厚其礼,路率情而行,恐有未允,而未审制义之轻重,故托请车以求圣教也。"孔子并非吝啬车而不爱颜回,只是父葬子不必置办外椁。此外,孔子当时虽然已不做官,但曾经是大夫级别的身份,如随大夫外出须有车才合礼。又《礼记·王制》曰:"君子耆老不徒行。"退一步讲,孔子岁数大了,外出也须坐车,所以不能卖车。

11.8 颜渊死。子曰:"噫①!天丧予!天丧予!"

【注解】 ①噫:表示惋惜的感叹词,相当于"唉"。

【译文】 颜渊死了,孔子说:"唉!是老天爷真要我的命呀!是老天爷真要我的命呀!"

【评论】 孔子弟子当中最好学的是颜回,所以颜回的死,使孔子痛惜不已。

11.9 颜渊死,子哭之恸①。从者曰:"子恸矣!"曰:"有恸乎?非夫人之为恸而谁为②?"

【注解】 ①恸(tòng):哀伤过度。②夫(fú):指示代词,此处指颜渊。

【译文】 颜渊死了,孔子哭得极其悲痛。跟随孔子的人说:"您悲痛过度了!"孔子说:"是太悲伤过度了吗?我不为这个人悲伤过度,又为谁呢?"

【评论】 颜回不仅是弟子,也像是孔子的知音。故而孔子的悲痛不仅是为丧失爱徒,更是为知己,所以弟子们才有此问。孔子这种发自内心的苦楚是很难被常人所理解的。

11.10 颜渊死,门人欲厚葬之,子曰:"不可。"门人厚葬之。子曰:"回也视予犹父也,予不得视犹子也。非我也,夫二三子也①。"

【注解】 ①二三子：代指厚葬颜回的那些学生。

【译文】 颜渊死了,孔子的学生们想要隆重地安葬他。孔子说:"不能这样做。"学生们仍然隆重地安葬了他。孔子说:"颜回把我当父亲一样看待,我却不能把他当亲生儿子一样看待。这不是我的过错,是那些学生们干的呀。"

【评论】 皇侃《义疏》引王弼云:"有财,死则有礼;无财,则已止焉。无而备礼,则近厚葬矣,故云孔子不听也。"颜回家贫,不应靡费以厚葬。故孔子不同意弟子们的意见。这一举止虽然容易让人误解,但却用心良苦啊!

11.11 季路问事鬼神①。子曰:"未能事人,焉能事鬼②?"曰:"敢问事死?"曰:"未知生,焉知死?"

【注解】 ①事：侍奉。②焉：怎么。

【译文】 季路问怎样去侍奉鬼神。孔子说:"没能侍奉好人,怎么能侍奉鬼呢?"季路说:"请问死是怎么回事?"孔子回答说:"还不知道活着的道理,怎么能知道死呢?"

【评论】 这章讲如何对待鬼神,如何对待生死。孔子采取了"悬置"不论的策略。此章可与"敬鬼神而远之"互参,务实的态度,值得深思。皇侃《义疏》:"外教无三世之义,见乎此句也。周孔之教,唯说现在,不明过去未来。而子路此问事鬼神,政言鬼神在幽冥之中,其法云何也。此是问过去也。孔子言:人事易,汝尚未能,则何敢问幽冥之中乎? 故云:'焉能事鬼也?'此又问当来之事也,言问今日以后死事复云何也。亦不答之也,言汝尚未知即见生之事难明,焉能豫问知死后也? 又引顾欢云:夫从生可以善死,尽人可以应神,虽幽显路殊,而诚恒一。苟未能此,问之无益,何处问彼耶?"

11.12 闵子骞侍侧,訚訚如也①;子路,行行如也②;冉有、子贡,侃侃如也③。子乐。曰:"若由也,不得其死然。"

【注解】 ①訚訚(yín)：和颜悦色的样子。此章皇本"闵子"下有"骞"字,"若"上有"曰"字。今从皇本及阮元校本。②行(hàng)行：刚强的样子。③侃侃：说话温和快乐的样子。

【译文】 闵子骞陪侍在孔子身旁，一派和悦而温顺的样子；子路，则是一副刚强的样子；冉有、子贡，温和快乐。孔子为其他人的表现而高兴。但又说："像仲由这样，只怕不得好死吧！"

【评论】 此章记孔子对众弟子之评价，评子路一语令人警惕。皇侃《义疏》曰："卑者在尊者之侧曰侍，此明子骞侍于孔子座侧也。誾誾，中正也。子骞性中正也，亦侍孔子座侧也。行行，刚强貌也。子路性刚强也，此二人亦侍侧也。侃侃，和乐也，二子竝和乐也。孔子见四子之各极其性，无所隐情，故我亦懽乐也。孔子见子路独刚强，故发此言也。由，子路名也。不得其死然，谓必不得寿终也，后果死卫乱也。"

11.13 鲁人为长府①。闵子骞曰："仍旧贯②，如之何？何必改作③？"子曰："夫人不言④，言必有中。"

【注解】 ①鲁人：鲁国当权者。为长府：改建长府。长府，鲁国国库。②仍旧贯：沿袭老样子。③改作：重建。④夫（fú）人：这个人。

【译文】 鲁国要改建国库。闵子骞道："照老样子下去，怎么样？何必改建呢？"孔子道："这个人平日不大开口，一开口就说到要害上。"

【评论】 此章记夫子称赞闵子骞有为政之才。朱熹《集注》曰："长府，藏名，藏货财曰府。为，盖改作之。仍，因也。贯，事也。王氏曰：'改作劳民伤财，在于得已，则不如仍旧贯之善。'" "言不妄发，发必当理，惟有德者能之。"

11.14 子曰："由之瑟①，奚为于丘之门②？"门人不敬子路。子曰："由也升堂矣！未入于室也③！"

【注解】 ①瑟：乐器，与琴相似。此句皇本作"由之鼓瑟。"②奚：为什么。为，弹奏。③入室：室是内室，指学习进阶程度深。

【译文】 孔子说："仲由弹瑟，为什么在我这里弹呢？"弟子们因此不尊敬子路。孔子便说:"仲由嘛,他在学习上已经达到升堂的程度了,只是还没有入室罢了。"

【评论】 此章记夫子评子路未登堂入室。《孔子家语·辨乐解》:"子路鼓琴,孔子闻之,谓冉有曰:'甚矣由之不才也!夫先王之制音也,奏中声以为节,流入于南,不归于北。夫南者,生育之乡。北者,杀伐之域。故君子之音温柔居中,以养生育之气,忧愁之感,不加于心也,暴厉之动,不在于体也,夫然者,乃所谓治安之风也。小人之音则不然,亢厉微末,以象杀伐之气,中和之感,不载于心,温和之动,不存于体,夫然者,乃所以为乱之风。……由今也匹夫之徒,曾无意于先王之制,而习亡国之声,岂能保其六七尺之体也哉?'冉有以告子路,子路惧而自悔,静思不食,以至骨立。夫子曰:'过而能改,其进矣乎。'"可与此章互参。

11.15 子贡问:"师与商也孰贤乎①?"子曰:"师也过,商也不及。"曰:"然则师愈与②?"子曰:"过犹不及。"

【注解】 ①师与商:师,颛孙师,即子张。商,卜商,即子夏。②愈:胜过。

【译文】 子贡问孔子:"子张和子夏二人谁更好一些呢?"孔子回答说:"子张过一点儿,子夏有些不足。"子贡说:"那么是子张好一些吗?"孔子说:"过分和不足是一样的。"

【评论】 此章借评子张子夏二弟子言中道,过犹不及,即执中之意。中是合乎度,是处世之道,即中庸。《礼记·仲尼燕居》云:"子曰:'师,尔过,而商也不及。'子贡越席而对曰:'敢问将何以为此中者也?'子曰:'礼乎礼。夫礼所以制中也。'"郑注:"过与不及,言敏钝不同,俱违理也。"《孔子家语·弟子行》载子贡语卫将军文子曰:"美功不伐,贵位不喜,不侮不佚,不傲无告,是颛孙师之行也。学之深,送迎必敬,上交下接若截焉,是卜商之行也。"

11.16 季氏富于周公①,而求也为之聚敛而附益之②。子曰:"非吾徒也,小子鸣鼓而攻之可也③!"

【注解】 ①周公:周公姬旦。②聚敛:搜刮财富。③小子:弟子们。

【译文】 季氏比周公旦还要富有,而冉求还帮他搜刮来增加他的钱财。孔子说:"他不是我的学生了,你们可以大张旗鼓地去攻击他吧!"

【评论】 此章记夫子声讨冉有帮季氏敛财不义。《左传·哀公十一年》载:"季氏欲以田赋,使冉有访诸仲尼。曰:'丘不识也。'三发,卒曰:'子为国老,待子而行,若之何子之不言也?'仲尼不对,而私于冉有曰:'君子之行也,度于礼,施取其厚,事举其中,敛从其薄,如是则以丘亦足矣。若不度于礼而贪冒无厌,则虽以田赋,将又不足。且子季孙若欲行而法,则周公之典在。若欲苟而行,又何访焉?'弗听。十二年春王正月,用田赋。"

11.17 柴也愚①,参也鲁②,师也辟③,由也喭④。

【注解】 ①柴:高柴,字子羔,孔子学生。愚:愚而耿直。②鲁:迟钝。③辟(pì):偏激。④喭(yàn):鲁莽,刚猛。

【译文】 高柴愚直,曾参迟钝,颛孙师偏激,仲由鲁莽。

【评论】 朱熹《集注》曰:"柴,孔子弟子,姓高字子羔。愚者,知不足而厚有余。《家语》记其'足不履影,启蛰不杀,方长不折。执亲之丧,泣血三年,未尝见齿。避难而行,不径不窦'。可以见其为人矣。鲁,钝也。程子曰:'参也竟以鲁得之。'又曰:'曾子之学,诚笃而已。圣门学者,聪明才辨,不为不多,而卒传其道,乃质鲁之人尔,故学以诚实为贵也。'辟,便辟也。谓习于容止,少诚实也。喭,粗俗也。传称喭者,谓俗论也。杨氏曰:'四者性之偏,语之使知自励也。'吴氏曰:'此章之首脱"子曰"二字,或疑下章"子曰"当在此章之首,而通为一章。'"对于高柴的愚直,曾参的迟钝,颛孙师的偏激,仲由的鲁莽,孔子引导他们走向中道,就是中庸之道。

11.18 子曰:"回也其庶乎①,屡空②。赐不受命,而货殖焉③,亿则屡中④。"

【注解】 ①庶:庶几,相近。②空:匮乏。③货殖:做买卖。④亿:通"臆",猜测,估计。

【译文】 孔子说:"颜回的道德学问接近于完善了吧,可他却过着贫困的生活。端木赐不听命运的安排,去做买卖,猜测行情,往往猜中了。"

【评论】 这章记述孔子对命运的感叹,好学如颜回,却生活窘迫,短命早死。端木赐不接受命运安排,却猜度行情而屡屡得中,享受着富裕的生活。造化弄人,可叹可叹。《集解》曰:"言回庶几圣道,虽数空匮而乐在其中矣。赐不受教命,惟财货是殖,亿度是非。盖美回所以励赐也。"

11.19 子张问善人之道①。子曰:"不践迹②,亦不入于室③。"

【注解】 ①善人:朱子《集注》谓本质善良而未学之人。②践迹:踩着前人的脚印走。③入于室:比喻学问和修养达到了精深地步。

【译文】 子张问如何能成为善人。孔子说:"如果不沿着前人的脚印走,其修养和学问就不能到达精深的地步。"

【评论】 这章记孔子言如何成圣。皇侃《义疏》:"问其道云何而可谓为善人也。践,循也。迹,旧迹也。言善人之道亦当别宜创建善事,不得唯依循前人旧迹而已。又虽有创立,而未必使能入圣人奥室也。"

11.20 子曰:"论笃是与①,君子者乎?色庄者乎?"

【注解】 ①论笃是与:对说话笃实诚恳的人表示赞许。

【译文】 孔子说:"听到人议论忠实诚恳就表示赞许,但还应看他是真君子呢,还是伪装神色庄重的人呢?"

【评论】《集注》:"言但以其言论笃实而与之,则未知其为君子者乎,为色庄者乎,言不可以言貌取人也。"不要被表面现象迷惑,才能彻底地看清一个人的本质。

11.21 子路问:"闻斯行诸①?"子曰:"有父兄在,如之何其闻斯行之也?"冉有问:"闻斯行诸?"子曰:"闻斯行之。"公西华曰:"由也问'闻斯行诸',子曰'有父兄在';求也问'闻斯行诸',

子曰,'闻斯行之'。赤也惑,敢问。"子曰:"求也退,故进之;由也兼人②,故退之。"

【注解】 ①诸:"之乎"二字的合音。②兼人:好勇过人。

【译文】 子路问:"闻道就可以实践吗?"孔子说:"有父兄在,怎么能闻道即实行呢?"冉有问:"闻道即可实践吗?"孔子说:"闻道即可实践。"公西华说:"仲由问'闻道即可实践吗?'你回答说'有父兄健在',冉求问'闻道即可实践吗?'你回答闻道即可实行。我被弄糊涂了,故而想问个明白。"孔子说:"冉求总是退缩,所以我鼓励他;仲由好勇过人,所以我约束他。"

【评论】 《潜研堂答问》曰:"《曲礼》:'父母存,不许友以死,不有私财。'《檀弓》:'未仕者不敢税人,如税人则以父兄之命。'注云:'不专家财也。'《白虎通》云:'朋友之道,亲存不得行者二:不得许友以其身,不得专通财之恩。友饥则白之于父兄,父兄许之,乃称父兄与之,不听即止。故《论语》曰"有父兄在,如之何其闻斯行之"也。'"在教学中,孔子因材施教,教学生扬长避短,不断进步。他所追求的,就是中庸之道。

11.22 子畏于匡①,颜渊后。子曰:"吾以女为死矣②!"曰:"子在,回何敢死?"

【注解】 ①畏:拘求。②女(rǔ):第二人称代词,你,你们。

【译文】 孔子在匡地受到当地人围困,颜渊最后才逃出来。孔子说:"我以为你已经死了呢。"颜渊说:"夫子还活着,我怎么敢死呢?"

【评论】 此章追记困于匡之后夫子与颜回之对话,一问一答之间,尽显孔门弘道之坚忍刚毅。皇侃《义疏》引李充云:"圣无虚虑之悔,贤无失理之患,而斯言何兴乎?将以世道交丧,利义相蒙,或殉名以轻死,或昧利以苟生,苟生非存理,轻死非明节,故发颜子之死对以定死生之命也。"

11.23 季子然问①:"仲由、冉求,可谓大臣与?"子曰:"吾以子为异之问,曾由与求之问②。所谓大臣者,以道事君,不可则止。

今由与求也,可谓具臣矣③。"曰:"然则从之者与?"子曰:"弑父与君,亦不从也。"

【注解】 ①季子然:鲁国季氏的族人。②曾:竟然。③具臣:普通臣子。

【译文】 季子然问:"仲由和冉求可以算是大臣吗?"孔子说"我以为你是在问别的人,原来是问由和求呀。所谓大臣要能够以道事奉君主,如果这样不行,他宁肯辞职不干。现在由和求这两个人,只能算是充数的臣子罢了。"季子然说:"那么他们会一切都跟着季氏干吗?"孔子说:"杀父亲、杀君主的事,他们也不会跟着干的。"

【评论】 《史记·仲尼弟子列传》:"子路为季氏宰,季孙问曰:'子路可为大臣与?'孔子曰:'可谓具臣矣。'"皇侃《义疏》引孙绰云:"二子者,皆政事之良也,而不出具臣之流,所免者唯弑之事,其罪亦岂小哉?夫抑扬之教,不由乎理,将以深激子然,以重季氏之责也。"在孔子看来,真正的大臣是"以道事君,不可则止。"子路和冉有虽然做不到如此,但他们尊礼亲仁,还不至于助纣为虐,弑父弑君。

11.24　子路使子羔为费宰。子曰:"贼夫人之子①!"子路曰:"有民人焉②,有社稷焉③,何必读书,然后为学?"子曰:"是故恶夫佞者。"

【注解】 ①贼:害。夫人之子:指子羔。②民人:即百姓。③社稷:此指国家。社,土地神。稷,谷神。

【译文】 子路让子羔去作费邑的长官。孔子说:"这简直是害人子弟。"子路说:"那个地方有老百姓,有社稷,治理百姓和祭祀神灵都是学习,难道一定要读书才算学习吗?"孔子说:"所以我讨厌那种花言巧语狡辩的人。"

【评论】 孔子认为要做好官,要为民之父母,那是很不容易的事情。要先学习,读书明理,正心修身,才能治国平天下,正所谓"学而优则仕"。这句话看似简单,实则包含着许多耐人寻味的道理。皇侃《义疏》引张凭云:"季氏不臣,由不能正,而使子羔为其邑宰。直道而事人,焉往不致弊;枉道而事人,不亦贼夫人之子乎?"《集注》:"贼,害也。言子羔质美而未学,遽使治民,适以害之。"

11.25 子路、曾皙①、冉有、公西华侍坐。子曰:"以吾一日长乎尔②,无吾以也。居则曰③:'不吾知也。'如或知尔,则何以哉④?"子路卒尔而对曰⑤:"千乘之国,摄乎大国之间⑥,加之以师旅,因之以饥馑,由也为之,比及三年⑦,可使有勇,且知方也⑧。"夫子哂之⑨。"求,尔何如?"对曰:"方六七十⑩,如五六十⑪,求也为之,比及三年,可使足民也。如其礼乐,以俟君子。""赤,尔何如?"对曰:"非曰能之,愿学焉。宗庙之事⑫,如会同⑬,端章甫⑭,愿为小相焉⑮。""点,尔何如?"鼓瑟希⑯,铿尔,舍瑟而作⑰,对曰:"异乎三子者之撰。"子曰:"何伤乎?亦各言其志也。"曰:"莫春者⑱,春服既成,冠者五六人⑲,童子六七人,浴乎沂⑳,风乎舞雩㉑,咏而归。"夫子喟然叹曰:"吾与点也!"三子者出,曾皙后。曾皙曰:"夫三子者之言何如?"子曰:"亦各言其志也已矣!"曰:"夫子何哂由也?"曰:"为国以礼,其言不让,是故哂之。""唯求则非邦也与㉒?""安见方六七十如五六十而非邦也者?""唯赤则非邦也与?""宗庙之事如会同,非诸侯如之何?赤也之为小相?,孰能为之大相?"

【注解】①曾皙:名点,字子皙,曾参的父亲,也是孔子的学生。②以吾一日长乎尔:我比你们的年龄稍长一些。③居:平日。④则何以哉:何以,即何以为用。⑤卒尔:邢疏本、集注本均作"率尔"。无礼仪,轻率、急切。⑥摄:迫于,夹于。⑦比(bì)及:等到。⑧方:方向。⑨哂(shěn):讥讽地微笑。⑩方六七十:纵横各六七十里。⑪如:或者。⑫宗庙之事:指祭祀之事。⑬会同:诸侯会见。⑭端章甫:端,古代礼服的名称。章甫,古代礼帽的名称。⑮相:赞礼人,司仪。⑯希:通"稀",指弹瑟的速度放慢,节奏逐渐稀疏。⑰作:站起来。⑱莫:通"暮",傍晚。⑲冠者:成年人。古代子弟到20岁时行冠礼,表示已经成年。⑳浴乎沂:沂,水名,发源于山东南部,流经江苏北部入海。在水边洗头面手足。㉑舞雩(yú):地名,原是祭天求雨的地方,在今山东曲阜。㉒唯:语首词,没有什么实意。

【译文】 子路、曾皙、冉有、公西华四个人陪孔子坐着。孔子说:"我年龄比你们大一些,不要因为我年长而不敢说。你们平时总说:'没有人了解我呀!'假如有人了解你们,那你们要怎样去做呢?"子路赶忙回答:"一个拥有一千辆兵车的国家,夹在大国中间,常常受到别的国家侵犯,加上国内又闹饥荒,让我去治理,只要三年,就可以使人们勇敢善战,而且懂得礼仪。"孔子听了,微微一笑。孔子又问:"冉求,你怎么样呢?"冉求答道:"国土有六七十里或五六十里见方的国家,让我去治理,三年以后,就可以使百姓饱暖。至于这个国家的礼乐教化,就要等君子来施行了。"孔子又问:"公西赤,你怎么样?"公西赤答道:"我不敢说能做到,而是愿意学习。在宗庙祭祀的活动中,或者在同别国的盟会中,我愿意穿着礼服,戴着礼帽,做一个小小的赞礼人。"孔子又问:"曾点,你怎么样呢?"这时曾点弹瑟的声音逐渐放慢,接着"铿"的一声,离开瑟站起来,回答说:"我想的和他们三位说的不一样。"孔子说:"那有什么关系呢? 也就是各人讲自己的志向而已。"曾皙说:"暮春三月,已经穿上了春天的衣服,我和五六位成年人,六七个少年,去沂河里洗洗澡,在舞雩台上吹吹风,一路唱着歌走回来。"孔子长叹一声说:"我是赞成曾皙的想法的。"子路、冉有、公西华三个人都出去了,曾皙后走。他问孔子说:"他们三人的话怎么样?"孔子说:"也就是各自谈谈自己的志向罢了。"曾皙说:"夫子为什么要笑仲由呢?"孔子说:"治理国家要讲礼让,可是他说话一点也不谦让,所以我笑他。"曾皙又问:"那么是不是冉求讲的不是治理国家呢?"孔子说:"哪里见得六七十里或五六十里见方的地方就不是国家呢?"曾皙又问:"公西赤讲的不是治理国家吗?"孔子说:"宗庙祭祀和诸侯会盟,这不是诸侯的事又是什么? 赤如果只能做一个小相,那谁又能做大相呢?"

【评论】 这章记录了孔门师生教学的场景,人物言行各具个性,生动形象,如在眼前。程树德《集释》引《反身录》曰:"孔门诸贤,兵农礼乐,大以成大,小以成小,平居各有以自信。今吾人平居其所自信者何在? 兵耶? 农耶? 礼乐耶? 三者咸兼耶? 仅有其一耶? 抑超然于世务之外,潇洒自得,志在石隐耶? 如志非石隐,便应将经世事宜实实体究,务求有用。一旦见知于世,庶有以自效,使斯世见儒者作用,斯民被儒者膏泽,方不枉读书一场。若只寻章摘句,以文字求知,章句之外,凡生民之休戚,兵赋之机宜,礼乐之修废,风化之淳漓,漠不关心,一登仕途,所学非所用,所用非所学,无惑乎国家不得收养士之效,生民不得蒙至治之泽也。经世之业,平居尽学之有素,及一当事任,犹多不能中窾中会,尽协机宜。苟未尝学之有素,而欲望其临时有所建树,不亦谬乎?殷浩以苍生自负,房琯以将略知名,一出犹成败局,况平居谙练不及二人乎?"此只从孔门弟子经世致用处立论。今人杨义《论语还原》说:"此章433字,是《论语》近500章中最富有诗意的文字,渲染着孔子、曾点(皙)所思慕的诗意栖居而与春交融的人生境界。仔细给这段文字把脉,观其脉相,推知此事发生的时间,应在孔子周游列国、自卫返鲁的一二年间。很可能是翌年(鲁哀公十二年,公元前483年)上半年。只有这个时期,孔子才可能自称老不堪用,却坦然启发诸弟子'各言其志'。"①孔子于众弟子中独与曾点,是欣赏他于济世之志外的从容不迫的诗意人生境界。

---

① 杨义:《论语还原》,北京,中华书局,2015年版,第275~276页。

颜渊第十二

12.1　颜渊问仁。子曰:"克己复礼为仁①。一日克己复礼,天下归仁焉②。为仁由己,而由人乎哉?"颜渊曰:"请问其目③。"子曰:"非礼勿视,非礼勿听,非礼勿言,非礼勿动。"颜渊曰:"回虽不敏,请事斯语矣④。"

【注解】　①克己复礼:克制自己以复归于礼。复,返也。②归仁:归于仁道。③目:条目。④事:从事。

【译文】　颜渊问怎样才能达到仁。孔子说:"克制自己,一切都照着礼的要求去做,这就是仁。有一天实现了克己复礼,天下人就都归于仁了。追求仁德,完全在自己,难道还在于别人吗?"颜渊说:"请问达成仁德的条目。"孔子说:"不合于礼的不要看,不合于礼的不要听,不合于礼的不要说,不合于礼的不要做。"颜渊说:"我虽然愚笨,也要照您的话去做。"

【评论】　《左传·昭公十二年》:"仲尼曰:'古也有志:克己复礼,仁也。'"此章记孔门师生论如何达到仁,孔子引述前人的话指出达成仁的总路径是"克己",而具体纲目是"非礼勿视、非礼勿听、非礼勿言、非礼勿动",约束自己,克服种种不良习性和私心,战胜自我,超越自我。并指出,人求仁即得仁,在己而不在人。

12.2　仲弓问仁。子曰:"出门如见大宾,使民如承大祭。己所不欲,勿施于人。在邦无怨①,在家无怨②。"仲弓曰:"雍虽不敏,请事斯语矣。"

【注解】　①邦:诸侯国。②家:卿大夫的封地。

【译文】 仲弓问怎样做才能达成仁德。孔子说:"出门办事如同去接待贵宾,使百姓如同参加重大祭祀。自己不愿意接受的,不强加于他人;在诸侯做事无人怨恨自己;在卿大夫封地做事无人怨恨自己。"仲弓说:"我虽然愚笨,也要照您的话去做。"

【评论】 《孔子家语·弟子行》记载子贡应卫将军文子论孔门诸贤,子贡评价仲弓"在贫如客,使其臣如借,不迁怒,不深怨,不录旧罪,是冉雍之行也。孔子论其材曰:'有土之君子也,有众使也,有刑用也,然后称怒焉。匹夫之怒,唯以亡其身。'孔子告之以《诗》曰:'靡不有初,鲜克有终。'"此章记仲弓问仁,孔子答以"敬""恕""无怨",与《孔子家语》子贡所评仲弓行事风格一致。说明仲弓承夫子之教,行仁得仁也。

12.3 司马牛问仁①。子曰:"仁者,其言也讱②。"曰:"其言也讱,斯谓之仁已矣乎③?"子曰:"为之难,言之得无讱乎?"

【注解】 ①司马牛:姓司马名耕,字子牛,孔子弟子。《史记·仲尼弟子列传》载"牛多言而躁"。②讱(rèn):孔安国曰:"讱,难也。"指说话谨慎迟缓。③斯:就。

【译文】 司马牛问怎样做才是仁。孔子说:"仁人说话是慎重的。"司马牛说:"说话谨慎迟缓,这就是仁了吗?"孔子说:"做起来很困难,说起来能不慎重吗?"

【评论】 此章记孔子与司马牛论仁。因司马牛"牛多言而躁",故孔子答以"其言也讱",体现出孔子因材施教。"言讱"即孔子一贯主张的"讷于言而敏于行"。重要的在于做,而做事难,所以出言要谨慎。《里仁》:"子曰:'古者言之不出,耻躬之不逮也。'"《宪问》:"子曰:'君子耻其言而过其行。'"皆可与此章相互发明。

12.4 司马牛问君子①。子曰:"君子不忧不惧②。"曰:"不忧不惧,斯谓之君子已乎?"子曰:"内省不疚③,夫何忧何惧?"

【注解】 ①疚:惭愧。②不忧不惧:不忧愁不胆怯。《子罕》:"子曰:'知者不惑,仁者不忧,勇者不惧。'"③疚:愧疚。

【译文】 司马牛问怎样才能成为君子。孔子说:"君子不忧愁,不恐惧。"司马牛说:"不忧愁,不恐惧,这样就可以叫做君子了吗?"孔子说:"自己问心无愧,那还有什么忧愁和恐惧呢?"

【评论】 此章记孔子答司马牛如何成为君子,孔子之言针对司马牛之处境。《集解》曰:"孔曰:'牛兄桓魋将为乱。牛自宋来学,常忧惧,故孔子解之。'包曰:'疚,病也。自省无罪恶,无可忧惧。'"《集注》:"向魋作乱,牛常忧惧,故夫子告之以此。牛之再问,犹前章之意,故复告之以此。疚,病也。言由其平日所为无愧于心,故能内省不疚,而自无忧惧,未可遽以为易而忽之也。"

12.5　司马牛忧曰①:"人皆有兄弟,我独亡。"子夏曰:"商闻之矣:死生有命,富贵在天。君子敬而无失,与人恭而有礼,四海之内,皆为兄弟也。君子何患乎无兄弟也?"

【注解】 ①忧:忧虑。此处做状语。

【译文】 司马牛忧愁地说:"别人都有兄弟,唯独我没有。"子夏说:"我听说过:'死生有命,富贵在天'。君子只要对待所做的事情严肃认真,不出差错,对人恭敬而合乎于礼的规定,那么,天下人就都是自己的兄弟了。君子何愁没有兄弟呢?"

【评论】 司马牛明明有兄有弟,为何自叹无兄弟? 皇侃《义疏》曰:"为其兄桓魋有罪,故己恒忧也,所以孔子前答云君子不忧也,此所忧之事也。亡,无也。牛兄行恶,必致残灭,不旦则夕,即今虽暂在,与无何异,故云我独亡也。"此章记司马牛忧其兄弟作乱,子夏以"四海之内皆兄弟"慰之。司马牛未明言其隐忧,子夏所言亦未明言,然而双方均明白对方的意思。黄式三《论语后案》谓《左传·哀公十四年》载司马牛之适齐适吴,至鲁而卒,是总记其数年之事。司马牛言此,是其兄弟魋、巢等或奔或死,而身栖于异国之时耳,观下子夏之言可知。《集注》:"盖闻之夫子。命禀于有生之初,非今所能移;天莫之为而为,非我所能必,但当顺受而已。既安于命,又当修其在己者,故又言苟能持己以敬而不间断,接人以恭而有节文,则天下之人皆爱敬之如兄弟矣。盖子夏欲以宽牛之忧,故为是不得已之辞,读者不以辞害意可也。"

12.6　子张问明。子曰:"浸润之谮①,肤受之愬②,不行焉,可谓明也已矣。浸润之谮,肤受之愬,不行焉,可谓远也已矣③。"

【注解】　①浸润之谮(zèn):如水那样一点点渗透的谗言。②肤受之愬(sù):像刺痛皮肤般直接的诬告。愬,诬告。③远:明之至也,指目光长远。

【译文】　子张问怎样做才算明智。孔子说:"如水润物般的暗中挑拨,切肤之痛般的诽谤,在你那里都行不通,那可算是明智。暗中挑拨的坏话和痛切的诽谤在你那里都行不通,那就可称得上有远见。"

【评论】　《周书·谥法解》曰:"谮诉不行曰明。"看来"明"主要指为政者能分辨谗言且不为所动。子张有此一问,亦应由为政入手。夫子反复言说,足见其用心之深。皇侃《义疏》引孙绰云:"问明而及远者,其有高旨乎? 夫赖明察以胜谗,犹火发灭以水,虽消灾有方,亦已殆矣。若远而绝之,则佞根元拔,鉴巧无迹,而远体默全。故知二辞虽同,而后喻弥深。微显之义,其在兹乎?"又引颜延之云:"谮愬不行,虽由于明,明见之深,乃出于体远。体远不对于情伪,故功归于明见。斥言其功故曰明,极言其本故曰远也。"

12.7　子贡问政。子曰:"足食①,足兵,令民信之矣②。"子贡曰:"必不得已而去③,于斯三者何先?"曰:"去兵。"子贡曰:"必不得已而去,于斯二者何先?"曰:"去食。自古皆有死,民不信不立。"

【注解】　①足食:使粮食充足。②信之:信任为政者。③去:撤销。

【译文】　子贡问治国理政。孔子说:"粮食充足,军备充足,老百姓信任统治者。"子贡又请教说:"如果不得不去掉一项,那么在三项中先去掉哪一项呢?"孔子回答说:"去掉军备。"子贡又问:"如果不得不再去掉一项,那么这两项中去掉哪一项呢?"孔子说:"去掉粮食。自古以来人总是要死的,如果老百姓对统治者不信任,那么国家就不能存在了。"

【评论】《尚书·洪范》有"八政",其首为"食"。民以食为天,为政者首重"食",故民信之。"国之大事,在祀与戎"(《左传·成公十三年》),文事必以武备之,故足兵。有食有兵,可取民之信。三者之中,以民之信为最重。《大戴礼记·主言》载孔子曰:"其礼可守,其信可复,其迹可履。其于信也,如四时春秋冬夏;其博有万民也,如饥而食,如渴而饮,下土之人信之夫!暑热冻寒远若迩,非道迩也,及其明德也。是以兵革不动而威,用利不施而亲。此之谓明王之守也,折冲乎千里之外,此之谓也。"为政者有德,则有信于民,则得民心;得民心,则天下可守。

12.8 棘子城曰①:"君子质而已矣,何以文为?"子贡曰:"惜乎!夫子之说君子也。驷不及舌②。文犹质也,质犹文也。虎豹之鞹犹犬羊之鞹③。"

【注解】 ①棘子城:卫国大夫。一本作棘子成。②驷不及舌:指话一说出口,就收不回来了。驷,四马一车。《邓析子·转辞》云:"一声而非,驷马难追。一言而急,驷马不及。"③鞹(kuò):去掉毛的兽皮,即革。皇本"鞹"字作"鞟","犬羊之鞟"下有"也"字。

【译文】 棘子城说:"君子只要具有好的品质就行了,要那些表面的文饰有什么用呢?"子贡说:"真遗憾啊,夫子这样谈论君子。一言既出,驷马难追。本质就像文采,文采就像本质,都是同等重要的。去掉了毛的虎、豹皮,就如同去掉了毛的犬、羊皮一样。"

【评论】 这章记述时人与孔门师生之间关于"文""质"关系的不同观点。儒家认为,自然秉性胜过礼仪文饰,人就会粗野,而礼仪文饰胜过自然秉性,人就会浮夸,只有二者相匹配,结合于一身,才能成为真正的君子。《集解》引孔曰:"皮去毛曰鞟。虎豹与犬羊别者,正以毛文异耳。今使文质同者,何以别虎豹于犬羊耶?"《集注》曰:"鞹,皮去毛者也。言文质等耳,不可相无,若必尽去其文而独存其质,则君子小人无以辨矣。夫棘子城矫当时之弊,又无本末轻重之差,胥失之矣。"

12.9 哀公问于有若曰:"年饥,用不足,如之何?"有若对曰:"盍彻乎①?"曰:"二②,吾犹不足,如之何其彻也?"对曰:"百姓足,君孰与不足?百姓不足,君孰与足?"

【注解】 ①盍彻乎:何不实行什一而税呢。彻,西周的田税制度。《集解》引郑曰:"盍,何不也。周法,什一而税谓之彻。彻,通也,为天下之通法也。"②二:抽取十分之二的税。

【译文】 鲁哀公问有若:"年景不好,国家用度困难,怎么办?"有若回答:"为什么不实行彻法,只抽十分之一的田税呢?哀公说:现在抽十分之二,我还不够,怎么能实行彻法呢?"有若说:"如果百姓的用度够,您怎么会不够呢?如果百姓的用度不够,您怎么又会够呢?"

【评论】 这章借鲁哀公之问体现了有若之治国主张。儒家反对苛政,认为只要百姓富足了,国家就不可能贫穷;如果对百姓征敛过甚,必将使民不聊生,国家经济也会随之衰退。这种以"富民"为核心的经济思想对于今天国家的发展仍然有值得借鉴的价值。另一方面,本章也体现了"民本"思想。《集注》:"民富则君不至独贫,民贫则君不至独富。有若深言君民一体之意,以止公之厚敛,为人上者所宜深念也。"《说苑·政理》载:"鲁哀公问政于孔子。对曰:'政有使民富。'哀公曰:'何谓也?'孔子曰:'薄赋敛,则民富矣。'公曰:'若是,则寡人贫。'孔子曰:'诗云"凯悌君子,民之父母",未见其子富而父母贫者也。'"此章所载有若所言与夫子同。

12.10 子张问崇德辨惑①。子曰:"主忠信,徙义②,崇德也。爱之欲其生也③,恶之欲其死也。既欲其生,又欲其死,是惑也。'诚不以富,亦祗以异。'④"

【注解】 ①崇德辨惑:尊崇道德分辨是非。②徙义:向义靠拢。徙,迁移。③皇本"欲其生""欲其死""既欲其生"下各有"也"字。④此句出自《诗经·小雅·我行其野》,表现了一个被遗弃的女子对其丈夫喜新厌旧的愤怒情绪。程颐言"此错简,当在第十六篇'齐景公有马千驷'之上。因此下文亦有齐景公字而误也。"(《论语集注》)

【译文】 子张问怎样做到尊崇道德和辨别是非。孔子回答说:"以忠信为主,使自己的思想合于义,这就是提高道德水平了。爱一个人,就希望他活下去,厌恶起来就恨不得他立刻死去,既要他活,又要他死,这就是迷惑。'真的不是嫌贫爱富,只是喜新厌旧'。"

【评论】 邢昺《注疏》:"此章言人当有常德也。"皇侃《义疏》:"言若能复以忠信为主,又若见有义事则徙意从之,此二条是崇德之法也。中人之情,不能忘于爱恶。若有人从己,己则爱之,当爱此人时,必愿其生活于世也。犹是前所爱者,而彼忽违己,己便憎恶,憎恶之既深,便愿其死也。犹是一人,而爱憎生死,起于我心,我心不定,故为惑矣。"《集注》:"主忠信则本立,徙义则日新。爱恶,人之常情也。然人之生死有命,非可得而欲也。以爱恶而欲其生死,则惑矣。既欲其生,又欲其死,则惑之甚也。"

12.11 齐景公问政于孔子①。孔子对曰:"君君,臣臣,父父,子子。"公曰:"善哉!信如君不君,臣不臣,父不父,子不子,虽有粟,吾岂得而食诸?"

【注解】 ①齐景公:名杵臼(chǔ jiù),齐国国君,公元前547年至前490年在位。

【译文】 齐景公问孔子如何治理国家。孔子说:"做君主的要像君的样子,做臣子的要像臣的样子,做父亲的要像父亲的样子,做儿子的要像儿子的样子。"齐景公说:"讲得好呀!如果君不像君,臣不像臣,父不像父,子不像子,虽然有粮食,我能吃得上吗?"

【评论】 这章所记为孔子由鲁至齐之时事也。钱穆评曰:"孔子乃鲁国一士,流寓来齐,而齐景公特予延见,并问之以为政之道。此见当时孔子已名闻诸侯……时齐景公失政,大夫陈氏厚施于国,景公又多内嬖,不立太子,故孔子告以为君当尽君道,为臣当尽臣道,为父当尽父道,为子当尽子道。语气若平和,但为君父者不尽君父之道,如何使臣子尽臣子之道?孔子之言,乃告景公当先尽己道也。景公悦孔子言而不能用,其后果以继嗣不定,启陈氏弑君篡国之祸。"(《孔子传》)

12.12　子曰:"片言可以折狱者①,其由也与②?"子路无宿诺③。

【注解】　①片言:诉讼双方中一方的言辞,即片面之词,古时也叫"单辞"。②折狱:即断案。狱,案件。③宿诺:很久以前的诺言。宿,久。

【译文】　孔子说:"只听了单方面的供词就可以判决案件的,大概只有仲由吧?"子路从来没有未及时践行的承诺。

【评论】　这章赞子路正直诚信,由此而及于审理案件,没有人敢在他面前诬妄陈辞。可见子路在人们心目中的地位。由此可见,为政者能言出必行,有行必果,就能取信于百姓,百姓也会以诚信待之。《四书诠义》:"此称子路有服人之德,非称子路有断狱之才也。钩距以致民隐,则非圣门所尚矣。无宿诺,亦平日忠信明决之一端也。"

12.13　子曰:"听讼①,吾犹人也。必也使无讼乎!"

【注解】　①听讼:审理案件。刘宝楠《正义》:"听讼者,言听其所讼之辞以判曲直也。"《周礼·小司寇》云:"以五声听狱讼,求民情。一曰辞听,二曰色听,三曰气听,四曰耳听,五曰目听。"此皆听讼之法。

【译文】　孔子说:"审理诉讼案件,我同别人也是一样的。重要的是必须使诉讼的案件根本不发生!"

【评论】　这章记孔子言听讼之要在于止讼。《大戴礼记·礼察》:"凡人之知,能见已然,不能见将然。礼者禁将然之前,而法者禁于已然之后。是故法之用易见,而礼之所为生难知也。若夫庆赏以劝善,刑罚以惩恶,先王执此之正,坚如金石;行此之信,顺如四时;处此之功,无私如天地尔。岂顾不用哉?然如曰礼云礼云,贵绝恶于未萌,而起敬于微眇,使人日徙善远罪而不自知也。孔子曰:'听讼,吾犹人也。必也使无讼乎?'此之谓也。"

12.14　子张问政。子曰:"居之无倦①,行之以忠②。"

【注解】　①倦:疲倦、懈怠。②忠:忠实。

【译文】　子张问如何治理政事。孔子说:"居于官位不懈怠,执行君令要忠实。"

【评论】 此章记为政之道,要在尽心竭忠而为之。《大戴礼记·子张问入官》云:"故不先以身,虽行必邻也。不以道御之,虽服必强矣。故非忠信,则无可以取亲于百姓矣。外内不相应,则无可取信者矣。"《集解》引王曰:"言为政之道,居之于身,无得解倦;行之于民,必以忠信。"《集注》:"居,谓存诸心,无倦则始终如一。"行,谓发于事,以忠则表里如一。又引程子曰:"子张少仁无诚心,爱民则必倦而不尽心,故告之以此。"

12.15 子曰:"君子博学于文,约之以礼,亦可以弗畔矣夫①。"

【注解】 ①畔:通"叛",背叛,离经叛道。《释文》:"一本作'君子博学于文'"。皇本有"君子"二字。邢《疏》:或本亦有"君子"。

【译文】 孔子说:"君子广泛地学习古代的文化典籍,又以礼来约束自己,也就可以不离经叛道了。"

【评论】 此章又见于《雍也》篇,黄式三《后案》谓:"博文约礼,经中重出,圣教之谆复也。"可备一说。

12.16 子曰:"君子成人之美,不成人之恶。小人反是①。"

【注解】 ①反是:与此相反。《谷梁传·隐公元年》曰:"《春秋》成人之美,不成人之恶。"《说苑·君道》:"哀公曰:'善哉!君子成人之美,不成人之恶。微孔子,吾焉得闻斯言哉?'"

【译文】 孔子说:"君子成全别人的好事,而不助长别人的恶处。小人则与此相反。"

【评论】 《集注》云:"成者,诱掖奖劝以成其事也。君子小人所存既有厚薄之殊,而其所好又有善恶之异,故其用心不同如此。""君子成人之美,不成人之恶"是儒家"己欲立而立人,己欲达而达人"思想的具体体现。

12.17 季康子问政于孔子。孔子对曰:"政者,正也。子帅以正①,孰敢不正!"

【注解】 ①帅:率领、带头。

【译文】 季康子问孔子如何治理国家。孔子回答说:"政就是正的意思。您本人带头走正路,那么还有谁敢不走正道呢?"

【评论】 此章言为政之道在于正己。《古文尚书·君牙》篇:"尔身克正,罔敢弗正。"孔子引此告诫季康子:要正人得先正己,否则"上梁不正下梁歪"。《仪礼·乡饮酒礼》注:"己帅而正,孰敢不正。"疏曰:"此《论语》孔子言。彼言子帅,指季康子为子。此言己帅,指正为己。"《礼记·哀公问》:"公曰:'敢问何谓为政?'孔子对曰:'政者,正也。君为正,则百姓从政矣。'"

12.18 季康子患盗,问于孔子。孔子对曰:"苟子不欲,虽赏之不窃①。"

【注解】 ①苟:如果。

【译文】 季康子担忧盗窃成患,问计于孔子。孔子回答说:"假如你自己不贪图财货,即使奖励偷窃,也没有人偷盗。"

【评论】 此章言民多盗,皆因在上者多欲所致也,故欲绝盗患,必先从为政者始,如能禁绝好财货之心,则民必不为盗也。程树德《集释》引《汲冢琐语》:"鲁国多盗,季康治之,获一人焉。诘之曰:'汝何以盗?'对曰:'子大夫为政不能不盗,何以诘吾盗?'"

12.19 季康子问政于孔子曰:"如杀无道,以就有道,何如?"孔子对曰:"子为政,焉用杀?子欲善而民善矣。君子之德风也,小人之德草也。草尚之风,必偃①。"

【注解】 ①偃:仆倒。

【译文】 季康子请教孔子如何为政,说:"如果杀掉无道的人来成全有道的人,怎么样?"孔子说:"您治理政事,哪里用得着杀戮呢?您只要想行善,老百姓也会跟着行善。在位者的品德好比风,在下的人的品德好比草,风吹到草上,草就必定跟着倒。"

【评论】 为政之道在于正己,己正则民必从之,自然会形成好的政治风气。好的政治风气形成了,普通人必然会受到感召,多行仁义,多做善事。由此可见,领导者自身的德行修养是多么重要!《韩诗外传》卷三引传曰:"鲁有父子讼者,康子欲杀之。孔子曰:'未可杀也。夫民为不义,则是上其失道。上陈之教而先服之,则百姓从风矣。'"《说苑·君道》篇:"上之化下,犹风靡草。东风则草靡而西,西风则草靡而东,在风所由,而草为之靡,是故人君之动不可不慎也。《书·君陈》:'尔惟风,下民惟草。'"

12.20　子张问:"士何如斯可谓之达矣①?"子曰:"何哉,尔所谓达者?"子张对曰:"在邦必闻,在家必闻②。"子曰:"是闻也,非达也。夫达也者,质直而好义,察言而观色,虑以下人③。在邦必达,在家必达。夫闻也者,色取仁而行违,居之不疑。在邦必闻,在家必闻。"

【注解】　①达:通达,显达。②闻:有名望。③下人:对人谦恭有礼。下,动词。

【译文】　子张问:"士怎样才称得上通达?"孔子说:"你说的通达是什么意思?"子张答道:"在国君的朝廷里必定有名望,在大夫的封地里也必定有名声。"孔子说:"这只是虚假的名声,不是通达。所谓达,那是要品质正直,遵从礼义,善于揣摩别人的话语,观察别人的脸色,经常想着谦恭待人。这样的人,就可以在国君的朝廷和大夫的封地里通达。至于那些只要名声的人,往往外表上装出仁的样子,而行为却与仁相背,自己还以仁人自居而不惭愧。他们无论在国君的朝廷里,还是大夫的封地里,都必定会徒有声名。"

【评论】　邢昺《注疏》:"此章论士行。"士之行在明德,不在求虚名。《集注》曰:"达者,德孚于人而行无不得之谓。子张务外,夫子盖已知其发问之意,故反诘之,将以发其病而药之也。……闻与达相似而不同,乃诚伪之所以分,学者不可不审也。故夫子既明辨之,下文又详言之。内主忠信,而所行合宜;审于接物,而卑以自牧,皆自修于内,不求人知之事。然德修于己而人信之,则所行自无窒碍矣。善其颜色以取于仁,而行实背之,又自以为是而无所忌惮,此不务实而专务求名者,故虚誉虽隆,而实德则病矣。程子曰:'学者须是务实,不要近名。有意近名,大本已失,更学何事?为名而学,则是伪也。今之学者,大抵为名,为名与为利,虽清浊不同,然其利心则一也。"尹氏曰:"子张之学,病在乎不务实。故孔子告之,皆笃实之事,充乎内而发乎外者也。当时门人,亲受圣人之教,而差失有如此者,况后世乎?'"

12.21 樊迟从游于舞雩之下,曰:"敢问崇德、修慝①、辨惑。"子曰:"善哉问!先事后得②,非崇德与?攻其恶,毋攻人之恶,非修慝与?一朝之忿③,忘其身,以及其亲,非惑与?"

【注解】 ①修慝(tè):改正邪恶的念头。慝,邪恶的念头。②先事后得:先致力于事,把利禄放在后面。③忿:愤怒,气愤。

【译文】 樊迟陪着孔子在舞雩台下散步,请教说:"请问怎样尊崇道德?怎样克制邪念?怎样辨别迷惑?"孔子说:"问得好!先努力致力于事,然后才考虑收获,不就是崇德吗?摈弃自己的邪念,不一味盯着别人的过错,不就是修慝吗?由于一时的气愤,就忘记自身安危,以至于牵连自己的亲人,这不就是要辨别的那种迷惑吗?"

【评论】 这章记孔子语樊迟以修身之道。《集注》:"善其切于为己。先事后得,犹言先难后获也。为所当为,而不计其功,则德日积而不自知矣。专于治己而不责人,则己之恶无所匿矣。知一朝之忿为甚微,而祸及其亲为甚大,则有以辨惑而惩其忿矣。樊迟粗鄙近利,故告之以此三者,皆所以救其失也。范氏曰:'先事后得,上义而下利也。人惟有欲利之心,故德不崇。惟不自省己过,而知人之过,故慝不修。感物而易动者莫如忿,忘其身以及其亲,惑之甚者也。惑之甚者,必起于细微,能辨之于早,则不至于大惑矣,故惩忿所以辨惑也。'"

12.22 樊迟问仁。子曰:"爱人。"问知①。子曰:"知人。"樊迟未达。子曰:"举直错诸枉②,能使枉者直。"樊迟退,见子夏,曰:"向也吾见于夫子而问知③,子曰:'举直错诸枉,能使枉者直。'何谓也?"子夏曰:"富哉是言乎!舜有天下,选于众,举皋陶④,不仁者远矣。汤有天下,选于众,举伊尹⑤,不仁者远矣。"

【注解】 ①皇本"问知"之"知"作"智"。②举直错诸枉:错,通"措",放置;诸,这是"之于"二字的合音;枉,不正直,邪恶。意为选拔正直的人,罢黜邪恶的人。③乡(xiàng):通"向",过去。④皋陶(gāo yáo):传说中舜时掌握刑法的大臣。⑤伊尹:汤的宰相,曾辅助汤灭夏兴商。

【译文】 樊迟问什么是仁。孔子说:"爱人。"樊迟问什么是智,孔子说:"知人。"樊迟还不明白。孔子说:"选拔正直的人,罢黜邪恶的人,这样就能使邪者归正。"樊迟告退,见到子夏说:"刚才我见到老师,问他什么是智,他说选拔正直的人,罢黜邪恶的人,这样就能使邪者归正。这是什么意思?"子夏说:"这话说得多么深刻呀!舜有天下,在众人中挑选人才,把皋陶选拔出来,不仁的人就被疏远了。汤有了天下,在众人中挑选人才,把伊尹选拔出来,不仁的人就被疏远了。"

【评论】 《雍也》篇载樊迟问仁,子曰:"仁者先难而后获,可谓仁矣。"此又问仁,而答以爱人。其义一也。刘宝楠《正义》:《大戴礼·王言篇》:"孔子曰:'仁者莫大于爱人,知者莫大于知贤。'"《荀子·君道篇》:"子贡对夫子问曰:'知者知人,仁者爱人。'"是爱人知人为仁知之大用。樊迟未达者,宋氏翔凤《发微》云:"《书》曰:'知人则哲,能官人。'自世卿专国,其君虽知人而不能官人,迟之未达,职此之由。"子夏之言,则举舜举皋陶、汤选伊尹以证夫子之言也。

12.23 子贡问友。子曰:"忠告而以善道之①,否则止,毋自辱焉。"

【注解】 ①道:通"导",引导。

【译文】 子贡问怎样对待朋友。孔子说:"忠诚地劝告他,恰当地引导他,如果不听也就罢了,不要自取其辱。"

【评论】 此章论交友之道。朋友之间应该坦诚相待,有话直说,看到朋友误入歧途应当劝导,但要适可而止。《集解》引包曰:"忠告,以是非告之也。以善道导之,不见从则止。必言之,或见辱。"《集注》:"友所以辅仁,故尽其心以告之,善其说以道之。然以义合者也,故不可则止。若以数而见疏,则自辱矣。"

12.24 曾子曰:"君子以文会友①,以友辅仁②。"

【注解】 ①会:结交。②辅:辅助。

【译文】 曾子说:"君子以文章学问来结交朋友,依靠朋友帮助自己培养仁德。"

【评论】 邢昺《疏》云:"此章亦论友,言君子之人以文德会合朋友,朋友有相切磋琢磨之道,所以辅成己之仁德也。"《礼记·学记》:"大学之教也,时教必有正业,退息必有居学。故君子之于学也,藏焉,修焉,息焉,游焉。夫然,故安其学而亲其师,乐其友而信其道,是以虽离师辅而不反也。"《说苑·说丛》:"贤师良友在其侧,《诗》《书》《礼》《乐》陈于前,弃而为不善者鲜矣。"

子路第十三

13.1　子路问政。子曰:"先之劳之①。"请益。曰:"无倦②。"

【注解】　①先之:就是下一章"先有司"之意。《大戴礼记·子张问入官》:"君子欲政之速行也者,莫若以身先之也;欲民之速服也者,莫若以道御之也。故不先以身,虽行必邻也;不以道御之,虽服必强矣。"②无倦:不疲倦,也就是"居之无倦"。

【译文】　子路请教如何为政。孔子说:"通过自己带头干,使下属和百姓努力干。"子路请求说得详细一些,孔子说:"不可懈怠疲倦。"

【评论】　此章言为政之道。孔子认为为政者自己带头、勤奋民事,是为政的基本原则。《大戴礼记·子张问入官》曰:"故躬行者,政之始也。"《朱子语类》:"欲民之亲其亲,我必先之以孝。欲民之事其长,我必先之以弟。又曰:'凡以劳苦之事役使人,己须一面与之做,方可率之。如劝课农桑等事,须是己不惮勤劳,亲履畎亩,与其句当,方得。'"

13.2　仲弓为季氏宰,问政。子曰:"先有司①,赦小过,举贤才。"曰:"焉知贤才而举之?"曰:"举尔所知,尔所不知,人其舍诸②?"

【注解】　①有司:官吏。②人其舍诸:他人会舍弃之吗。

【译文】　冉雍做了季氏的总管。问孔子如何理政。孔子:"身先于手下的官吏,不计较小的过错,提拔优秀人才。"冉雍说:"怎样才知道谁是贤才而提拔呢?"孔子说:"提拔你所知道的。那你不知道的,难道别人就会舍弃而不举荐吗?"

【评论】　此章言为政之要在举贤授能,为政者能率先举贤才,则会蔚为风气,贤才斯聚矣。《吕氏春秋·审分览》:"凡为善难,任善易。奚以知之? 人与骥俱走,则人不胜骥矣。居于车上而任骥,则骥不胜人矣。人主好治人官之事。则是与骥俱走也,必多所不及矣。""人才难得",千古同调。然而只要有好的选拔制度,何愁不出人才。宋翔凤《发微》云:"自世卿世大夫,而举贤之政不行。故仲弓独质其疑,以求其信。皋陶曰:'在知人',禹曰'惟帝其难之',此'焉知贤才'之虑也。如舜举皋陶,汤举伊尹,皆举尔所知也。不仁者远,则仁者咸进。《易》曰:'拔茅茹,以其汇征。'此'尔所不知,人其舍诸'之说也。"

13.3 子路曰:"卫君待子而为政,子将奚先①?"子曰:"必也正名乎②!"子路曰:"有是哉,子之迂也! 奚其正?"子曰:"野哉,由也! 君子于其所不知,盖阙如也。名不正,则言不顺。言不顺,则事不成。事不成,则礼乐不兴。礼乐不兴,则刑罚不中。刑罚不中,则民无所错手足③。故君子名之必可言也,言之必可行也。君子于其言,无所苟而已矣。"

【注解】 ①卫君:卫出公,名辄。其父蒯聩为南子所谮害,逃亡在外,灵公死后,辄被立为君。《史记·孔子世家》:"孔子自楚反乎卫。是岁也,孔子年六十三,而鲁哀公六年也。其明年……时卫君辄父不得立,在外,诸侯数以为让。而孔子弟子多仕于卫,卫君欲得孔子为政。子路曰:'卫君待子而为政,子将奚先?'孔子曰:'必也正名乎!'"据此,此章所记为鲁哀公六年事。②正名:辨别名分。《集解》引马曰:"正百事之名。"《左传·成公二年》载孔子曰:"唯器(礼器)与名(名义、名分)不可以假人。"孔子对齐景公之问说"君君,臣臣,父父,子子",就是正名的最好例证。③错:同"措",安置。

【译文】 子路说:"卫国国君等您去施政,您准备先做哪件事?"孔子说:"那一定是辨正各种名分了。"子路说:"真是这样么? 您太迂远了。为什么是订正名分?"孔子说:"真粗鲁呀,子路! 君子对于自己所不知道的,就应保持沉默。如果名分不正,说话就不顺当;说话不顺当,就搞不成事情;搞不成事情,礼乐就复兴不起来;礼乐不能复兴,刑罚就不会恰当;刑罚不恰当,老百姓就无所适从。所以,君子订正名分就一定能够说话,说的话就一定能够执行。君子对于自己所说的话,不能有一点马虎。"

【评论】 "必也正名乎!"在孔子看来,卫国正是因为不"正名",才产生了祸乱。卫国违背了"君君,臣臣,父父,子子"的上下尊卑之礼,所以弄到南子干政、父子争位的乱局。钱穆评此时之卫国政治曰:"出公居君位已有年,卫之群臣皆欲如此,形势已定。蒯聩先不知善谏其父,而遽欲杀南子,已负不孝之名。其反而据戚,又藉其父宿仇赵鞅之力,故更为卫之君臣所不满。今孔子乃欲正卫辄与蒯聩间父子之名,此诚是当时一大难题,故子路又有'奚其正'之问。此下孔子所答,只就人心大义原理原则言。孔子意,惟当把握人心大义原理原则所在来领导现实,不当迁就现实,违反人心大义原理原则而弃之于不顾。……卫辄固不知尊用孔子,待以为政,而子路亦未深明孔子当时之言,此后乃仕为孔悝之家邑宰。孔悝即是拥辄拒蒯聩者。蒯聩之入,子路死之。后之儒者不明孔子之意,即如《公羊》《谷梁》两传亦皆以卫拒蒯聩为是。"(《孔子传》)

13.4 樊迟请学稼①。子曰:"吾不如老农。"请学为圃②。子曰:"吾不如老圃。"樊迟出。子曰:"小人哉,樊须也!上好礼,则民莫敢不敬;上好义,则民莫敢不服;上好信,则民莫敢不用情。夫如是,则四方之民襁负其子而至矣③,焉用稼?"

【注解】 ①稼:种庄稼。②圃(pǔ):种植蔬菜花草的园地。③襁(qiǎng):包裹小孩用的布单或布带。

【译文】 樊迟问种庄稼的学问,孔子说:"这方面我不如老农。"樊迟问种菜的学问,孔子说:"这方面我不如老菜农。"樊迟走了出来。孔子说:"樊迟真是小人呀。为政者讲求礼,那老百姓就没有不尊敬的;为政者喜好道义,老百姓就没有不服从的;在上位者讲求诚信,老百姓就不敢不以诚相待。如果这样,四面八方的老百姓就会背负小孩来投奔,干嘛要去种庄稼?"

【评论】 程树德《集释》:"迟问稼圃,夫子即以上好礼等词为教,何其针锋之不相对,所答非所问。自古注以来,均不得其解。皇《疏》引而不发,元朱公迁《四书通旨》列樊迟请学稼于异端门,与许行同讥,纪昀《四库提要》深议其非,是元人已有此见解。窃疑《汉书·艺文志》所载农家之书,有《神农》二十篇,《野老》十七篇,《宰氏》十七篇,《尹都尉》十四篇,《赵氏》五篇,《王氏》六篇,均不知为何代人所作。班氏并叙其源流曰:'农家者流,出于农稷之官。及鄙者为之,以为无所事圣王,欲使君臣并耕,誖上下之序云云。'当孔子时,此等书籍必尚现存,学稼之请,即欲习其书也。孔子告以止须用礼治则民自服,不必采用农家之说。如此一问一答,方可衔接。朱公迁列之异端固非,若如朱《注》斥为粗鄙近利,尤欠论古知人之识,不特贬抑圣门,为毛西河所讥也。"

孔子斥樊迟为"小人",并非道德贬损,而是说他目光短浅。因"学而优则仕"是"士"之正途。其职责是"致君泽民","安邦定国",成为社会结构中的骨架和脊梁。孟子有"劳心者治人,劳力者治于人"的表述。因此樊迟问学稼学圃,孔子才不以为然。

13.5 子曰:"诵《诗》三百,授之以政,不达;使于四方,不能专对[1];虽多,亦奚以为[2]?"

【注解】 ①专对:使节在外交场合用外交辞令应对他国外交使节。周代诸侯国外交官"受命不受辞",外交酬酢和谈判场合以赋诗言志,故《诗》贵族必读之书。②亦奚以为:又有何用。

【译文】 孔子说:"熟读《诗经》三百首,给他从政的机会,却搞不好;走出国门办外交,又不能独立应对。读得再多又有什么用呢?"

【评论】 春秋中叶以后,《诗》已经脱离了礼乐体系,由礼乐文本转化为纯知识性文本,《左传·僖公二十七年》载晋国赵衰说:"《诗》《书》,义之府也。"这说明《诗》并非专供审美的文艺作品,它于为政有非常重要的实际用途。如此章所言,《诗》常被用来作为外交辞令。因此孔子有此一叹!推而广之,孔子对于读《诗》的论说,也对我们当代人有所启发,即不能死读书!如果只知死读书,即便遍观群书,但不能运用于实即社会生活之中,读得再多也是没用的。可见孔子强调经世致用,主张理论联系实际。

13.6 子曰:"其身正[1],不令而行;其身不正,虽令不从。"

【注解】 ①其：代词，指为政者。正：指言行端正。

【译文】 孔子说："自己行为正当，不发命令也办得通；自己行为不正当，发命令也没人听从。"

【评论】 此章言为政之道在于正己。其所言又见《颜渊》篇："政者，正也。子帅以正，孰敢不正？"《孟子·离娄上》发挥其义曰："君仁莫不仁，君义莫不义，君正莫不正。一正君而国定矣。"《礼记·大学》："尧舜帅天下以仁，而民从之；桀纣帅天下以暴，而民从之；其所令反其所好，而民不从。是故君子有诸己而后求诸人，无诸己而后非诸人。所藏乎身不恕，而能喻诸人者，未之有也。"都是这个道理。

13.7 子曰："鲁、卫之政，兄弟也①。"

【注解】 ①兄弟：这里是比喻，如同兄弟一般。皇本此句无"也"字。

【译文】 孔子说："鲁国的政治和卫国的政治，有如兄弟一般。"

【评论】 这章记述孔子在卫时对鲁国与卫国乱政的感叹。朱子《集注》云："鲁，周公之后；卫，康叔之后；本兄弟之国，而是时衰乱，政亦相似，故夫子叹之。"《史记·孔子世家》："孔子自楚反乎卫，是岁也，孔子年六十三，而鲁哀公六年也。其明年，吴与鲁会缯，征百牢。太宰嚭召季康子，康子使子贡往，然后得已。孔子曰：'鲁、卫之政，兄弟也。'"

13.8 子谓卫公子荆①善居室②。始有，曰："苟合矣③。"少有，曰："苟完矣。"富有，曰："苟美矣。"

【注解】 ①卫公子荆：卫国的公子，字南楚，卫献公之子。《左传·襄公二十九年》记载吴季札适卫，"说蘧瑗、史狗、史䲡、公子荆、公叔发、公子朝，曰：'卫多君子，未有患也。'"把他列为卫国的君子。②居室：居家度日。③苟合：勉强足够。

【译文】 孔子说："卫国公子荆会处理家务事。刚有一点财产，便说'勉强足够了'。稍许多一点，便说'差不多齐备了'。更增加时便说'算得上完美了'。"

【评论】 此章赞赏卫公子荆居室不求完美,人生的价值非徒华美居室、物质享受而已(李泽厚《论语今读》),应当知足,知足才能长乐。拥有好的心态比拥有更多的物质要快乐和幸福。不要因为一味地追求物质,而忽略了精神需求。《反身录》:"公子荆以世家豪胄,居室不求华美,其居心平淡可知,真翩翩浊世之佳公子也。世有甫入仕而宅舍一新,宦游归而土木未已,以视子荆,其贤不肖为何如耶?人于居室,足以蔽身足矣。乃轮奂其居,甲第连云,以鸣得意,噫!以此为得意,其人可知。"又曰:"人无百年不坏之身,世无数百年不坏之屋,转盼成空,究竟何有?昔之画阁楼台,今为荒丘砾墟者何限?当其金碧辉煌,未尝不左顾右盼,畅然自快,而今竟安在哉!千古如斯,良足慨矣。古今来往往作者不居,居者不作。近世一显宦,致仕家居,大兴土木,躬自督工,椎基砌壁,务极其坚,一椎工未力,即震呵不已。"

13.9 子适卫,冉有仆①。子曰:"庶矣哉!"冉有曰:"既庶矣,又何加焉?"曰:"富之。"曰:"既富矣,又何加焉?"曰:"教之②。"

【注解】 ①仆:为仆人,指驾驭车马。②教之:教化以礼义也。孔子主张"先富后教",孟子、荀子也都继续发挥了这一主张。所以孟子说"乐岁终身苦,凶年不免于死亡。此惟救死而恐不赡,奚暇治礼义哉?"

【译文】 孔子到卫国,冉有驾车。孔子说:"人口真多呀。"冉有问:"人口够多了,下步该怎么办?""使他们富裕。""已经富裕了,又怎么办?""以礼义教育他们。"

【评论】 此章记述孔子与冉有论为政之要,仍是主张"富之,教之",先"富"后"教"。《荀子·大略》说:"不富无以养民情,不教无以理民性。故家五亩宅,百亩田,务其业而勿夺其时,所以富之也。立太学,设庠序,修六礼,明十教,所以道之也。《诗》曰:'饮之食之,教之诲之。'王事具矣。"《说苑·建本篇》:"子贡问为政。孔子曰:'富之。既富,乃教之也。'"《盐铁论·授时章》引语曰:"既富矣,又何加焉?"曰:"教之以德,齐之以礼。"

13.10 子曰:"苟有用我者,期月而已可也①,三年有成。"

【注解】 ①期月：同"朞"(jī)。期月，一年。《史记·孔子世家》："灵公老，怠于政，不用孔子。孔喟然叹曰：'苟有用我者，朞月而已，三年有成。'"无"可也"二字。

【译文】 孔子说："如果有用我的人，一年便可以搞得差不多，三年就会很有成绩。"

【评论】 这章记述孔子离开卫国时之叹息。从夫子的话中，可以看出他的自信。皇侃《义疏》："苟，诚也。朞月，谓年一周也。可者，未足之辞也。言若诚能用我为治政者，一年即可小治也。一年天气一周变，故人情亦少改也。成，大成也。三年一闰，是天道一成，故为政治若得三年，风政亦成也。"

13.11 子曰："'善人为邦百年，亦可以胜残去杀矣。①'诚哉是言也！"

【注解】 ①善人：行善之人。胜残去杀：化解残暴去除刑杀。此句依文意是孔子引别人的话。

【译文】 孔子说："'由善人持续管理国事一百年，就可以消除各种暴行，去掉刑杀。'这话不错呀。"

【评论】 本章借评价他人之言表现孔子的仁政思想，去除暴力和刑杀，是"圣人"为政之要。《集解》引王曰："胜残，胜残暴之人使不为恶也。去杀，不用刑杀也。"又孔曰："古有此言，孔子信之。"皇侃《义疏》："善人，谓贤人也。为者，治也。为邦，谓为诸侯也。胜残，谓政教理胜而残暴之人不起也。去杀，谓无复刑杀也。言贤人为诸侯已百年，则残暴不起，所以刑辟无用。"《集注》："为邦百年，言相继而久也。胜残，化残暴之人，使不为恶也。去杀，谓民化于善，可以不用刑杀也。盖古有是言，而夫子称之。程子曰：'汉自高惠至于文景，黎民醇厚，几致刑措，庶乎其近之矣。'"

13.12 子曰："如有王者，必世而后仁①。"

【注解】 ①世：三十年称世。

【译文】 孔子说："如果有圣王兴起，也一定要三十年才能使世风人心都归于仁。"

【评论】 仁是"仁心"还是"仁政"？似应为前者，但均不可一蹴而就。特别是使人均有"仁心"，需要持续不断的教化努力，虽有"圣人"，也至少也需要三十年。皇侃《义疏》引颜延之云："革命之王，必渐化物以善道。染乱之民，未能从道为化，不得无威刑之用，则仁施未全。改物之道，必须易世，使正化德教，不行暴乱，则刑罚可措，仁功可成。"

13.13 子曰："苟正其身矣①，于从政乎何有？不能正其身，如正人何？"

【注解】 ①苟：如果。正：端正。

【译文】 孔子说："如果端正了自己，治理国家有什么困难呢？如果不能够端正自己，又怎么能够端正别人？"

【评论】 本章论为政。"已正身"则可"正人"，修身是为政之端，在孔子看来，修身是一切功业的基础。此意于不同场合，不同对象，反复申说，足见其重要。论者多以为是编辑《论语》时的瑕疵，不可取。朱熹尝曰："夫子教人，零零星星，说来说去，合来合去，合成一个大物事。"①可谓得乎其间也。

13.14 冉子退朝。子曰："何晏也①？"对曰："有政。"子曰："其事也②。如有政，虽不吾以，吾其与闻之③。"

【注解】 ①晏：晚。②事：一般的事情。③与闻之：知道。

【译文】 冉有从朝廷回来，孔子说："为什么这么晚？"回答说："有政务。"孔子说："那不过是季氏家的仅事罢了。如有公室的重大政务，虽然我不在朝廷任职了，也会听说的。"

【评论】 此章所述为孔子晚年居鲁时情形。孔子责冉有为季氏之私

---

① [宋]黎靖德编：《朱子语类》，王星贤点校，北京，中华书局，1986年版，第429页。

也。《集解》云:"周曰:'退朝,谓罢朝于鲁君。'马曰:'政者,有所改更匡正也。事者,凡所行常事也。如有政,非常之事,我为大夫,虽不见任用,必当与闻之。'"钱穆《孔子传》曰:"其时,鲁虽不用孔子,犹以大夫待之。故孔子亦自谓以吾从大夫之后也。冉子仕于季氏,每退朝,仍亦以弟子礼来孔子家,故孔子问以今日退朝何晏。又谓若有国家公事,我必与闻之也。"

13.15 定公问:"一言而可以兴邦,有诸①?"孔子对曰:"言不可以若是,其几也②。人之言曰:'为君难,为臣不易。'如知为君难也,不几乎一言而兴邦乎?"曰:"一言而可以丧邦,有诸?"孔子对曰:"言不可以若是,其几也。人之言曰:'予无乐乎为君,唯其言而乐莫予违③。'如其善而莫之违也,不亦善乎? 如不善而莫之违也,不几乎一言而丧邦乎?"

【注解】 ①有诸:有之乎。诸,之乎合音。②其几也:接近于这种情况。其,代词。《论语辨惑》:"几,近也。即下文'不几乎'之几耳。'其几也'三字自为一句。一言得失,何遽至于兴丧?然有近之者,其意甚明。"③莫予违:即莫违予,没有人违抗我。

【译文】 定公问:"一句话便可以使国家兴盛,有这样的事么?"孔子回答说:"话不可以这样说,不过接近于一言可以兴邦的话还是有的。人们说:'做好国君很难,做臣下也不容易。'如果知道做国君的艰难,这不就是一言可以振兴国家了么?"定公又问:"一句话可以使国家灭亡的,有这种情况么?"孔子回答说:"不可以这样说话呀,不过接近的情况还是有的。人们说:'我做国君并没有其他的快乐,只是没人敢违抗我的讲话罢了。'如果国君讲的好,没人敢违抗,当然很好。可如果他讲得不好,也没人敢违抗,那不就是一句话可以使国家灭亡么?"

【评论】 此章言为政者须兼听众言,从谏如流。专制政治一人做主,国君金口玉言,没有人敢于违抗。于是一言"丧邦"者,大有人在。"一句顶一万句",便害死许多人。鲁定公原想走捷径,希望一句话就能解决问题。孔子却说,要知道做君王做臣下都不容易,这回答也只是一句话,很巧妙。《韩非子·难篇》:"晋平公与群臣饮酒。

饮酎,喟然叹曰:'莫乐乎为君,惟其言而莫之违。'师旷侍于前,援琴撞之,曰:'哑!是非君人者之言也。'"《四书考异》:"此夫子举晋平公成言以为定公戒也。上文兴邦之言,亦即《大禹谟》'后克艰厥后,臣克艰厥臣'二语之变,足以相明。《集注》谓盖古有是言是也。"

13.16 叶公问政①。子曰:"近者说,远者来②。"

【注解】 ①叶公:姓沈,名诸梁,字子高,楚国大夫。《墨子·耕柱》:"叶公子高问政于仲尼曰:'善为政者若之何?'仲尼对曰:'善为政者,远者近之,旧者新之。'"《韩非子·难三》《家语·辨政篇》亦载其事。《公羊传·成公十五年》注引《论语》,"问政"下有"于孔子"三字。②说:同"悦",高兴。来:投奔。

【译文】 叶公问政治。孔子说:"境内的人使他高兴,境外的人使他来投奔。"

【评论】 此章记孔子与叶公子高论为政之道,盖就叶公所在叶邑之情势而言也。皇侃《义疏》:"言为政之道,若能使近民懽悦,则远人来至也。"又引江熙云:"边国之人,豪气不除,物情不附,故以悦近谕之。"

13.17 子夏为莒父宰①,问政。子曰:"无欲速,毋见小利。欲速,则不达;见小利,则大事不成。"

【注解】 ①莒(jǔ)父:鲁国之邑,其所在,《山东通志》认为在今山东高密东南。

【译文】 子夏做了莒父地方的官长,问如何搞政治。孔子说:"不要图快,不要只盯着小的利益。图快,反而达不到目的;贪图小利,便会误了大事情。"

【评论】 《大戴礼记·四代》:"好见小利,妨于政。"此章记孔子告诫子夏"欲速则不达""无见小利",盖针对子夏之不足而言也。《集注》:"莒父,鲁邑名。欲事之速成,则急遽无序,而反不达。见小者之为利,则所就者小,而所失者大矣。程子曰:'子张问政。子曰:"居之无倦,行之以忠。"子夏问政。子曰:"无欲速,无见小利。"'子张常过高而未仁,子夏之病常在近小,故各以切己之事告之。'"其实,不只为政如此,这也是生活经验和智慧。急进者应该时刻反省,不图快,不贪小,方能谋大。

13.18　叶公语孔子曰:"吾党有直躬者,其父攘羊①,而子证之②。"孔子曰:"吾党之直者异于是。父为子隐③,子为父隐,直在其中矣。"

【注解】　①攘羊:盗窃羊。②证:检举,揭发。③隐:隐瞒。《韩诗外传》八、《新序·节士篇》俱引孔子语,以"子为父隐"置"父为子隐"句前。

【译文】　叶公问孔子说:"我们那里有正直的人,他父亲偷羊,儿子出来揭发。"孔子说:"我们这里正直的人与此不同,父亲替儿子隐瞒,儿子替父亲隐瞒,正直也就在其中了。"

【评论】　孔子以"孝"是"仁"之本,故父攘羊而子为父隐。今其子告发其父,是不孝于父也。其行虽合乎法,然有悖人伦,为孔子所不取。《韩非子·五蠹》:"楚之有直躬,其父窃羊,而谒之吏。令尹曰:'杀之。'以为直于君而屈于父,执而罪之。"《吕氏春秋·当务篇》:"楚有直躬者,其父窃羊,而谒之上。上执而将诛,直躬者请代。将诛,告吏曰:'父窃羊而谒之,不亦信乎?父诛而代之,不亦孝乎?'荆王乃不诛。孔子曰:'异哉直躬之为信也。一父而载取名焉。'故直躬之信,不若无信。"

13.19　樊迟问仁。子曰:"居处恭①,执事敬,与人忠。虽之夷狄②,不可弃也。"

【注解】　①恭:谦恭,谨慎。②之:动词,到。

【译文】　樊迟问如何做到"仁"。孔子说:"生活起居庄重谨慎,处理事务严肃认真,与人交往忠诚信实,即使到野蛮地区也不丢掉、改变。"

【评论】　皇侃《义疏》引江熙云:"恭敬忠,君子任性而行己,所以为仁也。本不为外物,故以夷狄不可弃而不行也。若不行于无常,则伪斯见矣。伪见,则去仁邈也。"本章强调,仁是一种道德态度。在生活当中要做到谦恭,做事要做到虔敬,与人相处要做到诚信。这些为人处事的原则无论在什么地方都应当遵守。不论你去哪儿,即使是未经开化的夷狄之国,诚信为人的原则都是应当保持的,不能弃之不顾。

13.20　子贡问曰:"何如斯可谓之士矣?"子曰:"行己有耻,使于四方,不辱君命,可谓士矣。"曰:"敢问其次①。"曰:"宗族称孝焉,乡党称悌焉②。"曰:"敢问其次。"曰:"言必信,行必果,硁硁然小人哉③!抑亦可以为次矣。"曰:"今之从政者何如?"子曰:"噫!斗筲之人④,何足算也⑤?"

【注解】　①其次:比士次一等的。②弟:悌也。③硁(kēng)硁:浅陋固执的样子。④斗筲(shāo)之人:比喻度量和见识狭小的人。斗、筲都是古代的量器。⑤算:定州简本作"何足数也"。

【译文】　子贡问道:"怎样才可以称得上士?"孔子说:"言行皆有羞耻心,出使他国,不辱没本国使命,就可称之为士了。"子贡说:"请问比士次一等的。"孔子说:"宗族中人都称赞他孝顺父母,乡里都称赞他友爱同辈。"子贡说:"请问再次一等的。"孔子说:"说话守信用,做事必须有结果。像嘣嘣响的石子不知变通的一般老百姓啊,这也可以算作次一等的。"子贡说:"今天的当政者怎么样?"孔子说:"咳!这班度量狭小、见识短浅的人,算得上什么?"

【评论】　赵佑《温故录》:"此以乡举里选之法言。《周礼》,自比闾族党六乡六遂皆立学,乡师乡大夫各受教法于司徒,以教其所治,考其德行道艺;党正各掌其党,以属民正齿位;族师掌书其孝友睦婣有学者,以次而升于大学。士之造就必由此为正。案春秋之时,卿大夫皆世官,选举之法已废。此文所言,犹是旧法,故子贡复问今之从政,明前所举皆是昔时有然也。称孝称弟,即孟子所谓'一乡之善士'。此虽德行之美,然孝弟为人所宜尽,不必待学而能,故夫质性之善者亦能行之,而非为士职分之所尽也,故以为次。《荀子·子道篇》以入孝出弟为人之小行,志以礼安,言以类从,为儒道之极。与此章义相发。志以礼安,则知所耻;言以类从,则能出使不辱君命矣。言必信,行必果,谓不度于义而但守小忠小信之节也。"

13.21　子曰:"不得中行而与之①,必也狂狷乎②。狂者进取,狷者有所不为也。"

【注解】　①中行:得中庸之道的人。与之:相交。②狂狷:狂者和狷者。狂,狂士,积极进取的人。狷,有一定操守,有所不为的洁者。

【译文】　孔子说:"得不到与合乎中庸的人在一起,那么就一定与狂士和洁士交往吧。狂士积极进取,洁者有所不为。"

【评论】　本章记述孔子的交友之道。友分三等:中行、狂、狷,如不能得其上,则得其中亦可交也。"中行"者可行"中庸"之道,狂者与狷者则一能进取,次能守节,在当时能够做到的都不是泛泛之辈。《孟子·尽心下》:"孟子曰:'孔子不得中道而与之,必也狂狷乎!狂者进取,狷者有所不为也。孔子岂不欲中道哉?不可必得,故思其次也。''敢问何如斯可谓狂矣?'曰:'如琴张、曾皙、牧皮者,孔子之所谓狂矣。''何以谓之狂也?'曰:'其志嘐嘐然,曰:古之人!古之人!夷考其行而不掩焉者也。狂者又不可得,欲得不屑不洁之士而与之,是狷也,是又其次也。'"

13.22　子曰:"南人有言曰①:'人而无恒,不可以作巫医②。'善夫!""不恒其德或承之羞③。"子曰:"不占而已矣。"

【注解】　①南人:应指楚人。②巫医:以禳祷之术替人治病的人。③不恒其德:不能坚持其操守。

【译文】　孔子说:"南方人有句话说:'人没有恒心,不能担任巫医。'这句话说得很好。"《周易·恒卦》说:"不能坚持操守便会招来羞辱。"孔子说:"这是说没有恒心的人就不必去占卦了。"

【评论】　此章强调修德要有恒心。《礼记·缁衣篇》:"子曰:'南人有言曰:人而无恒,不可以为卜筮。古之遗言与?龟筮犹不能知也,而况于人乎?'"只是借南人之言巫医而说出。皇侃《义疏》引卫瓘云:"言无恒之人,不可以为巫医,巫医则疑误人也,而况其余乎?""不恒其德,或恒其羞",是《周易·恒卦》爻辞,意谓人无操守,便会失败而招来羞辱。

13.23　子曰:"君子和而不同,小人同而不和①。"

【注解】　①和:和谐。同:雷同。

【译文】　孔子说:"君子和谐却不同一,小人同一却不和谐。"

【评论】　"和""同"表面相似,实则不同,是分辨君子与小人的标准。这个话题也是春秋时人讨论比较多的。如《国语·郑语》载史伯曰:"今王去和而取同。夫和实生物,同则不继。以他平他谓之和,故能丰长而物生之。若以同裨同,尽乃弃矣。故先王以土与金木水火杂以成百物,是以和五味以调口,刚四支以卫体,和六律以聪耳,正七体以役心,平八索以成人,建九纪以立纯德,合十数以训百体。出千品,具万方,计亿事,材兆物,收经入,行姟极。故王者居九畡之田,收经入以食兆民,周训而能用之,和乐如一。夫如是,和之至也。于是乎先王聘后于异姓,求财于有方,择臣取谏工而讲以多物,务和同也。声一无听,物一无文,味一无果,物一不讲,王将弃是类也而与剸同,天夺之明,欲无弊,得乎?"此指事物之"和"与"同"。

　　再如《左传·昭公二十年》载:齐侯论子犹云:"惟据与我和夫?"晏子对曰:"据亦同也,焉得为和?"公曰:"和与同异乎?"对曰:"异。和如羹焉,水火醯醢盐梅以烹鱼肉,燀之以薪,宰夫和之,齐之以味,济其不及,以泄其过。君子食之,以平其心。君臣亦然。君所谓可,而有否焉,臣献其否,以成其可。君所谓否,而有可焉,臣献其可,以去其否。是以政成而不干,民无争心。先王之济五味和五声也,以平其心,成其政也。声亦如味,一气,二体,三类,四物,五声,六律,七音,八风,九歌,以相成也。清浊大小,短长疾徐,哀乐刚柔,迟速高下,出入周疏,以相济也。君子听之,以平其心,心平德和。今据不然。君所谓可,据亦曰可;君所谓否,据亦曰否。若以水济水,谁能食之?若琴瑟之专壹,谁能听之?同之不可也如是。"这是论人际关系之"和"与"同",孔子论和与同,是对时人观点的概括。

13.24 子贡问曰:"乡人皆好之①,何如?"子曰:"未可也。""乡人皆恶之②,何如?"子曰:"未可也。不如乡人之善者好之,其不善者恶之。"

【注解】 ①皆好之:都喜欢他。如果一乡之人皆好之,便近乎好好先生,就是"乡愿。"因之孔子便说:"众恶之,必察焉;众好之,必察焉。"(15.28)又说,"唯仁者能好人,能恶人。"(4.3)这可以为"善者好之,不善者恶之"的解释。②皆恶之:都厌恶他。

【译文】 子贡问道:"一乡之人都喜欢他,这人怎么样?"孔子说:"不行。"子贡又问:"一乡之人都厌恶他,这人怎么样?"孔子说:"不行。不如乡里的好人喜欢他,坏人都厌恶他。"

【评论】 这章言如何识人,意即"众好之,必察焉;众恶之,必察焉"。孔子并不喜欢"好好先生"和"乡愿",但"好好先生"总是生活中的优胜者、幸运儿、富贵人,或高官厚禄,或平稳一生;古今皆然,随处都是,亦可叹也。"老好人"也许会左右逢源,名利双收,不过在孔子看来,人还是应该有自己的是非观念和坚定立场的,在赢得善人尊敬的同时,即便为不善之人所厌恶,也没有关系。

13.25 子曰:"君子易事而难说也①。说之不以道,不说也;及其使人也,器之②。小人难事而易说也③。说之虽不以道,说也;及其使人也,求备焉④。"

【注解】 ①易事:容易相处。《说苑·杂言篇》说:"曾子曰,'夫子见人之一善,而忘其百非,是夫子之易事也'。"说:同"悦"。②器之:量才分任。《集解》引孔曰:"不责备于一人,故易事也。器之,度材而任官也。"③难事:很难相处。易说:容易讨好。④求备:求全责备。

【译文】 孔子说:"在君子手下容易做事,讨他的喜欢却很困难。不用正当方式讨他喜欢,他是不会喜欢的。等他分配任务给人的时候,却按照各人专长。在小人手下做事困难,但讨喜欢却容易,不用正当方式去讨他喜欢,他也会喜欢。但等他分配任务时,却不顾实际求全责备。"

【评论】 《先听斋讲录》:"君子厚重简默,苟于义分不宜说,有相对终日不出一言者,似乎深沉不可测;而使人平易,绝无苛求。小人喋喋然,议论蠢发,非义所当说亦说之;而一经使人,便苛求不已。"孔子认为,君子"易事而难说",小人则相反,原因就在于君子讲原则,公事公办,而小人做事则常常凭自己的好恶,容易博得他的喜欢却很难与他共事。君子用人"器之",小人用人"求备焉"。"器之"是"因才而用",故孔子"见人之一善而忘之百非"。辅广《论语答问》:"君子贵重人才,随材器而使之,而天下无不可用之人。小人轻视人才,故求全责备,而卒至无可用之人。"君子对自己可以求全责备,对别人则应该以欣赏的眼光待之,发现其优点,因才而用,这就是做好领导工作的要诀。

13.26 子曰:"君子泰而不骄①,小人骄而不泰。"

【注解】 ①泰:庄严。骄:骄傲。

【译文】 孔子说:"君子庄严而不骄傲,小人骄傲而不庄严。"

【评论】 本章言君子小人容色之异。皇侃《义疏》曰:"君子坦荡荡,心貌怡平,是泰而不为骄慢也。小人性好轻凌,而心恒戚戚,是骄而不泰也。"《论语补疏》:"泰者,通也。君子所知所能,放而达之于世,故云纵泰。似骄,然实非骄也。小人所知所能,匿而不露。似乎不骄,不知其拘忌正其骄矜也。君子不自矜而通之于世,小人自以为是而不据通之于人,此骄泰之分也。"

13.27 子曰:"刚、毅、木、讷①,近仁。"

【注解】 ①讷:沉默少言。

【译文】 孔子说:"刚强、坚韧、朴实、寡言,接近于仁了。"

【评论】 本章论仁,不直接下定义,而是从四种与"仁"相近的品行阐释了"仁"的精髓。"仁"的本质虽然抽象,但仁人志士,则应该是刚强、坚韧、朴实、少言的。《集解》引王曰:"刚无欲,毅果敢,木质朴,讷迟钝。有斯四者近于仁。"

13.28 子路问曰:"何如也斯可谓之士矣?"子曰:"切切偲

偲^①,怡怡如也^②,可谓士矣。朋友切切偲偲,兄弟怡怡如也。"

【注解】 ①切切偲(si)偲:互相批评的样子。②怡怡:和顺的样子。《毛诗·小雅·常棣》传:"兄弟熙熙然,朋友切切节节然。"《正义》曰:"《论语》'朋友切切偲偲,兄弟怡怡',此熙熙当彼怡怡,节节当彼偲偲也。定本'熙熙'作'怡怡','节节'作'偲偲'。依《论语》,则俗本误。"

【译文】 子路问道:"怎么样便可以称得上是士了?"孔子说:"相互督促帮助,和睦愉快相处,可以叫士了。朋友之间互相督促,兄弟之间和睦相处。"

【评论】 这章记夫子与子路言何者可称"士",与前答子贡问"士"不同,此重在士能与人以义相交也。《大戴礼记·曾子立事篇》:"宫中雍雍,外焉肃肃。兄弟憙憙,朋友切切。远者以貌,近者以情。友以立其所能,而远其所不能。苟无失其所守,亦可与终身矣。"可以发明此章之义。

13.29 子曰:"善人教民七年,亦可以即戎矣^①。"

【注解】 ①即戎:打仗。

【译文】 孔子说:"好人教导老百姓七年,也就可以带领百姓去应付战争了。"

【评论】 吴嘉宾《论语说》:"七年,谓其久也。凡以数为约者,皆取诸奇,若一、若三、若五、若七、若九。九者,数之究也。古人三载考绩,三考而后黜陟,皆中间一年而考,五年则再考,七年则三考,故三年为初,七年为终。"《集注》:"教民者,教之以孝弟忠信之行,务农讲武之法。即,就也。戎,兵也。民知亲其上死其长,故可以即戎。"《国语·越语上》载越王句践:"十年不收于国,民俱有三年之食。国之父兄请曰:'昔者夫差耻吾君于诸侯之国,今越国亦节矣,请报之。'句践辞曰:'昔者之战也,非二三子之罪也,寡人之罪也。如寡人者,安与知耻?请姑无庸战。'父兄又请曰:'越四封之内,亲吾君也,犹父兄父母也。子而思报父母之仇,臣而思报君之雠,其有敢不尽力者乎?请复战。'"即孔子所言之情形。

13.30　子曰:"以不教民战,是谓弃之①。"

【注解】　①不教民:不教之民,未曾进行军事训练的百姓。

【译文】　孔子说:"不对人民进行军事训练,叫做抛弃他们。"

【评论】　此章言为政者当重视对老百姓进行平素的军事训练。《谷梁传·僖公二十三年》:"以其不教民战,则是弃其师也。"《集注》:"以,用也。言用不教之民以战,必有败亡之祸,是弃其民也。"

宪问第十四

14.1 宪问耻①。子曰:"邦有道,谷②;邦无道,谷,耻也。""克、伐、怨、欲不行焉,可以为仁矣③?"子曰:"可以为难矣,仁则吾不知也。"

【注解】 ①宪:姓原,名宪,孔子弟子。皇《疏》:"宪者,弟子原宪也。问者,问于孔子仕进之法也。所以次前者,颜、路既允文允武,则学优者宜仕,故《宪问》次于《子路》也。"②谷:俸禄。《集解》引孔曰:"谷,禄也。邦有道,当食其禄也。君无道,而在其朝食其禄,是耻辱也。"③伐:自夸。

【译文】 原宪请教何为耻辱。孔子说:"国家政治清明,就出仕致禄;政治不清明,出仕致禄,即是耻辱。"又请教说:"好胜、自夸、怨恨、贪欲都克服了,可以算是'仁'吧?"孔子说:"可以说是难能可贵了。若说是'仁',那我不知道。"

【评论】 这章为原宪所记夫子讲论处世之道,原宪宁肯过着贫困的生活,也不愿仕于无道,此章似是编辑者有意表彰原宪。赵顺孙《四书纂疏》:"宪问耻,不书姓而直书名,其为自记之证一也。他章夫子称弟子则名之,曾子、有子、冉子门人之所记则以子称,非其师者皆称字,如原思为之宰,亦以字称。而此书名,其为自记之证二也。下章问克伐怨欲不行,不别起端而联书之,其为自记之证三也。"又《泰伯》曰:"天下有道则见,无道则隐。邦有道,贫且贱焉,耻也;邦无道,富且贵焉,耻也。"《集注》曰:"宪,原思名。谷,禄也。邦有道不能有为,邦无道不能独善,而但知食禄,皆可耻也。宪之狷介,其于邦无道谷之可耻固知之矣,至于邦有道谷之可耻则未必知也,故夫子因其问而并言之,以广其志,使知所以自勉而进于有为也。"一个人可以克制"好胜""自夸""怨恨""贪欲",已经很难能可贵了,但还说不上是真正的"仁"。可见"仁"在孔子心目中乃是最高的道德境界。阮元《论仁篇》：“此但能无损于人，不能有益于人，未能立人达人，所以孔子不许为仁。”所言甚是。

14.2　子曰：“士而怀居①，不足以为士矣。”

【注解】　①怀居：指留恋家居的安逸生活。怀，思念，留恋。居，家居。《左传·僖公三十三年》：“怀与安，实败名。”

【译文】　孔子说：“士留恋安逸的生活，那也就不配是士了。”

【评论】　《左传·僖公三十三年》记载晋文公流亡至齐，有妻妾，有家财，便忘记初衷。其妻姜氏谏曰：“行也！怀与安，实败名。”姜氏所言与本章义同。晋文公贪恋荣华富贵，忘记复国大业，即是本章所述情形。《反身录》：“士若在身心上打点，世道上留心，自不屑区区躭怀于居处。一有系恋，则心为所累，害道匪浅。居天下之广居，则随遇而安，必不萦念于居处，以至饮食衣服之类。凡常人意所便安处，举无以动其中，斯胸无一点尘，不愧为士。”

14.3　子曰：“邦有道，危言危行①；邦无道，危行言逊②。”

【注解】　①危：正直。②逊：谦逊谨慎。一本“逊”字作“孙”。

【译文】　孔子说：“国中政治清明，言语正直，行为正直。国中政治黑暗，行为正直，言语谨慎。”

【评论】　邢昺《注疏》：“此章教人言行之法也。”乱世之中如何立身处世？宜外圆内方，用意与道家相同。《论语稽》：“邦无道，则当留有用之身匡济时变，故举动虽不可苟，而要不宜高谈以招祸也。汉之党锢、宋之元祐党、明之东林党，皆邦无道而言不孙者也。以此章言之，岂圣人之所许哉！故韩魏公谓石介为怪鬼，而周顺昌者流亦识者所不取也。”

14.4　子曰：“有德者必有言①，有言者不必有德。仁者必有勇，勇者不必有仁。”

【注解】　①有言：有言论。《集解》：“德不可以亿中，故必有言。”

【译文】　孔子说：“有道德的人必然有言论；有言论的人，则不一定有道德。仁爱的人一定勇敢，而勇敢的人不一定仁爱。”

【评论】 此章言有德者有仁者之行也。皇侃《义疏》引殷仲堪云："修理蹈道,德之义也。由德有言,言则末矣,末可矫而本无假,故有德者必有言,有言者不必有德也。诚爱无私,仁之理也。见危授命,若身手之相救焉,存道忘生,斯为仁矣。若夫强以肆武,勇以胜物,陵超在于要利,轻死元非以为仁,故云仁者必有勇,勇者不必有仁。"《集注》："有德者和顺积中,英华发外,能言者或便佞口给而已。仁者心无私累,见义必为,勇者或血气之强而已。"

14.5 南宫适问于孔子曰①："羿善射②,奡荡舟③,俱不得其死然。禹、稷躬稼而有天下④。"夫子不答。南宫适出,子曰:"君子哉若人！尚德哉若人！"

【注解】 ①南宫适:适,同"括",即南容。姓南宫,名适,字子容。一本径作"括"。②羿(yì):传说中夏代有穷国的国君,善射,曾夺夏太康王位,后被其臣寒浞所杀。《左传·襄公四年》载其事甚详。③奡(ào):又作浇,传说中寒浞的儿子,后来为夏少康所杀。荡舟:用手推船。传说中奡力大,善于水战。④禹稷:大禹和后稷。禹,夏朝的开国之君,善于治水,注重发展农业。稷,传说是周朝的祖先,又为谷神,教民种植庄稼。

【译文】 南宫适问孔子说:"羿擅长射箭,奡力大可翻船,都没得好死,夏禹和后裔亲身耕种,却得了天下。"孔子没有回答。南宫适出去后,孔子说:"此人真是君子呀！这个人真是尊重德行呀。"

【评论】 弈、奡均是传说中氏族部落首领和英雄,此处暗指当世那些权臣。逞力量者,经常是自食其果,南宫适此说自然是大合孔子心意。《集注》："南宫适,即南容也。羿,有穷之君,善射,灭夏后相而篡其位,其臣寒浞又杀羿而代之。奡,春秋传作浇,浞之子也,力能陆地行舟,后为夏后少康所诛。禹平水土,暨稷播种,身亲稼穑之事。禹受舜禅而有天下,稷之后至周武王亦有天下。适之意盖以羿奡比当世之有权力者,而以禹稷比孔子也,故孔子不答。然适之言如此,可谓君子之人而有尚德之心矣,不可以不与,故俟其出而赞美之。"

14.6 子曰："君子而不仁者有矣夫①,未有小人而仁者也②。"

【注解】 ①君子而不仁者：君子偶尔有不合仁德之处。②小人而仁者：小人有仁德。

【译文】 孔子说："君子有时也会偶尔出现没仁德的时候，但没有小人而有仁德的。"

【评论】 此章言君子小人之别也。君子志于仁，而偶或有不仁之事；而小人，则绝无仁德也。皇侃《义疏》引袁氏云："此君子无定名也。利仁慕为仁者不能尽体仁，时有不仁一迹也。夫，语助也。小人性不及仁道，故不能及仁事者也。"

14.7 子曰："爱之，能勿劳乎①？忠焉，能勿诲乎？"

【注解】 ①能勿劳乎：能不劝勉吗？《吕氏春秋·孟夏纪》："为天子劳农劝民。"高注："劳，勉也。"劳，勉励。

【译文】 孔子说："爱他们，能够不加以勉励吗？忠于他们，能够不进行教导吗？"

【评论】 邢昺《注疏》："此章论忠爱之心也。言人有所爱，必欲劳来之；有所忠，必欲教诲之也。"《白虎通义·谏诤篇》："臣所以有谏君之义何？尽忠纳诚也。论语曰：'爱之云云。'"夫子对学生的爱与忠，即表现在勉励和教导敦促学生进步。

14.8 子曰："为命①，裨谌草创之②，世叔讨论之③，行人子羽修饰之④，东里子产润色之⑤。"

【注解】 ①命：指国家的政令。②裨谌（pí chén）：皇侃本作"卑谌"，据《左传》当作裨谌。郑国的大夫。③世叔：即子太叔，名游吉，郑国的大夫。子产死后，继子产为郑国宰相。④行人：官名，掌管朝觐聘问，即外交事务。子羽：郑国大夫公孙挥的字。⑤东里：地名。子产：郑国大夫，姓公孙，名侨，字子产。春秋时杰出的政治家、思想家、文学家。

【译文】 孔子说："起草政令，裨谌打草稿，世叔加以研讨，专职官子羽增删修改，东里子产作文字润饰。"

【评论】 此章赞子产能用人之长也。分工合作,人尽其才。各取所长,协作配合,才会将任务完成得很好,达到事半功倍的效果。《左传·襄公三十一年》:"郑国将有诸侯之事,子产乃问四国之为于子羽,且使多为辞令,与裨谌乘以适野,使谋可否,而告冯简子,使断之。事成,乃授子太叔使行之,以应对宾客,是以鲜有败事。"

14.9 或问子产。子曰:"惠人也。"问子西。曰:"彼哉!彼哉!"①问管仲。曰:"人也。夺伯氏骈邑三百②,饭蔬食,没齿无怨言③。"

【注解】 ①彼哉:他呀。表示轻视,犹言算得了什么。②伯氏:名偃,齐国大夫。骈邑:齐国的地名,在今山东省临朐县。③没(mò)齿:老死。

【译文】 有人问子产是什么样的人,孔子说:"施恩惠的人。"问子西,孔子说:"他呀,他呀。"问管仲,孔子说:"是有仁德者!他剥夺了伯氏三百户的土地。伯氏吃粗粮,但一直到死,也没有怨恨的话。"

【评论】 有人问子产是什么样的人,孔子说:"施恩惠的人。"可见孔子对子产的评价很高,子产是早于孔子的春秋时郑国人,他治国很重视"仁"和"礼"在政治实践中的作用,因此孔子对其思想很是肯定。而对子西,孔子则不以为然。《论语意原》:"此必郑子西也。子产、子西同听郑国之政,子西杀子孔而尽分其室,尉止之祸,不徼而出,臣妾多逃,器用多丧,其视子产之政固有间矣。彼哉彼哉,若曰未可与子产同论也。"其说甚是。

至于管仲,孔子认为其有仁德。《集解》引孔曰:"……伯氏食邑三百家,管仲夺之,使至疏食,而没齿无怨言,以其当理也。"

14.10 子曰:"贫而无怨难,富而无骄易①。"

【注解】 ①易:容易。

【译文】 孔子说:"做到贫穷而心无怨恨很难;富裕而不骄傲比较容易。"

【评论】 邢昺《注疏》:"此章言人之贫乏,多所怨恨,而无怨为难。"朱子《集注》曰:"处贫难,处富易,人之常情。然人当勉其难,而不可忽其易也。"

14.11　子曰:"孟公绰为赵、魏老则优①,不可以为滕、薛大夫也②。"

【注解】　①孟公绰:鲁国大夫,《左传·襄公二十五年》:"二十五年春,齐崔杼师师伐我北鄙,以报孝伯之师也。公患之,使告于晋。孟公绰曰:'崔子将有大志,不在病我,必速归,何患焉?其来也不寇,使民不严,异于他日。'齐师徒归。"《史记·仲尼弟子列传》说他是孔子所尊敬的人。老:周代大夫的家臣称老,也称室老。优:绰绰有余。②滕、薛:春秋时的小国,都在鲁国附近。滕故城在今山东滕县西南十五里,薛故城在今滕县南四十四里。

【译文】　孔子说:"孟公绰,若是叫他做晋国诸卿赵氏、魏氏的家臣,其能力是绰绰有余的,然而他却没有才能来做滕、薛这样小国的大夫。"

【评论】　这章记孔子对孟公绰的评价。邢昺《义疏》:"此章评鲁大夫孟公绰之才性也。赵、魏皆晋卿所食采邑名也。家臣称老。公绰性寡欲,赵、魏贪贤,家老无职,若公绰为之,则优游有余裕也。滕、薛乃小国,而大夫职烦,则不可为也。"《集注》:"公绰,鲁大夫。赵魏,晋卿之家。老,家臣之长。大家势重而无诸侯之事,家老望尊而无官守之责,优,有余也。滕薛,二国名,大夫,任国政者。滕薛国小政烦,大夫位高责重,然则公绰盖廉静寡欲而短于才者也。杨氏曰:'知之弗豫,枉其才而用之,则为弃人矣。此君子所以患不知人也。言此则孔子之用人可知矣。'"评价一个人应当根据实际情况,而不应该执单一标准。又《论语稽》曰:"孔子言此,盖以人各有能有不能,国家用人,宜量其所长而用之也。如公绰之贤,尚有能有不能,其他可知。此孔子为用人者言,言不可用人而违其才,非于公绰有贬辞也。"此当为用人者所知也。

14.12　子路问成人①。子曰:"若臧武仲之知②,公绰之不欲,卞庄子之勇③,冉求之艺,文之以礼乐,亦可以为成人矣。"曰:"今之成人者何必然?见利思义,见危授命,久要不忘平生之言④,亦可以为成人矣。"

【注解】 ①成人:人格完备的完人。②臧武仲:鲁国大夫臧孙纥。其事见《左传·襄公二十三年》。③卞庄子:鲁国卞邑大夫,以勇武著称,其事见《荀子·大略》《韩诗外传》。④久要:长久处于穷困中。要,约也。

【译文】 子路问怎样才是一个完美的人。孔子道:"如臧武仲的智慧,孟公绰的清心寡欲,卞庄子的勇敢,冉求的多才多艺,再用礼乐来成就他的文采,也可以算是完人了。"等了一会,又说道:"现在的全人哪里一定要这样?看见利益能想起该得不该得,遇到危险肯挺身而出,长久地处于穷困的境地还不忘记平日的诺言,也可以称得上是完人了。"

【评论】 此章记孔子与子路谈完人的标准,孔子举臧武仲、孟公绰、卞庄子、冉有为例晓喻之。意谓但凡能以礼修身者,无论其得乎智、俭、勇、艺之一端,均可称之为完人。如处于乱世,则能够见利思义、舍生取义、安贫乐道者,皆可称为完人。《集注》:"成人,犹言全人。武仲,鲁大夫,名纥。庄子,鲁卞邑大夫。言兼此四子之长,则知足以穷理,廉足以养心,勇足以力行,艺足以泛应,而又节之以礼,和之以乐,使德成于内,而文见乎外,则材全德备,浑然不见一善成名之迹,中正和乐,粹然无复偏倚驳杂之蔽,而其为人也亦成矣。然亦之为言,非其至者。盖就子路之所可及而语之也。若论其至,则非圣人之尽人道不足以语此。"

14.13 子问公叔文子于公明贾曰①:"信乎,夫子不言、不笑、不取乎?"公明贾对曰②:"以告者过也。夫子时然后言③,人不厌其言也。乐然后笑,人不厌其笑也。义然后取,人不厌其取也。"子曰:"其然?岂其然乎?"

【注解】 ①公叔文子:卫国大夫公孙拔,卫献公之子,谥号"文"。②公明贾:姓公明,字贾,卫国人。③夫子:公叔文子。

【译文】 孔子向公明贾问到公叔文子说:"他老人家不言语,不笑,不取,是真的吗?"公明贾答道:"这是传话的人说错了。他老人家到应说话的时候才说话,别人不厌恶他的话;高兴了才笑,别人不厌恶他的笑;应该获取才获取,别人不厌恶他的获取。"孔子道:"是这样的吗?难道真是这样的吗?"

【评论】 《礼记·檀弓》:"公叔文子卒,其子戍请谥于君。君曰:'昔者卫国凶饥,夫子为粥与国之饿者,是不亦惠乎?昔卫国有难,夫子以死卫寡人,不亦贞乎?夫子听卫国之政,修班制以与四邻交,不亦文乎?故谥夫子贞惠文子。'"《集注》:"公叔文子,卫大夫公孙枝也。公明姓,贾名,亦卫人。文子为人,其详不可知,然必廉谨之士,故当时以三者称之。厌者,苦其多而恶之之辞。事适其可,则人不厌而不觉其有是矣,是以称之。或过而以为不言不笑不取也。然此言也,非礼义充溢于中,得时措之宜者不能。文子虽贤,疑未及此。但君子与人为善,不欲正言其非也,故曰'其然,岂其然乎',盖疑之也。"

14.14 子曰:"臧武仲以防求为后于鲁,虽曰不要君①,吾不信也。"

【注解】 ①要(yāo):要挟。

【译文】 孔子说:"臧武仲凭借着他的采邑防城请求鲁君立臧孙氏子弟为鲁国卿大夫,纵然有人说他不是要挟,我是不相信的。"

【评论】 《左传·襄公二十三年》:"臧孙如防,使来告曰:'纥非能害也,知不足也。非敢私请,苟守先祀,无废二勋,敢不辟邑。'乃立臧为。臧纥致防而奔齐。"臧武仲因受孟孙氏和叔孙氏的逼迫而离开鲁国投奔齐国,但他在出奔前上书,坚持让鲁君立其子弟臧为鲁大夫。孔子对这件事很不以为然。

14.15 子曰:"晋文公谲而不正①,齐桓公正而不谲②。"

【注解】 ①晋文公:姓姬名重耳,春秋时期有作为的政治家,春秋五霸之一。公元前636—前628年在位。谲(jué):欺诈,玩弄手段。②齐桓公:姓姜,名小白,公元前685—前643年在位,春秋时政治家,五霸之一。

【译文】 孔子说:"晋文公诡诈好耍手段,作风不正派;齐桓公作风正派,不用诡诈,不耍手段。"

【评论】 虽然都是赫赫有名的霸主,而孔子却多次赞美齐桓公不提晋文公,是因为晋文公为人诡诈。可以看出,儒家在重视对世俗功业追求的同时,更重视人自身道德的完善。《集解》引郑曰:"谲,诈也。谓召天子而使诸侯朝之。仲尼曰:'以臣召君,不可以训。'故书曰:'天王狩于河阳。'是谲而不正也。"又引马曰:"伐楚以公义,责包茅之贡不入,问昭王南征不还,是正而不谲也。"

14.16 子路曰:"桓公杀公子纠①,召忽死之②,管仲不死。"曰:"未仁乎?"子曰:"桓公九合诸侯③,不以兵车④,管仲之力也。如其仁!如其仁!⑤"

【注解】 ①公子纠:齐桓公的哥哥。齐桓公与他争位,杀掉了他。②召忽:管仲和召忽都是公子纠的家臣。公子纠被杀后,召忽自杀,管仲归服于齐桓公,并当上了齐国的宰相。③九合诸侯:指齐桓公多次召集诸侯盟会。④不以兵车:即不用武力。⑤如其仁:这就是他的仁德。

【译文】 子路说:"齐桓公杀了他哥哥公子纠,召忽因此自杀,而管仲却未殉主之难。"接着又说:"管仲该不是有仁德的罢?"孔子说:"齐桓公多次主持诸侯盟会,不是靠军队征服别人,这都是管仲的力量。这就是管仲的仁德!这就是管仲的仁德!"

【评论】 邢昺《注疏》:"此章论齐大夫管仲之行也。"公子纠是齐桓公的哥哥,召忽和管仲都是公子纠的臣子,二人的选择与出处成了后世道德评价中的难题。管仲不死君难,应当是不忠;而且有"三归"等等,也可以说"不知礼",颇不合儒家标准。孟子就批评管仲,而孔子却盛赞管仲,又该如何解释呢?也许孔子是从为民造福的客观现实出发来肯定管仲的,从后来的历史发展来看,的确如果没有管仲出谋划策,良言相劝,也许不会有齐桓公的功业。

孔子主张"事君以忠"。公子纠被杀,召忽自杀以殉其主,而管仲却没有死,不仅如此,他还归服了旧主的政敌,担任了宰相,这样的行为应当属于对其主的不忠。但孔子却认为管仲帮助齐桓公召集诸侯会盟,而不依靠武力,是依靠仁德的力量,值得称赞。

14.17　子贡曰:"管仲非仁者与?桓公杀公子纠,不能死,又相之。"子曰:"管仲相桓公,霸诸侯,一匡天下,民到于今受其赐。微管仲①,吾其被发左衽矣②。岂若匹夫匹妇之为谅也③,自经于沟渎而莫之知也④。"

【注解】　①微:无,没有。②被发左衽:披头散发穿着左襟衣服,此夷狄之俗。被,同"披"。衽,衣襟。③谅:遵守信用,此指殉主而死。④自经:上吊自杀。渎:小沟渠。

【译文】　子贡对孔子说:"管仲不是仁人罢?桓公杀掉了公子纠,他不但不以身殉难,还去辅相他。"孔子道:"管仲辅相桓公,称霸诸侯,使天下一切得到匡正,人民到今天还受到他的好处。假若没有管仲,我们都会披散着头发,穿着衣襟向左边开的衣服了。难道要他像普通老百姓一样守着小节,在沟渠中自杀,还没有人知道的吗?"

【评论】　此章和上章一样,也是对管仲的评价。看来当时儒门弟子多以管仲不死主难为非,故孔子一一晓喻之。"被发左衽"的核心是华夏文化的沦亡,管仲多次扶危济困,捍卫周室。孔子肯定管仲有仁德,根本原因就在于管仲"尊王攘夷",反对使用暴力,阻止了齐鲁等华夏之国被"夷化"的可能。孔子认为,像管仲这样有仁德的人,不必像匹夫匹妇那样,斤斤计较他的节操与信用。《集注》:"不以兵车,言不假威力也。如其仁,言谁如其仁者。又再言以深许之。盖管仲虽未得为仁人,而其利泽及人,则有仁之功矣。"

14.18　公叔文子之臣大夫僎①,与文子同升诸公②。子闻之,曰:"可以为'文'矣!"

【注解】　①僎(xún):公叔文子的家臣。②升诸公:由家臣升为大夫。公,公室。

【译文】　公叔文子举荐他的家臣大夫僎,和文子一起做了朝廷的大臣。孔子听说这事,说:"文子谥为'文'名副其实啊。"

【评论】 《四书困勉录》引吴因之曰:"人臣之病有二:一忌后来之贤,此后功名出我之上,一自尊卑人,不肯与若辈同列。此皆暧昧私情。文子休休有大臣风度,光明俊伟,故曰可以为文。"公叔文子有雅量有胸怀,推荐自己的家臣使其晋升至公室与自己同等地位,这是很难得的,故孔子赞美公叔文子。嫉贤妒能,古今同病,文子则不然,不愧为"文"。生活中如果能少一些嫉妒,多一些宽容,当是好事!

14.19 子曰:"卫灵公之无道久也。"康子曰①:"夫如是,奚而不丧?"孔子曰:"仲叔圉治宾客②,祝鮀治宗庙③,王孙贾治军旅④。夫如是,奚其丧?"

【注解】 ①康子:鲁国大夫季康子。②仲叔圉(yǔ):即孔文子。《论语·公冶长》:"子贡问曰:'孔文子何以谓之文也?'子曰:'敏而好学,不耻下问,是以谓之文也。'"③祝鮀:卫国掌管祭祀的官员,有贤能。④王孙贾:卫国大夫,有军事才干。

【译文】 孔子讲到卫灵公的昏乱,康子道:"既然这样,为什么不败亡?"孔子道:"他有仲叔圉接待宾客,祝鮀管理祭祀,王孙贾统率军队,像这样,怎么会败亡?"

【评论】 此章评卫灵公,言其虽无道,然可任贤,仍不足亡也。《家语·贤君篇》载:哀公问于孔子曰:"当今之君,孰为最贤?"孔子对曰:"臣未之见也。抑有卫灵公乎?"公曰:"吾闻其闺门之内无别,而子次之贤,何也?"孔子曰:"臣语其朝廷行事,不论其私家之际也。"公曰:"其事何如?"孔子对曰:"灵公之弟曰公子渠牟,其智足以治千乘,其信足以守之,公爱而任之。又有士曰林国者,见贤必进之,而退与分其禄,是以卫无游敖之士,公贤而尊之。又有士曰庆足者,卫国有大事,则必起而治之,国无事则退而容贤,公悦而敬之。又有大夫史鳅,以道去卫,而灵公郊舍三日,琴瑟不御,必待史鳅之入而后敢入。臣以此取之。虽次于贤,不亦可乎?"可以看出,有贤臣,国君虽然昏庸也暂时不会败亡的,可见人才的重要性(李泽厚《论语今读》)。但如果有一天这些人才被逐被杀的时候,国君就危险了。但如果能有制度保障,问题就没有这么严重了,看来制度更重要。孔子并不求全责备，总取人之所长，其实执政者更应该如此。

14.20 子曰："其言之不怍①，则其为之难也②。"

【注解】 ①怍（zuò）：惭愧。邢昺《注疏》引马融："怍，惭也。内有其实，则言之不惭。积其实者，为之难。"②此句一本作"则其为之也难"。

【译文】 孔子说："如果说话大言不惭，那么实践是很困难的了。"

【评论】 此章言人应知行合一，不应夸夸其谈，大言不惭。《四书困勉录》曰："凡人志于为者，必顾己之造诣力量时势事机，决不敢妄发言。如言之不怍，非轻言苟且，即大言欺世。为难即在不怍时见。"

14.21 陈成子杀简公①。孔子沐浴而朝，告于哀公曰："陈恒杀其君，请讨之。"公曰："告夫二三子②。"孔子曰："以吾从大夫之后③，不敢不告也。君曰'告夫二三子'者。"之二三子④，告，不可。孔子曰："以吾从大夫之告，不敢不告也。"

【注解】 ①陈成子：即陈恒，齐国大夫，又叫田成子。为收买民心，以大斗借出，小斗收进，受到百姓拥护而坐大。至前481年，杀死齐简公，夺取政权。简公：齐国国君，姓姜名壬，前484—前481年在位。②二三子：指季孙、孟孙、叔孙三家。③从大夫之后：孔子曾任大夫职，但此时已经去官家居，故言从大夫之后。④之：动词，往。

【译文】 陈恒篡权并杀了齐简公。孔子斋戒沐浴而后朝见鲁哀公，报告说："陈恒杀了他的君主，请你出兵讨伐他。"哀公道："你向季孙、仲孙、孟孙三人去报告罢！"孔子说："因为我曾经为大夫，不敢不来报告，但是君上却对我说，'给那三人报告吧'！"孔子又报告了三桓，但他们不肯出兵。孔子辩解说："因为我曾经做过大夫，不敢不报告。"

【评论】 这章记述孔子对篡逆者的愤慨，仍是维护周礼的义举。《集注》曰："成子，齐大夫，名恒。简公，齐君，名壬。事在《春秋·哀公十四年》。是时孔子致仕居鲁,沐浴斋戒以告君,重其事而不敢忽也。臣弑其君,人伦之大变,天理所不容,人人得而诛之,况邻国乎?故夫子虽已告老,而犹请哀公讨之。三子,三家也。时政在三家,哀公不得自专,故使孔子告之。孔子出而自言如此,意谓弑君之贼,法所必讨,大夫谋国,义所当告,君乃不能自命三子而使我告之邪。以君命往告,而三子鲁之强臣,素有无君之心,实与陈氏声势相倚,故沮其谋,而夫子复以此应之,其所以警之者深矣。"有人说夫子"迂",因为曾任大夫职,所以不能不过问国事。即使没有实际效力,也仍去说,这也是一种"知其不可为而为之"的精神!哀公之所以要孔子"告夫三子",是因为实权在他们手里。

14.22　子路问事君。子曰:"勿欺也,而犯之①。"

【注解】　①犯:冒犯。此指直言相告。

【译文】　子路问怎样服侍人君。孔子道:"不要欺骗他,但可以当面触犯他。"

【评论】　本章讲如何侍君。作为臣子,不能欺君,报喜不报忧,阿谀逢迎,阳奉阴违。然而如果为了正当的事,则可以直言相告,哪怕是有所冒犯也是可以被原谅的。《集解》引孔曰:"事君之道,义不可欺,当能犯颜谏争。"《朱子语类》:"问:'子路岂欺君者,莫是勇便如此否?'曰:'子路性勇,凡言于人君要其听,或至于说得太过,则近乎欺。'"

14.23　子曰:"君子上达①,小人下达②。"

【注解】　①上达:达于仁义。②下达:追求财货。皇侃《义疏》以为上达下达是追求义与追求利。

【译文】　孔子说:"君子通达于仁义,小人通达于财利。"

【评论】　所谓"上下",大多认为是义、利,则此章之义与"君子喻于义,小人喻于利"同。而"达"字也可理解为"成功",如此,则意谓"君子在大处成功,小人于小处成功"。

14.24　子曰:"古之学者为己①,今之学者为人②。"

【注解】 ①为己：出于内心的需要，不是徒事夸耀。②为人：为他人，指为炫耀。

【译文】 孔子说："古代学者的目的在修养自己的学问道德，现代学者的目的却在以学问装饰自己，给别人看。"

【评论】 此章记述孔子论古今学者的一大区别，孔子强调出自求知和自我完善为出发点和旨归的学术动机，也是对当时部分爱以学问卖弄的伪学者的否定。《荀子·劝学》："君子之学也，入乎耳，箸乎心，布乎四体，形乎动静，端而言，蝡而动，一可以为法则。小人之学，入乎耳，出乎口，口耳之间，则四寸耳，曷足以美七尺之躯哉？"又云："古之学者为己，今之学者为人。君子之学也以美其身，小人之学也以为禽犊。"杨倞注："禽犊，馈献之物也。"

14.25 蘧伯玉使人于孔子①，孔子与之坐而问焉，曰："夫子何为？"对曰："夫子欲寡其过而未能也②。"使者出，子曰："使乎！使乎！"

【注解】 ①蘧伯玉：卫国大夫，名瑗，季札称许为君子。孔子在卫之时曾居其家。②寡其过：欲改其过。

【译文】 蘧伯玉派使者访问孔子，孔子与他坐着交谈，问道："他老人家干些什么？"使者答曰："他老人家想改正自己的过错却还没能做到。"使者告辞后，孔子说："好一位使者！好一位使者！"

【评论】 《集解》引孔曰："伯玉，卫大夫蘧瑗。"何曰："言夫子欲寡其过而未能无过也。"陈曰："再言使乎者，善之也。言使得其人。"皇侃《义疏》："孔子美使者之为美，故再言使乎者，言伯玉所使为得其人也。颜子尚未能无过，况伯玉乎？而使者曰未能，是得伯玉之心而不见欺也。"

14.26 子曰："不在其位①，不谋其政。"曾子曰："君子思不出其位。"

【注解】 ①位：职位，官位。此章旧本为两章，因文意一贯，今合为一章。

【译文】 孔子说:"不在哪个位置上,便不去谋划他的政治事务。"曾子说:"君子所思虑的不超出自己的工作岗位。"

【评论】 此章孔子所言,强调士应忠于自己的职守,而曾参所言则似过于保守。"思不出位"本自《易经》,但主要是强调"位"与"时"对人事业的影响。孔子发挥《易》说,"不谋其政"表面是说不干预不属于自己职位范围内的事务,但逆向思考,也有在其位,就应当做好自己本职工作的意思。

14.27 子曰:"君子耻其言之过其行也①。"

【注解】 ①而:用法同"之"。此句旧本作"君子耻其言而过其行也"。《潜夫论·交际》篇:"孔子疾夫言之过其行者。"亦作"之"字。

【译文】 孔子说:"君子以说得多做到的少为耻。"

【评论】 本章述夫子笃行之意。皇侃《义疏》:"君子之人,顾言慎行,若空出言而不能行遍,是言过其行也,君子耻之。小人则否。"

14.28 子曰:"君子道者三,我无能焉:仁者不忧,知者不惑,勇者不惧。"子贡曰:"夫子自道也①。"

【注解】 ①自道:指说的正是自己。《集注》:"自责以勉人也。道,言也。自道,犹云谦辞。"

【译文】 孔子说:"君子所行的三件事,我一件也没能做到:仁德之人不忧虑,智慧之人不迷惑,勇敢之人不惧怕。"子贡说:"这正是他老人家对自己的写照啊。"

【评论】 本章所述智、仁、勇是所谓"三达德",既是道德条目,又是心理状态,尤其是一种民族文化心理。孔子律己甚严,能律己之人,必有操守,也一定会在做任何事的时候守道执义。皇侃《义疏》引江熙云:"圣人体是极于冲虚,是以忘其神武,遗其灵智,遂与众人齐其能否,故曰我无能焉。子贡识其天真,故曰夫子自道也。"

14.29 子贡方人①。子曰:"赐也贤乎哉?夫我则不暇②。"

【注解】 ①方:评价他人。《集解》引孔曰:"比方人也。不暇比方人也。"郑本作"谤人",亦通。②不暇：没有空闲。

【译文】 子贡讥评别人。孔子对他道："你就够好了吗？我却没有这闲工夫。"

【评论】 子贡很喜欢讥评人物，表现出自己爱憎分明的特点。孔子对此予以委婉的批评。《集注》："方，比也。乎哉，疑辞。比方人物而较其长短，虽亦穷理之事，然专务为此，则心驰于外，而所以自治者疏矣。故褒之而疑其辞，复自贬以深抑。"

14.30 子曰："不患人之不己知①，患其不能也②。"

【注解】 ①患：着急，担忧。皇本作"患己无能也"。天文本《论语》校勘记：古本、足利本、唐本、津藩本、正平本作"患己无能也"。②不能：没有能力。

【译文】 孔子说："不着急别人不知道我，只担心自己没有能力。"

【评论】 此章记孔子勉励弟子潜心向学，功到自然成。《集注》曰："凡章指同而文不异者，一言而重出也；文小异者，屡言而各出也。此章凡四见，而文皆有异，则圣人于此一事盖屡言之，其丁宁之意亦可见也。"

14.31 子曰："不逆诈①，不亿不信，抑亦先觉者②，是贤乎！"

【注解】 ①逆：怀疑，假设。②抑：抑或，或者却。

【译文】 孔子说："不先入为主地设想别人欺诈，也不毫无根据地猜测别人不诚实，然而却能及早发觉，这是贤者才能如此罢！"

【评论】 此章所述即毋意毋必之意。仁者以仁心待人，这应该是仁者应有的智慧！《大戴礼记·曾子立事》篇："君子不先人以恶，不疑人以不信。"《荀子·非相篇》："圣人何以不欺？曰：'圣人者，以己度者也。故以人度人，以情度情，以类度类，以说度功，古今一度也。类不悖，虽久同理。故乡乎邪曲而不迷，观于杂物而不惑，以此度之。'"

14.32 微生亩谓孔子曰①："丘何为是栖栖者与②？无乃为佞

乎?"孔子曰:"非敢为佞也,疾固也。③"

【注解】 ①微生亩:孔子同时人,盖为有道之隐者。"微生"是姓,"亩"是名。《读四书大全》:"微生亩亦老庄之徒。"②是:如此。栖栖:劳碌的样子。③疾固:讨厌顽固之人。此句皇本"曰"上有"对"字。

【译文】 微生亩对孔子道:"你为什么如此忙碌呢?不是为了要卖弄你的口才吧?"孔子回答说:"我那里敢卖弄口才,只是讨厌那种顽固不通的人。"

【评论】 此章述时人如微生亩者对夫子的误解和嘲讽。孔子看出了当时社会的危机,担心礼乐崩坏,心中十分焦虑,内心有强烈的使命感,因而不辞辛劳,周游列国,宣讲仁义之道,希望唤醒沉醉在世俗利禄中的大众。当时有很多人不理解,认为他不过是逗弄口才,借此博取名声,获得权位。面对如此误解,孔子也无能为力。《集注》:"微生姓,亩名也。亩名呼夫子而辞甚倨,盖有齿德而隐者。栖栖,依依也。为佞,言其务为口给以说人也。疾,恶也。固,执一而不通也。圣人之于达尊礼恭而言直如此,其警之亦深矣。"

14.33 子曰:"骥不称其力,称其德也①。"

【注解】 ①德:德行。

【译文】 孔子说:"千里马叫做骥并不是因为气力大,而是赞美他的品质。"

【评论】 此章言君子以德行为先。皇侃《义疏》引江熙云:"称,伯乐曰:'骥有力而不称。'君子虽有兼能,而惟称其德也。"

14.34 或曰:"以德报怨①,何如?"子曰:"何以报德?以直报怨②,以德报德。"

【注解】 ①德:恩惠。②直:正直。

【译文】 有人请教孔子说:"以恩惠回报怨恨,怎么样?"孔子道:"拿什么来报答恩惠呢? 拿公平正直来对待怨恨,以恩惠来报答恩惠。"

【评论】 孔子主张"以直报怨,以德报德",除非万不得已,不必"以德报怨"。在儒家看来,社会性公德(正义公平)与宗教性私德(济世救人)是合而为一的。

14.35 子曰:"莫我知也夫!"子贡曰:"何为其莫知子也?"子曰:"不怨天,不尤人,下学而上达。知我者其天乎①!"

【注解】 ①下学而上达:从小处入手学习而达到很高的境界。皇侃《义疏》云:"下学,学人事;上达,达天命。我既学人事,人事有否有泰,故不尤人。上达天命,天命有穷有通,故我不怨天也。"

【译文】 孔子叹道:"没有人理解我呀!"子贡道:"为什么没有人理解您呢?"孔子道:"不怨恨上天,不责备世人,学习具体的知识,却领悟很高的道理。知道我的,恐怕只有上天吧!"

【评论】 此章记孔子感叹不被世人理解的无奈。怀才不遇而抑郁感叹,乃人之常情,即使是孔子,也不例外。孔子首先是普通人,其次才是超凡入圣、修养"到家"的"大成至圣"。他虽然常说"不患人之不己知,患不能也",但面对现实,有时也有难免感到力不从心。这也是真实的孔子。

14.36 公伯寮愬子路于季孙①。子服景伯以告②,曰:"夫子固有惑志,于公伯寮也,吾力犹能肆诸市朝③。"子曰:"道之将行也与,命也;道之将废也与,命也。公伯寮其如命何!"

【注解】 ①公伯寮:孔子弟子,《史记·仲尼弟子列传》作公伯缭,字子周。《史记索隐》引谯周云:"疑公伯缭是谗愬之人,孔子不责而云其如命何,非弟子之流,太史公误。"愬:同"诉"。②子服景伯:鲁国大夫,名何。③市朝:集市。

【译文】 公伯寮向季孙氏进谗言毁谤子路。子服景伯将此事告诉了孔子,并且说:"季孙他老人家已经被公伯寮所迷惑了,可以我之力还可以把他的尸首陈在街头示众。"孔子感叹说:"我的主张如能实现,听之于命运;我的主张不能实现,也听之于命运。公伯寮不能奈何命运!"

【评论】 此章述孔子在鲁从政时事,当权者信谗听佞,故夫子知道不行也。《集注》:"谢氏曰:'虽寮之愬行亦命也,其实寮无如之何。'愚谓言此以晓景伯、安子路、而警伯寮耳。圣人于利害之际,则不待决于命而后泰然也。"崔述《洙泗考信录》曰:"孔子为鲁司寇,子路为季氏宰,实相表里,观堕都之事可见。子路见疑,即孔子不用之由,故孔子以道之行废言之,似不仅为子路发也。"

14.37 子曰:"贤者避世①,其次避地,其次避色,其次避言。"子曰:"作者七人矣②。"

【注解】 ①避:一本作"辟",躲避。皇本"辟"字皆作"避"。今从皇本。《后汉书·逸民传》注引作"贤者辟代"。②作者七人:皇疏引王弼曰:"七人,伯夷、叔齐、虞仲、夷逸、朱张、柳下惠、少连也"。或以为"七"为"十"之误。

【译文】 孔子说:"贤者逃避乱世而隐居,次一等的择地而居,再次一等的躲避小人的嘴脸,再次一等的躲避恶言。"孔子又说:"像这样的人已经有七位了。"

【评论】 《集注》曰:"天下无道而隐,若伯夷、太公是也。去乱国,适治邦,礼貌衰而去,有违言而后去也。程子曰:'四者虽以大小次第言之,然非有优劣也,所遇不同耳。'"当时"礼崩乐坏",乱世中有不同的选择。退隐不是享福,而是保全志节,接受考验。以上所言的顺序放在行动上,就是:首先避开悖逆之言,其次避开小人嘴脸,然后离开这个地区,最后干脆遁世隐居。退隐有寄托,而不纯然为"苟全性命于乱世"。邢《疏》引郑注:伯夷、叔齐、虞仲,辟世者,荷蒉、长沮、桀溺,辟地者,柳下惠、少连,辟色者,荷蓧、楚狂接舆,辟言者。"七"当为"十"之误也。皇疏同。

14.38 子路宿于石门①。石门晨门曰:"奚自②?"子路曰:"自孔氏。"曰:"是知其不可而为之者与?"

【注解】 ①石门:鲁国都城外的门。②奚:疑问代词,哪里。皇本"晨门"上复有"石门"二字。

【译文】 子路夜里住在石门,清早进城时司门者问:"你从哪儿来?"

子路说:"从孔家来。"司门者说:"就是那位知道没结果却仍要去做的人吗?"

【评论】 此章借司门者之口赞叹孔子行道施仁的决心,有种悲怆感!"知其不可为而为之",展示了一种精神力量与理想的号召。"知其不可而为之",体现了大无畏的气概与人性的尊严。《集解》:"晨门者,阍人也。包曰:言孔子知世不可为而强为之。"《集注》:"石门,地名。晨门,掌晨启门,盖贤人隐于抱关者也。自,从也,问其何所从来也。胡氏曰:'晨门知世之不可而不为,故以是讥孔子,然不知圣人之视天下无不可为之时也。'"

14.39 子击磬于卫①,有荷蒉而过孔子之门者②,曰:"有心哉,击磬乎!"既而曰:"鄙哉,硁硁乎,莫己知也,斯己而已矣。深则厉,浅则揭。③"子曰:"果哉!末之难矣。"

【注解】 ①击磬:演奏磬。②荷蒉:扛着草筐。《汉书·古今人表》作"何蒉"。《说文解字》引《论语》作"有荷臾而过孔氏之门"。③深厉浅揭:水深则渡水浅则涉。诗句见《诗经·邶风·匏有苦叶》,此以水深比喻社会黑暗,只得听之任之;水浅比喻政治尚可,无妨撩起衣裳涉河。

【译文】 孔子在卫国时有一天正在演奏磬,恰好一个扛草筐的人经过门前,这人说:"这磬声很是有深意的呀!"等一会又说道:"磬声清脆有力,可鄙呀,只是无人理解我呀!真没有人理解自己就这样吧。河水深须渡过去;水浅则撩起衣裳跋涉过去。"孔子道:"好坚决啊!没有办法说服他了。"

【评论】 此章借荷蒉者之口表现孔子知其不可为而为之的用世精神。《集解》引包曰:"以衣涉水为厉。揭,揭衣也。言随世以行己,若遇水必以济,知其不可,则当不为。"皇侃《义疏》:"孔子闻荷蒉讥己而发此言也。果者,敢也。末,无也。言彼未解我意而便讥我,此则为果敢之甚也,故曰果哉。但我道之深远,彼是中人,岂能知我?若就彼中人求无讥者,则为难矣。玄风之攸在,圣贤相与必有以也。夫相与于无相与,乃相与之至;相为于无相为,乃相为之远,苟各修本,奚其泥也?同自然之异也。虽然,未有如荷蒉之谈讥甚也。按文索义,全近则泥矣,其将远则通理。尝试论之,武王从天应民,而夷叔叩马谓之杀君。夫子疾固勤诲,而荷蒉之听以为硜硜。言其未达耶? 则彼皆贤也,达之先于众矣。殆以圣人作而万物都睹,非圣人则无以应万方之求,救天下之弊。然救弊之迹,弊之所缘,勤诲之累,则焚书坑儒之祸起;革命之弊,则王莽、赵高之衅成,不挢击其迹,则无振希声之极致。又引江熙云:'隐者之谈夫子,各致此出处不乎。'"《群经平议》:荷蒉者之意,以为人既莫已知,则但当为己,不必更为人,故曰"莫己知也,斯已而已矣"。

14.40 子张曰:"《书》云'高宗谅阴①,三年不言。'何谓也?"子曰:"何必高宗,古之人皆然。君薨,百官总己,以听于冢宰,三年。"

【注解】 ①谅阴:居丧时居,又称"凶庐"。《后汉书·张禹传》注引郑注云:"谅阇,谓凶庐也。"《集解》引孔曰:"高宗,殷之中兴王武丁也。谅,信也。阴犹默也。"

【译文】 子张道:"《尚书》云'殷高宗守孝,住在凶庐,三年不言语。'这是何意?"孔子说:"不仅殷高宗如此,古人都是这样。国君驾崩,继位的君王三年不问政治,各部门的官员听命于宰相。"

【评论】 此章记孔子与子张讨论《尚书》所载殷高宗三年之丧的事。三年之丧,本是史家一大公案,是否存在,争议很多。但它应该源自原始礼仪,历代沿袭,从氏族首领到一般成员都必须遵守相似的礼制。在中国,直到清末仍有"丁忧三年"不做官的规定(李泽厚《论语今注》)。

14.41 子曰:"上好礼,则民易使也①。"

【注解】 ①使:指挥。

【译文】 孔子说:"在上位者若尊礼,就容易使百姓听从指挥。"

【评论】 此章言为政者尊礼之重要性。在上者依礼行事,则百姓感其仁心,使之即如"风行草偃"也。从另一个角度看,因为"礼"在远古是习惯法,历代相沿,故上下尊之而"民易使"也。

14.42 子路问君子。子曰:"修己以敬。"曰:"如斯而已乎?"曰:"修己以安人①。"曰:"如斯而已乎?"曰:"修己以安百姓。修己以安百姓②,尧、舜其犹病诸!"

【注解】 ①人:指亲人。《集解》引孔曰:"修己以敬,敬其身也。人,谓朋友九族。"《朱子语类》:"问:修己如何能安人? 曰:以一家言之,一人不修己,一家之人安不安?"②修己以安百姓:即"博施于民"。

【译文】 子路问怎样才能算是君子。孔子说:"提高自己的修养以达到敬慎其身。"子路道:"这样就够了吗?"孔子道:"提高自己的修养使家族安好和睦。"子路道:"这样就够了吗?"孔子道:"提升自我修养使百姓安乐。提升自我修养使百姓安乐,尧舜大概还没有完全做到哩!"

【评论】 此章言君子追求修、齐、治、平。《集注》:"修己以敬,夫子之言至矣尽矣,而子路少之,故再以其充积之盛自然及物者告之,无他道也。人者对己而言,百姓则尽乎人矣。尧舜犹病,言不可以有加于此,以抑子路,使反求诸近也。盖圣人之心无穷,世虽极治,然岂能必知四海之内果无一物不得其所哉? 故尧舜犹以安百姓为病。若曰吾治已足,则非所以为圣人矣。"刘氏《正义》:"君子,谓在位者也。修己者,修身也。以敬者,礼无不敬。安人者,齐家也。安百姓,则治国平天下也。"尧舜圣王也有做不到的事。使百姓安乐,谈何容易? 内圣外王,谈何容易? 当然,说到根本处,自我修养仍然是最重要的。自己的知识不完备怎能去辅佐君王? 又怎能安民乐邦?

14.43 原壤夷俟①。子曰:"幼而不逊悌②,长而无述焉,老而不死,是为贼也。"以杖叩其胫。

【注解】 ①原壤:孔子的老朋友,《礼记·檀弓》记载,原壤的母亲死了,孔子去帮助他治丧,他却站在棺材上唱起歌来了,孔子也只好装作没听见。其行事颇类庄子一派。夷俟:箕踞等待。②逊悌:谦逊知礼。一本作"孙弟"。

【译文】 原壤两腿张开坐在地上等孔子。孔子骂道:"你幼小时候不懂礼节,长大了毫无贡献,老了还白吃粮食,真是个害人精。"说完,用拐杖敲了敲他的小腿。

【评论】 据说原壤是孔子的老朋友,对孔子很不礼貌,孔子对他也不客气。但因熟悉,故开玩笑,声貌如见。皇侃《义疏》:"原壤者,方外之圣人也,不拘礼敬,与孔子为朋友。夷,踞也。俟,待也。壤闻孔子来,而夷踞竖膝以待孔子之来也。孔子方内圣人,恒以礼教为事,见壤之不敬,故历数之以训门徒也,言壤少而不以逊悌自居,至于年长犹自放恣无所效述也;言壤年已老而未死,行不敬之事,所以贼害于德也。胫,脚胫也。膝上曰股,膝下曰胫。孔子历数言之既竟,又以杖叩击壤胫,令其胫而不夷踞也。"《集注》:"原壤,孔子之故人,母死而歌,盖老氏之流,自放于礼法之外者。夷,蹲踞也。俟,待也。言见孔子来而蹲踞以待之也。述,犹称也。贼者,害人之名,以其自幼至老,无一善状,而久生于世,徒足以败常乱俗,则是贼而已矣。胫,足骨也。孔子既责之,而因以所曳之杖微击其胫,若使勿蹲踞然。"

14.44 阙党童子将命①。或问之曰:"益者与?"子曰:"吾见其居于位也②,见其与先生并行也③。非求益者也,欲速成者也。"

【注解】 ①阙党:为孔子所居之地。《汉书·古今人表》作"厥党"。皇本"将命"下有"矣"字。②居于位:居于长者之位。《礼记·玉藻》:"童子无事则立主人之北,南面。"③并行:并肩平行。依当日礼节,童子不能和长者并行。

【译文】 阙党的童子来向孔子传命。有人问孔子:"这小孩上进吗?"孔子道:"我见他坐在正位,又同长辈并肩而行。这不是上进的人,只是一个急于求成的人。"

【评论】 此章借阙党童子言晚辈与长者交往之礼,似《礼记·曲礼》文。《集解》引马曰:"阙党之童子将命者,传宾主之语出入也。"又何曰:"童子隅坐无位,成人乃有位也。"包曰:"先生,成人也。并行,不差在后也,违礼。欲速成人者,则非求益者也。"皇侃《义疏》:"五百家为党,此党名阙,故云阙党也。童子,未冠者之称。将命是传宾主之辞,谓阙党之中,有一小儿能传宾主之辞出入也。或见小儿传辞,故问孔子曰:'此童子而传辞,是自求进益之道也与?'孔子答曰:'其非求益之事也。'礼,童子隅坐,无有列位,而此童子不让,乃与成人并居位也。先生者成人,谓先己之生也,非谓师也,礼,父之齿随行,兄之齿雁行,此童子行不让于长,故云与先生并行也。"

卫灵公第十五

15.1 卫灵公问陈于孔子①。孔子对曰:"俎豆之事②,则尝闻之矣;军旅之事,未之学也。"明日遂行。

【注解】 ①陈:音义同"阵",指军法中的阵法。《论语释文》曰:"阵,本今作陈。"《史记·孔子世家》作"问兵陈"。皇侃《义疏》:"卫灵公者,卫国无道之君也。所以次前者,宪问仕,故举时不可仕之君,故以《卫灵公》次《宪问》也。"②俎(zǔ)豆:古代盛食物的器皿,也被用作祭祀时的礼器。此处代指祭礼。

【译文】 卫灵公向孔子请教军队列阵之法。孔子答道:"礼仪的事情,我曾经修习过;军法中的阵法,从来没学习过。"第二天便离开卫国。

【评论】 此章记卫灵公与孔子论政之事,卫灵公所关注的焦点是军事,因为当时诸侯国大多以强凌弱。孔子欲推行仁政,当然重点在礼乐制度的建设上,而不在军事上。"明日遂行"一句表明"道不同不相为谋"的立场,最快人心。《左传·哀公十一年》:"孔文子之将攻太叔也,访于仲尼。仲尼曰:'胡簋之事,则尝学之矣;甲兵之事,未之闻也。'退,命驾而行。"此条记载与本章神似。

15.2 在陈绝粮①,从者病,莫能兴。子路愠见曰②:"君子亦有穷乎?"子曰:"君子固穷③,小人穷斯滥矣。"

【注解】 ①刘宝楠《正义》:"高注《吕氏春秋》,连引问陈、绝粮两事,当时简编相连,未有分别,而皇、邢本又以'明日遂行'属此节之首。"②愠(yùn):怒怨。③固穷:固守穷困。

【译文】 孔子在陈国断绝了粮食,随行的弟子们都饿坏了,站不起来。子路很生气地来见孔子说:"君子也有穷得毫无办法的时候吗？"孔子道："君子虽然穷，还是仍能坚持着；小人处于穷困之时便无所不为了。"

【评论】　此章追忆困于陈蔡之事，于此可见孔子弘道的勇气和决心。《论语后录》："夫子以哀公二年去卫，绝粮在四年，盖居陈者二年耳，其三年则鲁季康子召冉求，孔子在陈思归。"

　　《荀子·宥坐》："孔子南适楚，厄于陈、蔡之间，七日不火食，藜羹不糁，弟子皆有饥色。子路进问之曰：'由闻之：为善者天报之以福，为不善者天报之以祸，今夫子累德、积义、怀美，行之日久矣，奚居之隐也？'孔子曰：'由不识，吾语女。女以知者为必用邪？王子比干不见剖心乎！女以忠者为必用邪？关龙逢不见刑乎！女以谏者为必用邪？伍子胥不磔姑苏东门外乎！夫遇不遇者，时也；贤不肖者，材也；君子博学深谋不遇时者多矣！由是观之，不遇世者众矣！何独丘也哉？且夫芷兰生于深林，非以无人而不芳。君子之学，非为通也，为穷而不困，忧而意不衰也，知祸福终始而心不惑也。夫贤不肖者，材也；为不为者，人也；遇不遇者，时也；死生者，命也。今有其人不遇其时，虽贤，其能行乎？苟遇其时，何难之有？故君子博学、深谋、修身、端行以俟其时。'孔子曰：'由，居！吾语女。昔晋公子重耳霸心生于曹，越王勾践霸心生于会稽，齐桓公小白霸心生于莒。故居不隐者思不远，身不佚者志不广。女庸安知吾不得之桑落之下！'"此可为理解本章之助。

　　孔子周游列国，在陈绝粮，备极辛苦，他仍然弦歌不辍，不改其志。但是，弟子未必能够明白他的心境。子路看到大家连饮食都成问题了，同学中也有人病倒了，不免深感不平，向孔子抱怨。夫子的回答表明：信念决不动摇，原则决不妥协。

15.3　子曰："赐也，女以予为多学而识之者与？"对曰："然，非与？"曰："非也，予一以贯之①。"

【注解】　①一以贯之：贯穿始终。

【译文】　孔子道："赐！你以为我是多多地学习又能够记得住的吗？"子贡答道："对呀，难道不是这样吗？"孔子道："不是啊，我有仁义之道贯穿始终。"

【评论】 "一以贯之"意即《里仁》的"夫子之道,忠恕而已矣"。子贡所重视的,是孔子的博学多才,因之认为他是"多学而识之";而孔子自己所重视的,则在于他以忠恕之道贯穿于整个学行之中。《日知录》云:"好古敏求,多见而识,夫子之所自道也。然有进乎是者,六爻之义至赜也,而曰知者观其彖辞,则思过半矣;三百之《诗》至泛也,而曰一言以蔽之,曰思无邪;三千三百之仪至多也,而曰礼与其奢也宁俭;十世之事至远也,而曰殷因于夏礼,周因于殷礼,虽百世可知;百王之治至殊也,而曰道二,仁与不仁而已矣;此所谓予一以贯之者也。其教门人也,必先叩其两端而使之以三隅反,故颜子则闻一以知十,而子贡切磋之言,子夏礼后之问,则皆善其可与言诗,岂非天下之理殊途而同归,大人之学举本以该末乎?彼章句之士,既不足以观其会通,而高明之君子,又或语德性而遗问学,均失圣人之指矣。"学习中应把握主线不偏离,枝叶都从主干中散开。把握好中心,其他细节的掌握就不难了。

15.4 子曰:"由,知德者鲜矣①。"

【注解】 ①鲜:少。

【译文】 孔子对子路道:"由啊!懂得'德'的人不多啊。"

【评论】 什么是"德"?《老子》说"失道而后得,失德而后仁。""德"在"仁"之上。孔子如何处理这二者关系,不很明确。"德"者,得也。看来,他是某种"仁"的成果和行为的最高品位。"德"比"仁"还要高一个境界的话,那么掌握起来就更不容易了,所以就算懂也是一件困难的事啊。

15.5 子曰:"无为而治者,其舜也与①?夫何为哉②?恭己正南面而已矣。"

【注解】 ①无为而治:用无为的方式治国,指休养民力,不折腾百姓。②夫:代词,他。

【译文】 孔子说:"自己从容安静而使天下太平的人大概只有舜罢?他干了什么呢?使自己的态度庄严、言行合于君主而已。"

【评论】 本章言舜之治道,"无为而治"是道家治国的方略,《论语》中却多次提及。这表明儒与道本非水火不容。《史记》称孔子问"礼"于老聃,应当是事实。无为而无不为,法家也信守这一原则:在上者惟有保持其无限的可能性,才能长久保持其最高权威。其后儒法互用,"圣君"必有"贤相"。君不见,"圣君"可以优游岁月,漫读诗书,"贤相"则日理万机,鞠躬尽瘁。这是治术,儒法同用,源起于道,由道生法。儒法互用正来自儒道互补。

然而"无为而治"同样可以应用于今天,比如经商,比如管理等等。"无为"不是不为,而是应该有一种高瞻远瞩的姿态,从大的方面把握全局,不纠结于具体琐碎的小事。

15.6 子张问行①。子曰:"言忠信,行笃敬,虽蛮貊之邦,行矣②。言不忠信,行不笃敬,虽州里,行乎哉③?立则见其参然于前也④,在舆则见其倚于衡也⑤,夫然后行也。"子张书诸绅⑥。

【注解】 ①行:通行于天下,犹今言吃得开。②蛮貊(mò):对边地族群的贬称,蛮在南,貊在北。③州里:五家为邻,五邻为里。五党为州,二千五百家。州里指所居之本土。④参:列,显现。⑤衡:车辕前的横木。⑥绅:系在腰间的大带。《集解》引孔曰:"绅,大带。"

【译文】 子张问如何才能使自己到处行得通。孔子道:"言语忠诚老实,行为忠厚严肃,纵然到了别的国家,也行得通。言语欺诈无信,行为刻薄轻浮,就是在本州本里,能行得通吗?站立的时候,就如同看见'忠信笃敬'几个字在我们面前;在车厢里,也如看见它刻在前面的横木上;这就可以行得通了。"子张把这些话写在了大带上。

【评论】 《史记·仲尼弟子列传》载:"(子张)他日从在陈蔡间,困,问行。孔子曰……"表明此章亦因夫子困于陈蔡而发。《集注》:"犹问达之意也。子张意在得行于外,故夫子反于身而言之,犹答干禄问答之意也。"子张偏重外在事物,与曾参侧重内在修养不同,所以康有为表彰子张而批评曾参。所谓"参于前""倚于衡""书诸绅",是为随时提醒自己不要忘记。《晏子春秋》:"忠信笃敬,上下同之,天之道也虽蛮貊之邦,行矣。"足见"忠信笃敬"应是春秋时代君子的标准。而子张能将几个大字写在大带上,以便时刻记住,可见子张也应该是那种懂得时刻鞭策自己进步的人。

15.7 子曰:"直哉,史鱼①!邦有道,如矢②;邦无道,如矢。君子哉,蘧伯玉!邦有道,则仕;邦无道,则可卷而怀之③。"

【注解】 ①史鱼:卫国大夫,名鳅,字子鱼,他曾多次向卫灵公推荐蘧伯玉。②如矢:矢,箭,形容其直。③卷:同"捲"。

【译文】 孔子说:"好一个刚直不屈的史鱼!政治清明也像箭一样直,政治黑暗也像箭一样直。好一个君子蘧伯玉!政治清明就出来做官,政治黑暗就可以把自己的本领收藏起来。"

【评论】 此章借评价史鱼及蘧伯玉表现孔子自己的处世之道。《集注》:"史官名鱼,卫大夫,名鳅。如矢,言直也。史鱼自以不能进贤退不肖,既死犹以尸谏,故夫子称其直,事见《家语》。"《论语后案》:"蘧伯玉值献殇襄灵四君之世,吴公子札适卫,称卫多君子,事见《左传》,在襄公初立之时。"大概是孔子发出赞叹的原因之一。但孔子并非教条主义,两种态度都赞赏,还可能更欣赏后者。这也再次说明"儒(进取)道(退隐)互补"在孔子那里就开了头。

15.8 子曰:"可与言而不与言,失人①;不可与言而与之言,失言②。智者不失人,亦不失言。"

【注解】 ①失:错过。②失言:浪费言语。

【译文】 孔子说:"可以教诲别人却不同他谈,这是错过人才;不可以教诲的人却同他谈,这是浪费言语。聪明人既不错过人才,也不浪费言语。"

【评论】 此章既是说教弟子之道,也是说与人相处之道。道理虽然简单,但却很难把握。失言失人,在所难免,这就需要积累经验。《中论·贵言》云:"君子必贵其言。贵其言则尊其身,尊其身则重其道,重其道,所以立其教。言费则身贱,身贱则道轻,道轻则教废。故君子非其人则弗与之言。君子之与人言也,使辞足以达其知虑之所至,事足以合其性情之所安,弗过其任而强牵制也。"可与此章相发明。

15.9 子曰:"志士仁人,无求生以害仁①,有杀身以成仁②。"

【注解】 ①害：损害。②杀身：牺牲自己。成：成全。《列女传·节义》引作"君子杀身以成仁，无求生以害仁。"

【译文】 孔子说："志士仁人，不贪生怕死因而损害仁德，只勇于牺牲来成全仁德。"

【评论】 这章讲志士仁人之风范，是流传至广、影响至深的修身格言。真正的仁人志士是时刻会为实现"仁"而无私奉献。《集注》："志士，有志之士。仁人则成德之人也。理当死而求生，则于其心有不安矣，是害其心之德也。当死而死，则心安而德全矣。"

15.10 子贡问为仁。子曰："工欲善其事①，必先利其器②。居是邦也，事其大夫之贤者，友其士之仁者也。"

【注解】 ①工：工匠。 善：做好。②利其器：使工具锋利。程树德《集释》引《论语后录》："厉，古以为旱石，厉励其器者，所谓于石上刓之也。"此处指做好一件事情，准备工作很重要。

【译文】 子贡问怎样去培养仁德。孔子道："工匠要做好他的工作，一定先要把他的工具磨得很锋利。我们住在一个国家，就要敬奉那些大夫中的贤者，结交士人中的仁者。"

【评论】 此章言君子求仁，当以友辅仁也。皇侃《义疏》："将欲达于为仁之术，故先为说譬也。工，巧师也。器，斧斤之属也。言巧师虽巧，艺若输般，而作器不利，则巧事不成；如欲其所作事善，必先磨利其器也。合譬成答也。是，犹此也。言人虽有贤才美质，而居住此国，若不事贤不友于仁，则其行不成，如工器之不利也。必欲行成，当事此国大夫之贤者，又友此国士之仁者也。大夫贵，故云事。士贱，故云友也。大夫言贤，士云仁，互言之也。"

15.11 颜渊问为邦。子曰："行夏之时①，乘殷之辂②，服周之冕③，乐则《韶》《舞》④。放郑声⑤，远佞人⑥，郑声淫，佞人殆⑦。"

【注解】 ①夏之时：夏代历法。《集注》："夏时，谓以斗柄初昏建寅之月为岁首也。天开于子，地辟于丑，人生于寅，故斗柄建此三辰之月，皆可以为岁首，而三代迭用之，夏以寅为人正，商以丑为地正,周以子为天正也。"②殷之辂(lù):天子所乘的车。《释文》:"'辂',本亦作'路'"。段玉裁《说文解字注》:"辂"当作"路"。《史记·殷本纪》赞引孔子曰:"殷路车为善。"殷代车是木制,比较朴实。③周之冕:周人的礼帽。《集解》引包曰:"冕,礼冠。周之礼文而备,取其黈纩塞耳,不任视听。"④《韶》:舜时的舞乐,孔子认为尽善尽美。《舞》:当为武,即周初之大武乐。俞樾《群经平议》谓:"舞当读为武。《周官·乡大夫》:'以乡射之礼五物询众庶,五曰兴舞。'"马注引作"五曰兴武"。⑤放:禁绝。郑声:郑国的乐曲,孔子认为是淫声。《乐记》:"郑音好滥淫志,宋音燕女溺志,卫音趋数烦志,齐音敖辟乔志。此四者,皆淫于色而害于德,是以祭祀弗用也。"⑥远:远离。⑦殆:危险。

【译文】 颜渊请教怎样治理国家。孔子回答说:"用夏朝的历法,坐殷朝的车子,戴周朝的礼帽,音乐就用《韶》和《舞》。舍弃郑国乐曲,斥退小人。郑曲靡曼过度,小人危险。"

【评论】 此章记夫子论治国之道宜兼取三代之长。集合夏时殷辂周冕,实是取三代礼乐之优点而创新之。皇侃《义疏》:"颜渊鲁人,当时鲁家礼乱,故问治鲁国之法也。"《集注》:"颜子王佐之才,故问治天下之道,曰为邦者,谦辞。"

15.12 子曰:"人而无远虑①,必有近忧②。"

【注解】 ①虑:谋划。一本作"人无远虑。"②忧:忧患。

【译文】 孔子说:"一个人没有长远的考虑,一定会有眼前的忧患。"

【评论】 这章所述本来是治国之道,但后世也成为立身的格言。《集解》引王曰:"君子当思虑而预防也。"皇侃《义疏》:"人生当思渐虑远,防于未然,则忧患之事不得近至。若不为远虑,则忧患之来不朝则夕,故云必有近忧也。"

15.13 子曰:"已矣乎①!吾未见好德如好色者也②。"

【注解】 ①已:结束。②好:喜欢。

【译文】 孔子说:"算了吧!我没见过喜欢美德像喜欢美人的人。"

【评论】 这章是孔子有感而发,《论语稽》:"此章与《子罕》篇所记同,而多'已矣乎'三字,疑因季桓子受女乐而郊不致膰,孔子时将去鲁而发也。曰已矣乎,有惜功业不就,吾道不行之意。"皇侃《义疏》:"既先云已矣,明久已不见也。疾时色兴德废,故起斯叹也。此语亦是重出,亦孔子再时行教也。"

15.14 子曰:"臧文仲其窃位者与①,知柳下惠之贤而不与立也②。"

【注解】 ①窃位:身居官位而不称职。②柳下惠:春秋时鲁国大夫,有君子之姓展名获,又名禽,他受封的地名是柳下,惠是他的私谥,故称其为柳下惠。《列女传》:"柳下惠处鲁,三黜而不去,仕于下位。既死,门人将诔之。妻乃诔曰:'夫子之不伐兮,夫子之不竭兮,夫子之信诚而与人无害兮。屈柔从容,不强察兮。蒙耻救民,德弥大兮。虽遇三黜,终不蔽兮。恺悌君子,永能厉兮。嗟呼惜哉!乃下世兮。庶几遐年,今遂逝兮。呜呼哀哉!魂神泄兮。夫子之谥,宜为惠兮。'门人从之。"

【译文】 孔子说:"臧文仲大概是个尸位素餐的人,他明知柳下惠贤良,却不向国君举荐他。"

【评论】 孔子多次提及臧文仲,并对他多有肯定,此处却严厉贬斥他不为国举贤。《集注》:"窃位,言不称其位而有愧于心,如盗得而阴据之也。柳下惠,鲁大夫展获,字禽,食邑柳下,谥曰惠。与立,谓与之并立于朝。范氏曰:'臧文仲为政于鲁,若不知贤,是不明也;知而不举,是蔽贤也。不明之罪小,蔽贤之罪大,故孔子以为不仁,又以为窃位。'"

15.15 子曰:"躬自厚而薄责于人①,则远怨矣。"

【注解】 ①躬自厚:即"躬自厚责",省略句,探下文"薄责"之"责"而省略。

【译文】 孔子说:"多反省责备自己,而少责备别人,怨恨自然就少了。"

【评论】 本章言"远怨"之道在厚责己薄责人,即"吾日三省吾身"之意。《论语》中多有这种平淡而真切的生活格言,黑格尔嘲笑为不够"哲学",殊不知这正是中国实用理性的精神所在。孔子的智慧体现在日常生活的实践中,而不求高妙抽象的思辨体系,因为那并不能解决生活中的具体问题。理论毕竟是灰色的,而生活之树长青。

15.16　子曰:"不曰'如之何①,如之何'者,吾末如之何也已矣②!"

【注解】　①如之何:怎么办。②末:没有办法。

【译文】　孔子说:"不念叨'怎么办,怎么办'的人,我也不知道该怎么办了!"

【评论】　此章大意即"人无远虑,即有近忧。"《荀子·大略》:"天子即位,上卿进曰:如之何?忧之长也。"陆贾《新语·辨惑》:"故孔子遭君暗臣乱,众邪在位,政道隔于王家,仁义闭于公门。故作《公陵之歌》,伤无权力于世,大化绝而不通,道德私而不用,故曰:'无如之何者,吾末如之何也已矣。'"

15.17　子曰:"群居终日,言不及义①,好行小惠②,难矣哉!"

【注解】　①义:道理,道义。②小惠:即小慧。阮元校作"慧"。

【译文】　孔子说:"同大家整天在一块,不说一句有道理的话,只喜欢卖弄小聪明,这种人真难教导!"

【评论】　刘宝楠《正义》曰:"此章是夫子家塾之戒。《说文》云:'群,辈也。'群居,谓同来学共居者也。夫子言人群居当以善道相切磋,不可以非义小慧相诱引也。"

15.18　子曰:"君子义以为质①,礼以行之,逊以出之②,信以成之。君子哉!"

【注解】　①质:本质,根本。阮元校无句首之"君子",依上下文意,阮校是。②逊:谦逊。出:表达。

【译文】 孔子说:"君子以合宜为原则,依礼节实行,用谦逊的言语说出,用诚实的态度达成。这才是君子呀!"

【评论】 此章就处事上看君子之德行风范。《集注》:"义者,制事之本,故以为质干,而行之必有节文,出之必以退逊,成之必在诚实,乃君子之道也。程子曰:'义以为质,如质干然,礼行此,孙出此,信成此,此四句只是一事,以义为本。'""义以为质"即以行义、守义、护义为根本职责;"礼以行之"就是即使是合于"义"的事,还要合乎"礼",如说话要谦逊。孔子倡导礼,哪怕在一些琐细小事上也谨循礼节行事,但在一些重大而急迫的问题上,也能把坚持原则和灵活变通结合起来。

15.19 子曰:"君子病无能焉①,不病人之不己知也。"

【注解】 ①病:担忧。

【译文】 孔子说:"君子只担心自己没有能力,不怨恨别人不知道自己。"

【评论】 此章重出,盖为夫子勉励众弟子时数言之语。这也是知识分子的古今通病,能做到"人不知而不愠"真的不容易啊!《集解》引包曰:"君子之人但病无圣人之道,不病人之不己知。"

15.20 子曰:"君子疾没世而名不称焉①。"

【注解】 ①没世:死后。称:称许。王阳明《传习录》:"称字当去声读,亦声闻过情,君子耻之之意。"亦可备一说。

【译文】 孔子说:"到身死之后而名声不为人所称述,君子引以为恨。"

【评论】 此章言君子当留令名于后世,文天祥"人生自古谁无死,留取丹心照汗青"即出于此。皇侃《义疏》引江熙云:"匠终年运斤不能成器,匠者病之。君子终年为善不能成名,亦君子病之也。"《集注》引范氏曰:"君子学以为己,不求人知,然没世而名不称,则无为善之实可知矣。"

15.21 子曰:"君子求诸己①,小人求诸人。"

【注解】 ①求：要求。

【译文】 孔子说："君子要求自己，小人要求别人。"

【评论】 此章言君子小人之别。《集注》引谢氏曰："君子无不反求诸己，小人反是，此君子小人所以分也。"

15.22 子曰："君子矜而不争①，群而不党。"

【注解】 ①矜(jīn)：庄重。

【译文】 孔子说："君子庄重矜持而不争执，合群而不拉帮结派。"

【评论】 此章亦言君子与小人之别。君子矜持庄重，但并不争强好胜、争名夺利。不为了私利而结党营私。《集注》曰："庄以持己曰矜，然无乖戾之心，故不争。和以处众曰群，然无阿比之意，故不党。"

15.23 子曰："君子不以言举人①，不以人废言。"

【注解】 ①举：荐举，提拔。

【译文】 孔子说："君子不因为人家话说得好就提拔他，不因为他是平常人而废弃他说的好话。"

【评论】 本章讲"不以言举人"好理解，但"不以人废言"则有困难。"人"，不是指坏人，而是指普通人，没有名位的人。接受无名位的人所说的有道理的话，需要宽广的胸怀。皇侃《义疏》引李充云："询于刍荛，不耻下问也。"可谓得其正解。

15.24 子贡问曰："有一言而可以终身行之者乎？"子曰："其恕乎！己所不欲，勿施于人也①。"

【注解】 ①欲：欲求。施：施加。

【译文】 子贡请教孔子说："老师有没有一句可以奉行终身的呢？"孔子道："大概是'恕'罢！自己所不想要的事，就不要施加给别人。"

【评论】 此章言恕道，是影响至深的修身名言。《集解》："言己之所恶,勿加施于人。"《圣经·新约·马太福音》说:"你们愿意人怎样对你们,你们也要怎样对待人"。意与本章殊途同归。可见儒家的"恕"道,具有普适性。

15.25　子曰:"吾之于人也,谁毁谁誉①?如有可誉者,其有所试矣②。斯民也,三代之所以直道而行也。"

【注解】　①毁:诋毁。誉:名誉,荣誉。②试:考验。

【译文】　孔子说:"我对于他人,诋毁谁称赞谁?假若我有所称赞,必然是曾经考验过他的。夏、商、周三代的人都如此,所以三代能直道而行。"

【评论】　本章述孔子毁誉人物之标准,似乎是针对具体事件而发的,其本事今天已难确知。但可以肯定的是,孔子是一个很有主见的人。他做论断必须有根有据,并能经受得住实践的考验。《集注》:"毁者,称人之恶而损其真。誉者,扬人之善而过其实。夫子无是也。然或有所誉者,则必尝有以试之而知其将然矣,圣人善善之速而无所苟如此。若其恶恶,则已缓矣,是以虽有以前知其恶,而终无所毁也。斯民者,今此之人也。三代,夏商周也。直道,无私曲也。言吾之所以无所毁誉者,盖以此民即三代之时所以善其善,恶其恶,而无所私曲之民,故我今亦不得而枉其是非之实也。"

15.26　子曰:"吾犹及史之阙文也①。有马者借人乘之②,今则亡矣夫!"

【注解】　①阙文:缺而不记。定州简本《论语》作"欤文"。②有马者借人乘之:有马的人自己不会调教,而靠别人训练。《集解》引包曰:"古之良史于书字有疑,则阙之以待知者也。有马不能调良,则借人乘习之。孔子自谓及见其人如此,至今无有矣。言此者,以俗多穿凿也。"

【译文】　孔子说:"我还能够看到史书存疑的地方。有马的人自己不会训练,先给别人骑,这种精神,今天也没有了罢,"

【评论】　此章甚难解,大约是叹息今不如昔。《集注》:"杨氏曰:'史阙文,马借人,此二事孔子犹及见之,今亡矣夫,悼时之益偷也。'愚谓此必有为而言,盖虽细故而事之大者可知矣。"钱穆《论语新解》:"史阙文,以待问。马不能驭,借人之能代己调服。此皆谨笃服善之风。一属书,一属御,孔子举此为学六艺者言,即为凡从事于学者言。孔子早年犹及见此二事,后遂无之,亦举以陈世变。"

15.27 子曰:"巧言乱德①。小不忍,则乱大谋。"

【注解】 ①乱德:败坏道德。

【译文】 孔子说:"巧言利口足以败坏道德。小事情不忍耐,便会败坏大事情。"

【评论】 邢昺《注疏》:"此章戒人慎口忍事也。有言者不必有德,故巧言利口则乱德义。山薮藏疾,国君含垢,故小事不忍,则乱大谋。"《集注》:"小不忍,如妇人之仁、匹夫之勇皆是。""小不忍"不仅是不忍小愤怒,也包括不忍小惠小恩,还包括吝啬钱财不忍施舍,以及见小利而起贪欲之心等。如没有"蝮蛇螫手,壮士断臂"的勇气,为小事所束缚,愈演愈烈,最终就会走上不归路。

15.28 子曰:"众恶之,必察焉①;众好之,必察焉。"

【注解】 ①察:考察,审查。

【译文】 孔子说:"众人都厌恶的人,一定要考察个究竟;众人都喜爱的人,也一定要去考察。"

【评论】 此章重出,可能是当时弟子各有所记,而各篇所记详略不同。《子路》:"子贡问曰:'乡人皆好之,何如?'子曰:'未可也。''乡人皆恶之,何如?'子曰:'未可也。不如乡人之善者好之,其不善者恶之。'"《集解》引王曰:"或众阿党比周,或其人特立不群,故好恶不可不察也。"

15.29 子曰:"人能弘道①,非道弘人。"

【注解】 ①弘道:弘扬仁道。《集注》:"弘,廓而大之也。"

【译文】 孔子说:"人能够弘扬道,不是用道来弘扬人。"

【评论】 此章所涉为后世儒学的大命题。"道"要由人去履行,去发扬光大。刘氏《正义》:"道随才为大小,故人能自大,其道即可极仁圣之诣,而非道可以弘人。故行之不著,习矣不察,终身由之而不知其道,则仍不免为众。"《四书或问》:"人即道之所在,道即所以为人之理,不可殊观。但人有知思,则可以大其所有之理;道无方体,则岂能大其所托之人哉?"

15.30 子曰:"过而不改,是谓过矣①。"

【注解】 ①过:过错。

【译文】 孔子说:"有错误而不改正,那个错误便真叫做错误了。"

【评论】 犯错是难免的,知错能改就是好的,但是知错却不改,或者一错再错,不论在任何时候都是不能被原谅的。《谷梁传·僖公二十年》:"过而不改,是谓之过。宋襄公之谓也。"

15.31 子曰:"吾尝终日不食,终夜不寝①,以思,无益②,不如学也。"

【注解】 ①寝:睡觉。②益:好处。

【译文】 孔子说:"我曾经整天不吃,整晚不睡,去思考,没有得到什么,不如去学习。"

【评论】 本章言人为学当学、思结合,否则"思而不学则殆"。《大戴礼记·劝学》:"孔子曰:'吾尝终日而思矣,不如须臾之所学也。'"亦见《荀子·劝学》。颇疑此为时人成语,孔子以此教门人,遂为孔门所重。《集注》:"此为思而不学者言之,盖劳心以必求,不如逊志而自得也。李氏曰:'夫子非思而不学者,特垂语以教人尔。'"

15.32 子曰:"君子谋道不谋食。耕也,馁在其中矣①。学也,禄在其中矣②。君子忧道不忧贫。"

【注解】 ①馁(něi):饥饿。②禄:做官的俸禄。

【译文】 孔子说:"君子用心谋求道义而不用心力于衣食。耕田,也常常饿着肚子;学习,常常得到俸禄。君子只担忧不能体悟到道义而不应忧虑处于贫困。"

【评论】 本章述君子的处世之道:谋道不谋食。《潜夫论·释难》载:"秦子问于潜夫曰:'耕种,生之本也。学问,业之本也。孔子曰:"耕也,馁在其中。学也,禄在其中。"敢问今使举世之人释耨耒而群相程于学何如?'潜夫曰:'善哉问!君子劳心,小人劳力。故孔子所称,谓君子尔。今以目所见耕,食之本也。以心原道即学,又耕之本也。'"

15.33 子曰:"知及之[1],仁不能守之,虽得之,必失之。知及之,仁能守之,不庄以莅之[2],则民不敬。知及之,仁能守之,庄以莅之,动之不以礼,未善也。"

【注解】 ①知及之:智慧赶得上。知,同"智"。之:代指百姓。程树德《集释》:"此章十一之字皆指民言,毛氏之说是也。朱注以之字指此理言,所谓强人就我也,不可从。"② 莅(lì):临也,引申为驾驭。此句定州简本《论语》作"不状以位之。"

【译文】 孔子说:"聪明才智足以得到它,仁德不能保持它,虽得到,一定会丧失。聪明才智足以得到它,仁德能保持它,不用严肃态度来治理百姓,百姓也不会尊敬。聪明才智足以得到它,仁德能保持它,能用严肃的态度来治理百姓,假若不合理地发动百姓,是不善。"

【评论】 黄式三《后案》曰:"此章言治民之道也。以知得民,以不仁失民,残刻之害为大。"《大戴礼记·武王践阼》云:"以仁得之,以仁守之,其量百世。以不仁得之,以仁守之,其量十世。以不仁得之,不以仁守之,必及其世。"治民即治国,其要在行仁义之道。

15.34 子曰:"君子不可小知,而可大受也[1];小人不可大受,而可小知也[2]。"

【注解】 ①小知:做小事情。②大受:承担大任。

【译文】 孔子道:"君子不可以用小事情考验他,却可以接受重大任务;小人不可以以接受重大任务,却可以用小事情考验他。"

【评论】 《集注》:"此言观人之法。知,我知之也。受,彼所受也。盖君子于细事未必可观,而材德足以任重;小人虽器量浅狭,而未必无一长可取。"人各有材,优劣同在,所以不能求全责备。"小人"也有一技之长,"君子"也有各种弱点和缺失。《淮南子·主术训》:"是故有大略者不可责以捷巧,有小智者不可任以大功。人有其才,物有其形,有任一而太重,或任百而尚轻,是故审毫厘之计者,必遗天下之大数;不失小物之选者,惑于大数之举,譬犹狸之不可使搏牛,虎之不可使搏鼠也。"

15.35 子曰:"民之于仁也,甚于水火。水火,吾见蹈而死者矣①,未见蹈仁而死者也。"

【注解】 ①蹈:践履。

【译文】 孔子说:"百姓需要仁德,更急于需要水火。往水火里去,我看见因而死了的,却从没有看见践履仁德因而死了的。"

【评论】 本章仍然在肯定"仁"的重要性。另外,指出践履"仁德"有百利而无一害。皇疏《义疏》引王弼云:"民之远于仁,甚于远水火也。见有蹈水火死者,未尝蹈仁死者也。"《集解》引马曰:"水火与仁皆民所仰而生者。仁最为甚。蹈水火或时杀人,仁未尝杀人。"

15.36 子曰:"当仁不让于师①。"

【注解】 ①让:谦让,承让。

【译文】 孔子说:"面临仁德的问题,就是老师也不和他谦让。"

【评论】 此章论行仁之时虽师而勿让。《集解》引孔曰:"当行仁之事,不复让于师,行仁急也。"《集注》:"当仁,以仁为己任也。虽师亦无所逊,言当勇往而必为也。盖仁者人所自有而自为之,非有争也,何逊之有?"还有其他说法,如黄氏《后案》:"或曰师,众也。或曰'师'当作'死'。屈原《怀沙》赋'知死不可让兮'本此,与上章未见蹈仁而死互相发明。"似亦可通。

15.37 子曰:"君子贞而不谅①。"

【注解】 ①贞:正也。谅:信,守信用。

【译文】 孔子说:"君子正于大德而不拘泥小信。"

【评论】 本章言君子不可执于"小信"。朱子《集注》认为:"贞,正而固也。谅则不择非而必于信。"《孟子·离娄下》也说"大人者,言不必信,行不必果,惟义所在",刘宝楠《正义》:"言必信,即此《注》所云'小信'也,亦即谅也。"孔子孟子所言,体现了儒家"权"的思想。

15.38　子曰:"事君,敬其事而后其食①。"

【注解】 ①食:食禄,俸禄。

【译文】 孔子说:"对待君王,认真工作,把拿俸禄的事放在后面。"

【评论】 本章言事君之道,其要在于"忠"。作为臣子,首先要敬其事,把本职工作搞好,而不是把心思放在俸禄上。《集注》:"君子之仕也,有官守者修其职,有言责者尽其忠,皆以敬吾之事而已,不可先有求禄之心也。"

15.39　子曰:"有教无类①。"

【注解】 ①类:类别。马融曰:"言人在见教,无有种类。"

【译文】 孔子说:"人人我都教育而不管他出身的差别。"

【评论】 此章所言体现了公平精神,每个人都有受教育的权利,这在"学在官府"的孔子的时代是不可思议的事。另外,从教师的角度而言,"有教无类"也是一种职业道德。《吕氏春秋·劝学篇》:"故师之教也,不争轻重尊卑贫富而争于道。其人苟可,其事无不可。"教师在教学中对学生一视同仁,不分出身,能以一颗仁爱之心对待每一位学生。

15.40　子曰:"道不同,不相为谋①。"

【注解】 ①谋:商议,讨论。《盐铁论·忧边篇》引孔子曰:"不通于论者难于言治,道不同者不相与谋。"

【译文】 孔子说:"主张不同,不互相商议。"

【评论】 邢昺《注疏》:"此章言人之为事,当须先谋。若道同者共谋,则情审不误。若道不同而相为谋,则事不成也。"

15.41 子曰:"辞达而已矣①。"

【注解】 ①辞:语言。钱大昕《潜研堂答问》:"三代之世,诸侯以邦交为重。论语使于四方,不辱君命,则称之;使于四方,不能专对,则讥之。此辞即专对之辞也。"

【译文】 孔子说:"言辞,足以达意便罢了。"

【评论】 此章倡导外交场合发表辞令应当以言简意赅为上。《集解》引孔曰:"凡事莫过于实,辞达则足矣,不烦文艳之辞。"《集注》:"辞取达意而止,不以富丽为工。"

15.42 师冕见①,及阶,子曰:"阶也。"及席,子曰:"席也。"皆坐,子告之曰:"某在斯,某在斯。"师冕出,子张问曰:"与师言之道与?"子曰:"然,固相师之道也②。"

【注解】 ①师冕:盲人乐师,名冕。②相:帮助。

【译文】 乐师冕来见孔子,走到台阶,孔子就对他说:"这是台阶啦。"走到坐席旁,孔子道:"这是坐席啦。"都坐定了,孔子一一介绍说:"某人在这里,某人在这里。"乐师走出后,子张问道:"同乐师讲的是礼制吗?"孔子说:"对,这本来就是帮助盲人的礼制。"

【评论】 此章记孔子以礼待师冕,盲人乐师无目,孔子为其相而导之。借此演示什么是"礼",相当于今所谓"实践课"。孔子与子张所谓"道"即"礼",亦是"仁"。本章言"某在斯",颇似礼文。程树德《集释》:"《曲礼》有某甫、某人、某士,《仪礼》有某子之称,而某子又有姓氏之别,至单言某,《乡饮酒》某酬某子,《士冠礼》某有某子,《士昏礼》某有先人之礼,使某请纳采,注俱谓名。本文孔注言历告以坐中人姓字所在处,然师于弟子不称字,则当是名,而记者以两某字括之耳。"

季氏第十六

16.1 季氏将伐颛臾①。冉有、季路见于孔子。曰:"季氏将有事②于颛臾。"孔子曰:"求!无乃尔是过与?夫颛臾,昔者先王以为东蒙③主,且在邦域之中矣,是社稷之臣也,何以为伐也?"冉有曰:"夫子欲之④。吾二臣者,皆不欲也。"孔子曰:"求!周任有言曰⑤:'陈力就列,不能者止'。危而不持,颠而不扶,则将焉用彼相矣?且尔言过矣。虎兕⑥出柙⑦,龟玉毁椟中⑧,是谁之过与?"冉有曰:"今夫颛臾,固而近于费。今不取,后世必为子孙忧。"孔子曰:"求!君子疾夫,舍曰'欲之',而必更为之辞。丘也闻有国有家者,不患寡而患不均,不患贫而患不安⑨。盖均无贫,和无寡,安无倾。夫如是,故远人不服,则修文德以来也;既来之,则安之。今也与求也,相夫子,远人不服而不能来也,邦分崩离析而不能守也,而谋动干戈于邦内,吾恐季孙之忧,不在颛臾,而在萧墙之内也⑩。"

【注解】 ①颛臾:鲁国的附庸国,在今山东省费县西北。《集解》引孔曰:"颛臾,宓牺之后,风姓之国。本鲁之附庸,当时臣属鲁。季氏贪其地,欲灭而有之。"《集注》:"颛臾,国名,鲁附庸也。"②有事:用兵。③东蒙:山名,在今山东省蒙阴县南。《集注》:"东蒙,山名。先王封颛臾于此山之下,使主其祭,在鲁地七百里之中。"④夫子:指季孙。《集注》:"夫子指季孙。冉有实与谋。以夫子非之,故归咎于季氏。"《正义》:"季氏,谓康子。"⑤周任:古代一位史官。《集注》:"周任,古之良史。"⑥兕(sì):犀牛。《集注》:"兕,野牛也。"⑦柙(xiá):关猛兽的笼子。《集注》:"柙,槛也。"旧文柙字为'匣'。《释文》曰'匣',本今作'柙'。⑧椟(dú):木柜,木匣。《集注》:"椟,匮也。"皇本'虎兕出柙'、'龟玉毁'椟中各无于字。⑨不患寡而患不均,不患贫而患不安:此二句应作"不患贫而患不均,不患寡而患不安"。"贫"指财少,"均"指各得其分,皆说财富,下文"均无贫"为证;"寡"指民少,"安"指百姓安定,皆说人民,下文"和无寡,安无倾"为证。《春秋繁露·度制》篇引孔子曰:"不患贫而患不均。"《群经评议》:寡、贫二字传写互易,此本作"不患贫而患不均,不患寡而患不安"。贫以财言,不均亦以财言,财宜乎均,不均,则不如无财矣,故不患贫而患不均也。杨树达《疏证》:"寡谓民少,贫谓财少,寡与均义不相贯。余谓不患寡寡当作贫,不患贫贫当作寡。下文均无贫承不患贫而患不均言之,和无寡,安无倾,皆承不患寡而患不安言之。如今本贫寡二字互误,则与下文均无贫三句不贯矣。《春秋繁露·度制》篇引《论语》作不患贫而患不均,其证也。"《魏书·张普惠传》:"亦引孔子曰:'不患贫而患不均。'"⑩萧墙之内:萧墙也叫"塞门"或"屏风",是古代宫室内作为屏障的矮墙,人臣至此,便会肃然起敬。萧通"肃",所以叫做萧墙。"萧墙之内"指鲁国国君的宫内,也就是指鲁国国君鲁哀公。当时季孙把持鲁国政治,专横跋扈,和鲁哀公矛盾很大,季孙怕颛臾凭借有利的地势起而帮助鲁国,于是要先下手为强,攻打颛臾。孔子认为鲁哀公会寻机发动内变,铲除季孙的势力。钱穆《论语新解》中说:"其后哀公果欲以越伐鲁而去季氏,则孔子之言验矣。"后将内祸称为"祸起萧墙"。

【译文】 季氏准备攻打颛臾,冉有、子路来见孔子说:"季氏准备对颛臾使用兵力。"孔子说:"冉有,这难道不是你的过错吗?颛臾,上代国君曾经授权他主持东蒙山的祭祀,而且就在鲁国的境内,是国家的重要臣属,为什么要去攻打他呢?"冉有说:"是季氏要这么做,我俩都不愿意。"孔子说:"冉有啊,周任有句话说:'能够贡献自己的力量,这再任职;如果不行,就该辞职。'遇到危险而不支撑,将要倾倒而不扶持,那又何必用助手呢?而且,你的话是错的,老虎、犀牛从笼子里跑出来了,龟壳、美玉在匣子里毁坏了,这是谁的过错呢?"冉有说:"现在颛臾的城邑坚固而且接近季氏的封邑费,现在不去夺取,到了后世必定会成为子孙的忧患。"孔子说:"冉有,君子厌恶不说'想要',而非要找借口。我曾听说,拥有封国、家族的人,不担忧贫困而担忧不平均,不担忧寡少而担忧不安定。因为,平均了就没有贫困,和谐了就不会寡少,安定了就不能倾覆。做到这样,远方的人还不归服,便再修仁义礼乐的政教来招致他们。既招来了他们,就安顿他们。现在你俩辅佐季氏,边远的人不归服却不能招致他们,国家分崩离析却不能守住,反而计划在国境以内使用兵力。我恐怕季氏的担忧不在颛臾,而在自己的家门之内哩。"

【评论】 本章记录孔子就鲁政对冉有的教导。《四书或问》:"伐颛臾而曰季氏,见以鲁臣而取其君之属也,是无鲁也。颛臾而曰伐,见以大夫而擅天子之大权也,是无王也。将者,欲伐而未成,见其臣尚可以谏,而季氏尚可以止也。"《集解》:"孔曰:'冉有与季路为季氏臣,来告孔子。冉求为季氏宰,相其室为之聚敛,故孔子独疑求教之。'"皇侃《义疏》引蔡谟云:"冉有、季路并以王佐之姿,处彼相之任,岂有不谏季孙以成其恶?所以同其谋者,将有以也,量己揆势,不能制其悖心于外,顺其意以告夫子,实欲致大圣之言以救其弊;是以夫子发明大义,以酬来感,宏举治体,自救时难,引喻虎兕,为以罪相者,虽文讥二子,而旨在季孙,既示安危之理,又抑强臣擅命,二者兼著,以宁社稷,斯乃圣贤同符,相为表里者也。然守文者众,达微者寡也,睹其见轨而昧其玄致,但释其辞,不释所以辞,惧二子之见幽,将长沦于腐学,是以正之,以苡来旨也。"

《集注》:"按《左传》《史记》二子仕季氏不同时,此云尔者,疑子路尝从孔子自卫反鲁,再仕季氏,不久而复之卫也。冉求为季氏聚敛,尤用事,故夫子独责之。""东蒙,山名。先王封颛臾于此山之下,使主其祭,在鲁地七百里之中。社稷,犹云公家。是时四分鲁国,季氏取其二,孟孙、叔孙各有其一,独附庸之国尚为公臣,季氏又欲取以自益,故孔子言颛臾乃先王封国,则不可伐;在邦域之中,则不必伐;是社稷之臣,则非季氏所当伐也。此事理之至当,不易之定体,而一言尽其曲折如此,非圣人不能也。""子路虽不与谋,而素不能辅之以义,亦不得为无罪,故并责之。远人,谓颛臾。分崩离析,谓四分公室,家臣屡叛。干,楯也。戈,戟也。萧墙,屏也。言不均不和,内变将作,其后哀公果欲以越伐鲁而去季氏。谢氏曰:'当是时,三家强,公室弱,冉求又欲伐颛臾以附益之,夫子所以深罪之,为其瘠鲁以肥三家也。'洪氏曰:'二子仕于季氏,凡季氏所欲为,必以告于夫子,则因夫子之言而救止者宜亦多矣。伐颛臾之事不见于经传,其以夫子之言而止之也。'"

16.2 孔子曰:"天下有道,则礼乐征伐自天子出①;天下无道,则礼乐征伐自诸侯出。自诸侯出,盖②十世希③不失矣;自大夫出,五世希不失矣;陪臣④执国命,三世希不失矣。天下有道,则政不在大夫;天下有道,则庶人不议。"

【注解】 ①礼乐征伐自天子出:依据古制,变更礼乐以及专令征伐都由天子决定。若诸侯僭越,使"礼乐征伐自诸侯出",则是一种逆理违道,将会战乱四起,国道衰微。②盖:副词,大约,大概。③希:同"稀",少。《集解》:"希,少也。"④陪臣:即家臣。《集解》引马曰:"陪,重也。谓家臣。"

【译文】 孔子说:"天下太平,制礼作乐、出兵征伐都决定于天子;天下不太平,制礼作乐、出兵征伐便决定于诸侯。决定于诸侯,大概传到十代很少有不丧失的;决定于大夫,传到五代很少有不丧失的;若是家臣把持了国家政权,传到三代很少有不丧失的。天下太平,国家政权就不会落在大夫手里;天下太平,老百姓就不会议论纷纷。"

【评论】 此章记孔子对时政的批判,诸侯、大夫、家臣掌权,使得公室被架空。这是违背古制的"逆理"行为。《集解》:"孔曰:'希,少也。周幽王为犬戎所杀,平王东迁,周始微弱。诸侯自作礼乐,专行征伐,始于隐公。至昭公十世失政,死于乾侯矣。季文子初得政,至桓子五世,为家臣阳虎所囚也。'马曰:'陪,重也。谓家臣。阳氏为季氏家臣,至虎三世而出奔齐。'"皇侃《义疏》:"诸侯是南面之君,故至全数之年而失之也。若礼乐征伐从大夫而专滥,则五世,此大夫少有不失政者也。其非南面之君,道从势短,故半诸侯之年,所以五世而失之也。陪,重也。其为臣之臣,故云重也。是大夫家臣僭执邦国教令,此至三世必失也。既卑,故不至五世,则半十而五,三亦半五,大者难倾,故至十。十,极数也。小者易危,故转相半,理势使然。亡国丧家,其数皆然,未有遇此而不失者也。按此但云执国命,不云礼乐征伐出者,其不能僭礼乐征伐也。"又引缪播云:"大夫五世,陪臣三世者,苟得之有由,则失之有渐,大者难倾,小者易灭,近本罪轻,远弥罪重,轻故祸迟,重则败速,二理同致,自然之差也。"《集注》:"先王之制,诸侯不得变礼乐专征伐。陪臣,家臣也。逆理愈甚,则其失之愈速,大约世数不过如此。"

16.3　孔子曰:"禄之去公室①五世矣;政逮于大夫②四世矣。故夫三桓③之子孙微④矣。"

【注解】　①禄:爵禄俸给。去:离开。"禄之去公室"就是说封赏爵禄的权力不属于国君,即鲁君不掌握实权。②逮:及,到。③三桓:指鲁国的卿大夫孟孙、叔孙和季孙,他们皆出自鲁桓公之后,故称为"三桓"。皇《疏》:"谓为三桓者,仲孙、叔孙、季孙三家同出桓公,故云三桓也。"④微:衰微。

【译文】　孔子说:"国家政权离开了鲁君已经五代了,政权落到大夫之手已经四代了,所以桓公的子孙现在也要衰微了。"

【评论】　此章是孔子考察历史并对鲁国时局作出的判断。《集解》:"郑曰:'言此之时,鲁定公之初也。鲁自东门襄仲杀文公之子赤而立宣公,于是政在大夫,爵禄不从君出,至定公为五世矣。'孔曰:'四世,文子、武子、悼子、平子。三桓者,谓仲孙、叔孙、季孙。三卿皆出桓公,故曰三桓也。仲孙氏改其氏称孟氏,至哀皆衰也。'"

皇侃《义疏》:"礼乐征伐自大夫出,五世希有不失,于时孔子见其数将尔,知季氏必亡,故发斯旨也。公,君也。禄去君室,谓制爵禄出于大夫,不复关君也。制爵禄不关君,于时已五世也,故云去公室五世也。逮,及也。制禄不由君,故及大夫也。季文子初得政,武子、悼子、平子四世,是孔子时所见,故云四世。大夫执政,五世必失,而季世已四世,故三桓子孙转以弱也。谓为三桓者,仲孙、叔孙、季孙三家同出桓公,故云三桓也。"

《集注》:"鲁自文公薨,公子遂杀子赤立宣公,而君失其政。历成、襄、昭、定,凡五公。逮,及也。自季武子始专国政,历悼、平、桓子,凡四世,而为家臣阳虎所执,三桓,三家皆桓公之后,此以前章之说推之而知其当然也。此章专论鲁事,疑与前章皆定公时语。苏氏曰:'礼乐征伐自诸侯出,宜诸侯之强也,而鲁以失政。政逮于大夫,宜大夫之强也,而三桓以微。何也? 强生于安,安生于上下之分定,今诸侯大夫皆陵其上,则无以令于下矣,故皆不久而失之也。'"

16.4　孔子曰:"益者三友,损者三友。友直、友谅①、友多闻,益矣;友便辟②、友善柔③、友便佞④,损矣。"

【注解】　①谅:信实。②便辟:《朱注》云:"便,习熟也。便辟,谓习于威仪而不直。"即虚浮奉承。《七经考文》:"一本'辟'作'僻'。"《集解》:"马氏曰'便辟,巧辟,人之所忌,以求容媚。'读辟为避。"③善柔:《朱注》云:"谓工于媚悦而不谅。"即圆滑谄媚,两面三刀。④便佞(nìng):《朱注》云:"谓习于口语而无闻见之实。"即巧言令色,夸夸其谈。

【译文】　孔子说:"有益的朋友有三种,有害的朋友有三种。朋友正直,朋友信实,朋友见识广博,便有益了;朋友虚浮,朋友谄媚,朋友夸夸其谈,便有害了。"

【评论】　本章论交友之道。《集解》:"马氏曰'便辟,巧避人之所忌以求容媚者。善柔,面柔也。'郑曰:'便,辩也,谓佞而辩也。'"皇《疏》:"明与朋友益者有三事,故云益者三友。又明与朋友损者只有三事,故云损者三友。一益也,所友得正直之人也。二益也,所友得有信之人也。三益也,所友得能多所闻解之人也,益矣。上所言三事皆是有益之朋友也。谓与便辟之人为朋友者,谓悟巧能为避人所忌者为便辟也。谓所友者善柔也,善柔,谓面从而背毁者也。谓与便佞为友也,便佞谓辩而巧也,上三事皆是为损之朋友也。"《集注》:"友直则闻其过,友谅则进于诚,友多闻则进于明。便,习熟也。便辟谓习于威仪而不直,善柔谓工于媚说而不谅,便佞谓习于口语而无闻见之实,三者损益正相反也。""'谓习于威仪。'与直相反。善柔能为面柔,与谅相反。便佞但能口辩,非有学问,与多闻相反。人君友此三者,皆有损也。"

16.5　孔子曰:"益者三乐,损者三乐。乐节①礼乐、乐道②人之善、乐多贤友,益矣;乐骄乐③、乐佚游④、乐宴乐,损矣。"

【注解】　①节:调节。②道:称道。《七经考文》:"古本'道'作

'导'。"③骄乐:即骄纵放肆不知节制,并以此为乐。④佚游:指游荡无度。《释文》:'佚',本亦作'逸'。

【译文】 孔子说:"有益的快乐有三种,有害的快乐有三种。乐于以礼乐来调节行为,乐于称道他人的长处,乐于多结交益友,便有益了。乐于骄纵放肆,乐于游荡无度,乐于吃喝宴请,便有害了。"

【评论】 此章讲"人生乐趣"应以有益修养为上。乐作为一种情绪体验,本身是没有好坏之分,孔子更加看重的是追寻快乐的行为过程,它的益损才是乐趣好坏的区别。《集解》:"乐节礼乐,动静得于礼乐之节也。王曰:'佚游,出入不知节也。'孔曰:'骄乐,恃尊贵以自恣。晏乐,沈荒淫渎也。三者自损之道也。'"《集注》:"节,谓辨其制度声容之节,骄乐则侈肆而不知节,佚游则惰慢而恶闻善,晏乐则淫溺而狎小人,三者损益亦相反也。"黄氏《后案》:"乐节礼乐,谓心之失中和者,节以礼之中、乐之和也。《汉书·贡禹传》引此云'放古以自节'是也。乐骄乐,乐骄肆之乐也。乐晏乐,《汉书·成帝纪》引作'乐燕乐',言燕私之乐也。"

16.6 孔子曰:"侍于君子有三愆①:言未及②之而言,谓之躁;言及之而不言,谓之隐;未见颜色而言,谓之瞽③。"

【注解】 ①愆(qiān):过失。《集解》:"孔曰:'愆,过也。'"②及:轮到,等到。③瞽(gǔ):不懂察言观色,盲目。《集注》:"瞽,无目,不能察言观色也。"

【译文】 孔子说:"侍奉君子容易犯三种过失:还没轮到说话的时候就说了,这叫作急躁;该说话了却不说,这叫作隐瞒;不看君子的脸色而贸然说话,这叫做盲目。"

【评论】 本章讲与人相处之道,也可以看作是教弟子之道。《太平御览》述作"三僣"。《释文》:"《鲁》读躁为傲,今从《古》。"《荀子·劝学》:"未可与言而言谓之傲,可与言而不言谓之隐,不观气色而言谓之瞽。君子不傲不隐不瞽。"《韩诗外传》卷四:"未可与言而言谓之瞽,可与之言而不言谓之隐,君子不瞽言,谨慎其序。"《集解》:"孔曰:'愆,过也。隐,匿不尽情实也。'郑曰:'躁,不安静也。'周曰：'未见君子颜色所趣向，而便逆先言语者，犹瞽者也。'"《集注》："君子，有德位之通称。愆，过也。瞽，无目，不能察言观色也。尹氏曰：'时然后言，则无三者之过矣。'"

16.7 孔子曰："君子有三戒：少之时，血气未定，戒之在色；及其壮也，血气方刚，戒之在斗；及其老也，血气既①衰，戒之在得②。"

【注解】 ①既：已经。②得：孔安国注云："得，贪得。"《释文》："'得'或作'德'，非。"

【译文】 孔子说："君子有三项警惕戒备：少年时代，精力尚未稳定，便要警戒，莫迷恋女色；到了壮年，精力旺盛，便要警戒，莫争强好斗；到了老年，精力已经衰退，便要警戒，莫贪求无厌。"

【评论】 本章言修身之要，涉及人生的不同阶段。皇侃《义疏》："君子自戒其事有三，故云有三戒也。一戒也少，谓三十以前也，尔时血气犹自薄少，不可过欲，过欲则为自损，故戒之也。二戒也壮，谓三十以上也，礼，三十壮而为室，故不复戒色也，但年齿已壮，血气方刚，性力雄猛者无所与让，好为斗争，故戒之也。三戒也老，谓年五十以上也，年五十始衰，无复斗争之势，而戒之在得也。得，贪得也。老人好贪，故戒之也。老人所以好贪者，夫年少象春夏，春夏为阳，阳法主施，故少年明怡也。年老象秋冬，秋冬为阴，阴体敛藏，故老嗜好敛聚，多贪也。"

《集注》："血气，形之所待以生者，血阴而气阳也。得，贪得也。随时知戒，以理胜之，则不为血气所使也。"黄氏《后案》："《乐记》云：'民有血气心知之性。'性之善，心知之静而正也。血气之粗驳者，君子不敢借口于性而必戒之也。血气中有嗜欲，好色好斗好得，因之以生，然污者能言洁，争者能言让，贪者能言廉，凡人犹明于此，君子亦以学问扩充其心而已。或曰血气之驳，至好色好斗好得，将谓斯人血气之躯与物无异与？曰非也。好色好斗好得，血气之躯之驳气足以动志者也。《洪范》云：'貌恭，言从，视明，听聪'，血气之躯之正也。曰思睿，则心之静而正也。于人心未为习俗所累之时，而观肃乂哲谋圣之本，然可见有物有则，而与物迥异矣。

或曰信如是,人之血气有偏有正,其性兼善恶之谓乎？曰：孟子道性善,而云味色声臭安佚,性也。荀子《性恶》篇云：'人之性,生而有好利焉,生而有疾恶焉,生而有耳目之欲,有好声色焉。'又云：'涂之人皆有可以知仁义法正之质,皆有可以能仁义法正之具。'董子《繁露·深察名号》篇云：'仁贪之气两在于身。'扬子《修身》篇云：'人之性也善恶混。'论衡《本性》篇云：'宓子贱、漆雕开、公孙尼子之徒与世子硕皆言性有善有恶。'《申鉴·杂言》下引刘向曰：'性情相应,性不独善,情不独恶。'宋程、朱二子遵孟子而言性善,又云恶亦不可不谓之性,又云孟子论理不论气,论性不备,然则合一身血气之粗驳者以言性,诸书之言固可择取互证以通其说也。"

16.8 孔子曰："君子有三畏：畏天命,畏大人①,畏圣人之言。小人不知天命而不畏也,狎大人②,侮圣人之言。"

【注解】 ①大人：身居高位或有道德的人。②狎(xiá)：轻慢。

【译文】 孔子说："君子有三项敬畏：敬畏天命、敬畏王公大人、敬畏圣人的言语。小人不懂得天命,因而不敬畏它,轻视王公大人,亵渎圣人的言语。"

【评论】 按：大人有二说,郑玄主有位者,何晏主有位有德者。《朱子语类》云："大人不止有位者,是指有位有齿有德者。"赵顺孙曰："大人,有德位者之称。"皆主何说,然与下文圣人重复。《易·革》九五"大人虎变",马融注谓舜与周公。盖凡在上位者皆谓之大人,汉人解经原如此,郑注义为长。孔子畏大人,孟子藐大人,所谓言各有当也。

　　《集解》："顺吉逆凶,天之命也。大人即圣人,与天地合其德者也。深远不可易知测,圣人之言也。恢疏,故不知畏也。直而不肆,故狎之也。不可小知,故侮之也。"
　　《士相见礼疏》引郑注："大人,为天子诸侯为政教者。"《书·大禹谟正义》引郑注："狎,惯忽之言,惯见而忽也。"皇侃《义疏》："天命,谓作善降百祥,作不善降百殃,从吉逆凶,是天之命,故君子畏之,不敢逆之也。"又引江熙云："小人不惧德,故媟慢也,侮圣人之言,以典籍为妄作也。"

《集注》:"畏者,严惮之意也。天命者,天所赋之正理也。知其可畏,则其戒谨恐惧自有不能已者,而付畀之重可以不失矣。大人,圣言皆天命所当畏,知畏天命,则不得不畏之矣。侮,戏玩也。不知天命,故不识义理而无所忌惮如此。尹氏曰:'三畏者,修己之诚当然也。小人不务修身诚己,则何畏之有。'"

16.9　孔子曰:"生而知之者,上也①;学而知之者,次也;困而学之②,又其次也;困而不学,民斯为下矣③。"

【注解】　①上:上等。②困:遇到困难,有所不通。《集解》:"孔曰:'困,有所不通。'"③斯:连词,则,就。

【译文】　孔子说:"生来就有知识的人是上等;通过学习才有知识的人是次等;遇到困难了才去学习知识的人,更次一等;遇到困难了仍然不学习,这样的人就是最下等的了。"

【评论】　儒家并不以天赋区分聪敏与愚蠢,而是用"学"与否来区分,非常强调后天的努力,强调靠不懈的学习来弥补先天的缺陷,并取得成功。皇侃《义疏》:"此章劝学也,故先从圣人始也。若生而自有知识者,此明是上智圣人,故云上也。云学而云云者,谓上贤也,上贤既不生知,资学以满分,故次生知者也。谓中贤以下也,本不好学,特以己有所用,于理困愤不通,故愤而学之,此只次前上贤人也。谓下愚也,既不好学,而困又不学,此是下愚之民也,故云民斯为下矣。"《集注》:"困,谓有所不通。言人之气质不同,大约有此四等。杨氏曰:'生知学知以至困学,虽其质不同,然及其知之一也,故君子惟学之为贵。困而不学,然后为下。'"

16.10　孔子曰:"君子有九思:视思明、听思聪①、色思温、貌思恭,言思忠,事思敬,疑思问,忿②思难③,见得思义。"

【注解】　①聪:听觉灵敏,听得清楚。②忿(fèn):愤怒。③难(nàn):灾祸。

【译文】　孔子说:"君子有九种考虑:看的时候,考虑是否看明白了;听的时候,考虑是否听清楚了;面容的神色,考虑是否温和;容貌态度,考虑是否恭敬;说的话,考虑是否忠诚信实;对待事务,考虑是否严肃认真;遇到疑问,考虑向人请教了没有;发怒,考虑是否引起麻烦;看见可得的,考虑自己是否应得。"

【评论】 此章言君子要时刻自问、自省,并给出了十分具体的标准。君子之所以为君子,是走在一条时刻反省自身、完善自身的道路上,这也就是慎独的精神内涵。皇侃《义疏》引李充云:"静容谓之色,柔畅谓之温也,动容谓之貌,谦接谓之恭也。"《集注》:"视无所蔽,则明无不见。听无所壅,则聪无不闻。色,见于面者。貌,举身而言。思问则疑不蓄,思难则忿必惩,思义则得不苟。"黄氏《后案》:"或问许仲平:'心中思虑多奈何?'答曰:'不知所思虑者何事? 果求所当知,虽千思万虑可也。'式三谓君子九思,日用迭起循生,无动静无内外,而必省察之以求其当,正如许氏曰,程伯子曰,九思各专其一,欲人思之深也。如《玉藻》九容,目容端与视思明相足,色容庄与色思温相足,口容止与言思忠相足,足容重、手容恭、头容直、声容静、气容肃、立容德与貌思恭相足,思必深于一也。或谓心存则九者自正,非经恉。"

16.11 孔子曰:"见善如不及①,见不善如探汤②。吾见其人矣,吾闻其语矣。隐居以求其志,行义以达其道。吾闻其语矣,未见其人也。"

【注解】 ①及:追赶上。②汤:滚烫的开水。《集解》:"孔曰:'探汤,喻去恶疾也。'"黄氏《后案》:"《汉书·刘向传》注云:'探汤,言其除难无所避。'《杜周传》注云:'言重难之,若以手探热汤也。'二说虽异,其以为恶恶则一也。张子韶《绝句》云:'试问何如是探汤,喻其渐人久无伤。顾于不善乃如斯,深恐斯人志不刚。'则以如探汤为渐入恶矣,又一说也。"

【译文】 孔子说:"看见善,如同赶不上似的去追求;看见恶,如同手伸入沸水似的赶紧避开。我见过这样的人,也听过这样的话。退而隐居以保全自己的意志,施行道义以贯彻自己的主张。我听过这样的话,却没见过这样的人。"

【评论】 钱穆《论语新解》云:"本章见有两种人。善善恶恶,出于其诚,是亦仁人矣,然不如求志达道者。"皇侃《义疏》引颜特进云:"好善如所慕,恶恶如所畏,合义之情,可传之理,既见其人,又闻其语也。"又引袁氏云:"恒恐失之,故驰而及之也。"《集注》:"真知善恶诚好恶之,颜、曾、闵、冉之徒盖能之矣。语,盖古语也。"皇《疏》引颜特进云:"隐居所以求志于世表,行义所以达道于古人,无立之高,难能之行,徒闻其语,未见其人也。"《集注》:"求其志,守其所达之道也。达其道,行其所求之志也。盖惟伊尹、太公之流可以当之,当时若颜子亦庶乎此。然隐而不见,又不幸而蚤死,故夫子云然。"

16.12 齐景公有马千驷①,死之日,民无得称焉②。伯夷、叔齐饿于首阳③之下,民到于今称之,其斯之谓与?

【注解】 ①千驷:一般地,古代一辆车用四匹马来拉,所以一驷就是四匹马。《集解》:"孔曰'千驷,四千匹。'"②称:称颂。③首阳:山名,约在今山西永济以南。《集解》:"马曰:'首阳山在河东蒲坂县。华山之北,河曲之中。'"

【译文】 齐景公有四千匹马,他死的时候,民众都不觉得他有什么德行值得称赞。伯夷、叔齐饿死在首阳山下,民众至今还称赞他们。("诚不以富,亦祇以异")就是这个意思吧!

【评论】 钱穆《论语新解》说:"《论语》文例,举古事古礼,章首皆无子曰字,至下断语始著子曰。若序而不论,则通章可不著子曰字,非阙文。'诚不以富'两语移'其斯之谓与'前,最为谛当可从。"皇侃《义疏》:"千驷,四千匹马也。生时无德而多马,一死则身名俱消,故民无所称誉也。夷齐是孤竹君之二子也,兄弟让国,遂入隐于首阳之山。武王伐纣,夷齐扣武王马谏曰:'为臣伐君,岂得忠乎?横尸不葬,岂得孝乎?'武王左右欲杀之。太公曰:'此孤竹君之子,兄弟让国,大王不能制也。隐于首阳山,合方立义,不可杀是贤人。'即止也。夷齐反首阳山,责身不食周粟,唯食草木而已。后辽西令支县祐家白张石虎,往蒲坂采材,谓夷齐曰:'汝不食周粟,何食周草木?'夷齐闻言,即遂不食,七日饿死。云首阳下者,在山边侧也。虽无马而饿死,而民到孔子之时,相传犹揄扬愈盛也。"

黄氏《后案》:"夷齐之饿,守义而不食周禄也。韩子曰:'武王,圣人也。夷齐非圣人而敢自是,信道笃而自知明也。其逃墨胎之封也,权衡于父子军国之间,而军国为轻。其谏伐纣也,权衡于君臣世事之间,而君臣为重。若曰商之民犹受虐于商,夷齐以为事之无如何也,博施济众,圣人所病,以所病者付之无如何之数,亦全其君臣之义而已,此夷齐之心也。'王介甫谓伯夷与太公就养,同有夷纣之心,此诬说也。近俞长城言首阳之下避商非避周,避纣非避武,亦说之不可据也。"

《集注》:"胡氏曰:'程子以第十二篇错简"诚不以富,亦只以异"当在此章之首,今详文势,似当在此句之上,言人之所称不在于富,而在于异也。'愚谓此说近是。而章首当有'孔子曰'字,盖阙文耳。大抵此书后十篇多阙误。"

16.13 陈亢①问于伯鱼②曰:"子亦有异闻乎?"对曰:"未也。尝③独立,鲤趋④而过庭。曰:'学诗乎?'对曰:'未之。'曰'不学诗,无以言也。'鲤退而学诗。他日又独立,鲤趋而过庭。曰:'学礼乎?'对曰:'未也。''不学礼,无以立。'鲤退而学礼。闻斯二者矣。"陈亢退而喜曰:"问一得三,闻诗,闻礼,又闻君子之远其子也。"

【注解】 ①陈亢(gāng):陈国人,字子禽。《说文解字》:《论语》有陈伉。《七经考文》:"古本'学诗乎'下'未也','也'作'之'。上下'未也'同今本。"皇本、高丽本'不学诗'上有曰字,'言'下有也字。高丽本'立'下有也字。皇本'二者'下有矣字。高丽本'者'作'矣'。②伯鱼:孔子的儿子名鲤,字伯鱼。③尝:曾经。④趋:小步快走,表示恭敬。

【译文】 陈亢向孔子的儿子伯鱼问道:"你在老师那儿得到过与众不同的教诲吗?"伯鱼回答说:"没有。他曾一个人站在庭院中,我恭敬地快步踱过庭院。他问我:'学《诗经》了吗?'我说:'没有。'他说:'不学《诗经》,就不懂如何讲话。'我退回去就学《诗经》。有一天,他又一个人站在那里,我轻轻走过庭院。他问:'学习礼制了吗?'我说:'没有。'他说:'不学习礼制,就不懂如何处身立世。'我退回去就学礼制。就听到这两番教诲。"

陈亢回去非常高兴地说："我问一件事，知道了三件事。知道该学诗，知道该学礼，还知道了君子不特殊对待自己的儿子。"

【评论】"不学诗，无以言"，此足以表明孔子对诗教的重视。朱《注》云："事理通达而心气和平，故能言。品节详明，而德性坚定，故能立。"因此，陈亢在他所讨教的学习秘诀方面其实并无所得，他所获得的精髓在于求真务实的学习态度和修身养性的重要作用。

"君子之远其子"中的"远"并非指的疏远，而是不偏私、不溺爱。这也并不是特立独行的方式。在古代，易子而教便是一种传统教育法，《孟子》中讲到"古者易子而教之，父子之间不责善。责善则离，离则不祥莫大焉"，说的就是这种既能从严要求，也可避免伤害父子之情的教育方法。

皇侃《义疏》："陈亢即子禽也，伯鱼即鲤也。亢言伯鱼是孔子之子，孔子或私教伯鱼有异门徒闻，故云子亦有异闻不也。呼伯鱼而为子也。伯鱼对陈亢曰：我未尝有异闻也。此述己生平私得孔子见语之时也。言孔子尝独立，左右无人也。孔子独立在堂，而己趋从中庭过也。孔子见伯鱼从过庭，呼而问之曰：汝尝学《诗》不乎？伯鱼述举己答孔子，言未尝学《诗》也。孔子闻伯鱼未尝学《诗》，故以此语之，言《诗》有比兴答对酬酢，人若不学《诗》，则无以与人言语也。伯鱼得孔子之旨，故退还己舍而学《诗》也。他日，又别日也。孔子又在堂独立也，伯鱼又从中庭过也。孔子又问伯鱼：汝学礼不乎？亦答曰：未学礼也。孔子又语伯鱼曰：礼是恭俭庄敬立身之本，人有礼则安，无礼则危。若不学礼，则无以自立身也。鲤从孔子旨，退而学礼也。又答陈亢，言己为孔子之子，唯私闻学《诗》学礼二事也。陈亢得伯鱼答己二事，故退而欢喜也，言我问异闻之一事，而今得闻三事也。伯鱼二也，又君子远其子三也。伯鱼是孔子之子，一生之中唯知闻二事，即是君子不独亲子，故相疏远，是陈亢今得闻君子远于其子也。"又引范宁云："孟子曰'君子不教子'，何也？势不行也。教者必以正，以正不行，继之以忿，继之以忿，则反夷矣，父子相夷恶也。"

《集注》："亢以私意窥圣人，疑必阴厚其子。……当独立之时，所闻不过如此，其无异闻可知。尹氏曰：'孔子之教其子，无异于门人，故陈亢以为远其子。'"

黄氏《后案》："以为远其子者,疑圣人必有不传之秘,特未尝传子也。后儒舍经文正训而求圣人不传之秘,正与子禽同意。"

16.14　邦君之妻,君称之曰夫人,夫人自称曰小童;邦人称之曰君夫人,称诸①异邦曰寡小君;异邦人称之亦曰君夫人也。

【注解】　①诸："之于"的合音。

【译文】　国君的妻子,国君称她为夫人,她自称为小童。本国的人称她为君夫人,但对别国的人便称她为寡小君。别国的人也称她为君夫人。

【评论】　本章作为典制记录,并无深意。《集解》："孔曰:'小君,君夫人之称也,对异邦谦。故曰寡小君。当此之时,诸侯嫡妾不正,称号不审,故孔子正言其礼也。'"皇侃《义疏》："当时礼乱,称谓不明,故此正之也。邦君自呼其妻曰夫人也。此夫人向夫自称,则曰小童。小童,幼小之目也,谦不敢自以比于成人也。邦人,其国民人也。若其臣之民呼君妻,则曰君夫人也。君自称则单曰夫人,故民人称带君言之也。自我国臣民向他邦人称我君妻,则曰寡小君。君自称曰寡人,故臣民称君为寡君,称君妻为寡小君也。若异邦臣来,即称主国君之妻,则亦同曰君夫人也。"

阳货第十七

17.1 阳货①欲见孔子,孔子不见,归②孔子豚③。孔子时④其亡⑤也,而往拜之。遇诸塗。谓孔子曰:"来!予⑥与尔言。"曰:"怀其宝而迷其邦,可谓仁乎?"曰:"不可。""好从事而亟⑦失时,可谓智⑧乎?"曰:"不可。""日月逝矣,岁不我与⑨。"孔子曰:"诺,吾将仕矣。"

【注解】　①阳货:阳虎,鲁国大夫季平子的家臣。季氏几代把持鲁国政治,而阳货又是季氏的权臣。季平子死后,阳货掌握了鲁国朝政,后企图除去三桓而未成,逃往晋国。《集注》:"阳货,季氏家臣,名虎,尝囚季桓子而专国政,欲令孔子来见己,而孔子不往。货以礼大夫有赐于士,不得受于其家,则往拜其门,故瞰孔子之亡,而归之豚,欲令孔子来拜而见之也。"②归(kuì):通"馈",赠送。③豚:小猪。④时:通"伺",趁着。⑤亡(wú):通"无"。⑥予:即"余",我。⑦亟(qì):屡次。⑧智:一本作"知",聪明。⑨岁不我与:宾语前置句,即"岁不与我",意为年岁是不等人的。

【译文】　阳货想会见孔子,孔子不见他,他便给孔子送了一只熟乳猪。孔子趁他不在家的时候去回拜他。结果两人在路上碰着了。阳货对孔子说:"来,我有话同你说。"接着说:"自己有一身本领却听任国家陷入迷乱,这能称为仁爱吗?"孔子说:"不能。""喜好从政却屡屡错失机会,这能称为聪明吗?"孔子说:"不能。""日子一天天过去,时光不等人啊。"孔子说:"是啊,我将要出来做官了。"

【评论】　《孟子·滕文公下》:"大夫有赐与士,不得受于其家,则往拜其门",意思是大夫给士赏赐,如果士没有在家中接受的话,就要亲自到大夫门下回拜答谢。孔子不愿见阳货,阳货便利用这一礼俗,使孔子不得不回访。"

《集解》:"孔曰:'阳货,阳虎也。季氏家臣而专鲁国之政,欲见孔子使仕也。欲使往谢,故遗孔子豚也。塗,道也。于道路与相逢也。'""马曰:'言孔子不仕,是怀宝也。知国不治而不为政,是迷邦也。日月逝,年老岁月已往,当急仕也。'孔曰:'言孔子栖栖好从事,而数不遇失时,不得为有知者也。言将仕,以顺辞免害也。'"

皇侃《义疏》:"归,犹馈也。既召孔子,孔子不与相见,故又遣人馈孔子豚也。所以召不来而馈豚者,礼,得敌己以下馈,但于己家拜馈而已;胜己以上见馈,先既拜于己家,明日又往馈者之室也。阳货乃不胜孔子,然己交专鲁政,期度孔子必来拜谢己,因得与相见也。得相见而劝之,欲仕也。亡,无也,无谓虎不在家时也。孔子晓虎见馈之意,故往拜谢也。若往谢必与相见,相见于家,事或盘桓,故伺取虎不在家时而往拜于其家也。塗,道路也。既伺其不在而往拜,拜竟而还,与之相逢于路中也。孔子圣人,所以不计避之而在路与相逢者,其有所以也。若遂不相见,则阳虎求召不已,既得相见,则其意毕耳。但不欲久与相对,故造次在塗路也。所以知是已拜室还与相逢者,既先云时亡也,后云遇塗,故知已至其家也。其若未至室,则于礼未毕,或有更随其至己家之理,故先伺不在而往,往毕还而相逢也。阳虎恶臣,知孔子是欲婉拒不仕,故欲孔子谢己之馈赠也。"

《集注》:"货语皆讥孔子而讽使速仕,孔子固未尝如此,而亦非不欲仕也,但不仕于货耳,故直据理答之,不复与辩,若不谕其意者。阳货之欲见孔子,虽其善意,然不过欲使助己为乱耳,故孔子不见者,义也。其往拜者,礼也。必时其亡也而往者,欲其称也。遇诸涂而不避者,不终绝也。随问而对者,理之直也。对而不辩者,言之孙而亦无所诎也。杨氏曰:'扬雄谓孔子于阳货也,敬所不敬,为诎身以信道,非知孔子者。盖道外无身,身外无道,身诎矣而可以信道,吾未之信也。'"

17.2 子曰:"性相近也,习相远也①。"

【注解】 ①习:习性,习染。

【译文】 孔子说:"人性本相接近,因为习性不同,便相差甚远了。"

【评论】《论语》只有本章谈到"性"(也有注家认为"性与天道"的"性"与本章的"性"是同一涵义)。孔子言及人之性时,并不谈性之善恶,而谈"远近",于是后来儒家内部出现了性善与性恶的争论。康有为《论语注》:"后人言性甚多,世硕以为性有善有恶,人之善性养而致之,则善长;性恶养而致之,则恶长。宓子贱、漆雕开、公孙尼子之徒皆言性有善有恶,孟子则言性善,荀子则言性恶,告子则言性无善无不善,杨子则言善恶混,皆泥于善恶而言之。孔子则不言善恶,但言远近。"康注梳理儒家性论甚好。

皇侃《义疏》:"性者,人所禀以生也。习者,谓生后有百仪常所行习之事也。人俱禀天地之气以生,虽复厚薄有殊,而同是禀气,故曰相近也。及至识,若值善友则相效为善,若逢恶友则相效为恶,恶善既殊,故云相远也。然情性之义,说者不同,且依一家。旧释云:性者,生也。情者,成也。性是生而有之,故曰生也。情是起欲动彰事,故曰成也。然性无善恶,而有浓薄;情是有欲之心,而有邪正。性既是全生而有,未涉乎用,非唯不可名为恶,亦不可目为善,故性无善恶也。所以知然者,夫善恶之名恒就事而显,故《老子》曰:'天下以知美之为美,斯恶已。以知善之为善,斯不善已。'此皆据事而谈。情有邪正者,情既是事,若逐欲流迁,其事则邪;若欲当于理,其事则正,故情不得不有邪有正也。故《易》曰:'利贞者,性情也。'"又引范宁云:"人生而静,天之性也;感于物而动,性之欲也,斯相近也。习洙泗之教为君子,习申商之术为小人,斯相远也。"又引王弼云:"不性其性,焉能久行其正,此是性之正也。若心好流荡失真,此是性之邪也。若以情近性,故云性其情。情近性者,何妨是有欲。若逐欲迁,故云远也。若欲而不迁,故曰近。但近性者正,而即性非正;虽即性非正,而能之正,譬如近火者热,而即火非热;虽即火非热,而能使之热。能使之热者,气也,热也。能使之正者,仪也,静也。又知其有浓薄者,孔子曰'性相近也',若全同也。相近之辞不生,若全异也。相近之辞亦不得立。今云近者,有同有异。取其共是无善无恶则同也,有浓有薄则异也。虽异而未相远,故曰近也。"王弼论性、情关系,虽有玄学的色彩,但也有深化和拓展。

《集注》:"此所谓性,兼气质而言也。气质之性固有美恶之不同矣,然以其初而言,则皆不甚相远也。但习于善则善,习于恶则恶,于是始相远耳。程子曰:'此言气质之性,非言性之本也。若言其本,则性即是理。理无不善,孟子之言性善是也,何相近之有哉?'"此理学家之"性"论,似有求之过深之嫌。

17.3 子曰:"惟唯上知与下愚不移①。"

【注解】 ①智(zhì):通行本作"知"。《论衡·本性》《中论·夭寿》引并作"智"。《朱子语类》:"性习远近与上知下愚本是一章,'子曰'二字衍文也。"亦可备一说。

【译文】 孔子说:"只有上等的智者与下等的愚之人才不能以教化改变。"

【评论】 "上智"者,是《季氏》篇提到过的"生而知之者",是圣人、超人,无需通过教育也可卓然独立于世。"下愚"者,即"困而不学,民斯为下",这种人并非天生就愚钝至极,而是不学无术造成的,于是也就无可救药了。这两种人都是难以教育手段来改易的人。

　　承接上一章对"习"的强调,本章亦是孔子的勉学之语。普通人既不是超人也不是白痴,那么就该自觉学习,不懈努力,通过学习来改变自己,改变人生。这里的"改变",具有生命个体自觉驱动的意义,它是对命运的一种不断超越。

　　皇侃《义疏》:"前既曰性近习远,而又有异,此则明之也。夫降圣以远,贤愚万品,若大而言之,且分为三,上分是圣,下分是愚,愚人以上,圣人以下,其中阶品不同,而共为一。此之共一,则有推移。今云上智谓圣人,下愚愚人也。夫人不生则已,若有生之始,便禀天地阴阳氛氲之气。气有清浊,若禀得淳清者,则为圣人;若得淳浊者,则为愚人。愚人淳浊,虽澄亦不清。圣人淳清,搅之亦不浊。故上圣遇昏乱之世,不能挠其真。下愚值重尧叠舜,不能变其恶。故云唯上智与下愚不移也。而上智以下,下愚以上,二者中间,颜、闵以下,一善以上,其中亦多清少浊,或多浊少清,或半清半浊,澄之则清,搅之则浊,如此之徒,以随世变改,若遇善则清升,逢恶则滓沦,所以别云:性相近,习相远。"

　　《集注》:"此承上章而言。人之气质,相近之中,又有美恶一定,而非习之所能移者。程子曰:'人性本善,有不可移者何也?语其性则皆善也,语其才则有下愚之不移。所谓下愚有二焉,自暴自弃也。人苟以善自治,则无不可移,虽昏愚之至,皆可渐磨而进也,惟自暴者拒之以不信,自弃者绝之以不为,虽圣人与居,不能化而入也,仲尼之所谓下愚也。然其质非必昏且愚也,往往强戾而才力有过人者,商辛是也。圣人以其自绝于善,谓之下愚。然考其归,则诚愚也。'"

17.4 子之武城①,闻弦歌之声。夫子莞尔而笑②,曰:"割鸡焉用牛刀?"子游对曰:"昔者偃③也闻诸夫子曰:'君子学道则爱人,小人④学道则易使也。'"子曰:"二三子⑤!偃之言是也。前言戏之耳。"

【注解】 ①武城:子游当时正是武城的长官。《七经考文》:"古本作'子游之武城'。"②莞尔:《释文》作"苋尔。"阮元校:"案《易·夬》:'苋陆夬夬',虞注:'苋,悦也',读如'夫子苋尔而笑'之'苋'。是仲翔所见之本亦作'苋'字。"③偃:子游姓言,名偃,字子游。④小人:平民百姓。《集注》:"君子小人以位言之。子游所称,盖夫子之常言,言君子小人皆不可以不学,故武城虽小,亦必以教之以礼乐。嘉子游之笃信,又以解门人之惑也。"⑤二三子:诸位,即从行者。《集解》:"孔曰:'道,谓礼乐也。乐以和人,人和则易使也。二三子,从行者也。戏以治小而用大道也。'"

【译文】 孔子去武城,听到弹琴唱歌的声音。孔子微微笑着,说:"杀鸡何必用宰牛的刀?"子游答道:"以前我听老师说过,君子学习了礼乐之道就会爱护别人,百姓学习了礼乐之道就会听从指挥。"孔子说:"同学们,子游的话对呀。我刚才那句话不过是和他开玩笑罢了。"

【评论】 本章记述孔子对子游为政的肯定。子游是武城的长官,孔子见子游在小小的武城仍坚持施行礼乐之教,颇感欣喜。但是"割鸡焉用牛刀"或许也不是孔子的玩笑话,康有为《论语注》:"小康之制尚礼,大同之世尚乐……子游尝闻大同,其治武城先以为治。"《集注》云:"子游所称,盖夫子之常言。言君子小人,皆不可以不学。故武城虽小,亦必教以礼乐。"因此孔子惋惜之外,仍是欣喜更多。

皇侃《义疏》引缪播云："子游宰小邑，能令民得其所，弦歌以乐也。惜其不得导千乘之国，如牛刀割鸡，不尽其才也。"又引江熙云："小邑但当令足衣食教敬而已，反教歌咏先王之道也，如牛刀割鸡，非其宜也。"《集注》："弦，琴瑟也。时子游为武城宰，以礼乐为教，故邑人皆弦歌也。莞尔，小笑貌，盖喜之也。因言其治小邑，何必用此大道也。"亦引缪播云："夫博学之言，亦可进退也。夫子闻乡党之人言，便引得射御；子游闻弦歌之喻，且取非宜，故曰小人学道则易使也。其不知之者，以为戏也；其知之者，以为圣贤之谦意也。"

17.5　公山弗扰以费畔①，召，子欲往。子路不说②，曰："末③之也已，何必公山氏之之也④？"子曰："夫召我者，而岂徒⑤哉？如有用我者，吾其为东周乎？"

【注解】　①畔：通"叛"，叛乱。皇本'弗扰'作'不扰'。《汉书·人表》'公山不狃'，师古注曰：'即公山不扰'。②说（yuè）：通"悦"，高兴。③末：皇侃《义疏》本作"未"。定州汉墓竹简本《论语》作"末"。从汉简本。指没有地方。④何必公山氏之之也：是"何必之公山氏也"的倒装句式。"之之"中第一个"之"字是助词，帮助倒装，无实义；第二个"之"字则是动词，是"到，去往"的意思。《七经考文》："何必公山氏之之也，古本无一之字。《太平御览·州郡部》述文无一之字。"⑤徒：徒然，白白地。

【译文】　公山弗扰盘踞在费城图谋造反，召孔子仕，孔子打算去。子路不高兴，说道："没有地方去便算了，为何一定要去公山氏那里呢？"孔子说："既然召我去，难道是白白召我吗？如果有人用我，我不就能在东方复兴周道吗？"

【评论】　公山弗扰与季氏家臣阳货一起扣留了季桓子，图谋造反。孔子打算利用他们与季氏的矛盾来实现自己的政治主张，一反当初不肯在阳货当政时出仕的态度(17.1)，子路对此很不理解，不高兴。若说本章表现出孔子处事灵活善变，也似乎显得有些牵强。孔子的这种"出尔反尔"，大概也是凡人常态，他不过是想抓住时机，成就一番大事业，实现自己的政治夙愿。此事足可反映孔子复兴周礼的执着理想。

《集解》:"孔曰:'弗扰为季氏宰,与阳虎共执季桓子而召孔子。之,适也。无可之则止耳,何必公山氏之适也。'"

皇《疏》:"孔子答子路所以欲往之意也。徒,空也。言夫欲召我者,岂容无事空然而召我乎,必有以也。若必不空然而用我时,则我当为兴周道也。鲁在东,周在西,云东周者,欲于鲁而兴周道,故曰吾其为东周也。一云周室东迁洛邑,故曰东周。又引王弼云:'言如能用我者,不择地而兴周室道也。'"

《集注》:"弗扰,季氏宰,与阳虎共执桓子,据邑以叛。末,无也。言道既不行,无所往矣,何必公山氏之往乎。"各家解说均有为孔子辩护之意。

17.6 子张问仁于孔子。孔子曰:"能行五者于天下,为仁矣①。""请问之。"曰:"恭、宽、信、敏、惠。恭则不侮②,宽则得众,信则人任焉,敏则有功,惠则足以使人③。"

【注解】 ①行:施行。②侮:轻慢,不敬重。《集解》:"孔曰:'不侮,不见侮慢也。敏则有功,应事疾则多成功也。'"③使:使役,指挥。程树德《集释》:"此章疑系《齐论·子张》篇文,错简在此。其体裁与五美四恶相同,不应阑入此篇,疑莫能明也。"

【译文】 子张向孔子问仁道。孔子说:"能在天下施行五种品德,便是仁了。""请问哪五种?"孔子说:"恭敬,宽厚,诚实,勤敏,慈惠。恭敬就不会遭受侮辱,宽厚就能得到大众的拥护,诚实就会受到别人的任用,勤敏就会工作有效率,慈惠就易于指挥别人。"

【评论】 此章记孔子与子张论"仁"。或以为当属《子张》篇。或以为非,争议颇多。就内容而言,置于此并无不妥。孔子所说的这五种品德,是仁道的具体内涵。"仁"不仅是内在涵养的修炼,更是人生实践,"行于天下"才是关键。皇《疏》引江熙云:"自敬者,人亦敬己也。有恩惠,则民忘劳也。"《集注》:"行是五者,则心存而理得矣。于天下言无适无不然,犹所谓虽之夷狄不可弃也。五者之目,盖因子张所不足而言耳。任,倚仗也。又言其效如此。张敬夫曰:'能行此五者于天下,则其心公平而周偏可知矣。然恭其本与?'李氏曰:'此章与六言六蔽五美四恶之类,皆与前后文体大不相似。'"《论语》经多次编成,各篇内各章容有不同内容,不可据此以断定此章为错简。

17.7 佛肸召①,子欲往。子路曰:"昔者由②也闻诸夫子曰:'亲于其身为不善者,君子不入也。'佛肸以中牟畔,子之往也,如之何?"子曰:"然,有是言也。不曰坚乎,磨而不磷③;不曰白乎,涅④而不缁⑤。吾岂匏瓜⑥也哉?焉能系而不食?"

【注解】 ①佛肸(bì):佛肸是范中行的家臣,为中牟的县长,晋国赵简子攻打范中行,因此依据中牟来抗拒赵简子。皇侃《义疏》本作"肸肹"。《汉书·人表》"茀肸",师古注曰:"即佛肸也"。邢昺《疏》、朱熹《集注》均作"佛肸。"今从之。《论衡·问孔篇》载"佛肸"章于"公山章"前。②由:仲由,字子路。《论衡》:"子路"下有"不说"二字。③磷(lín):薄。《集解》:"孔曰磷,薄也。涅,可以染皁者,言至坚者磨之而不薄,至白染之于涅而不黑,喻君子虽在浊乱,浊乱不能污。"《集注》:"磷,薄也。涅,染皁物。言人之不善不能浼己。杨氏曰:'磨不磷,涅不缁,而后无可无不可。坚白不足而欲自试于磨涅,其不磷缁也者几希。'"④涅:本是古代做黑色染料的矾石,这里意为染黑。⑤缁:阮元校作"淄",又作"滓"。黑色。⑥匏瓜:一种葫芦科草本植物,它味苦不能食用,但却可以等到老熟后剖开制成水瓢等器具。《集解》:"匏,瓠也。言瓠瓜得系一处者,不食故也。吾自食物,当东西南北,不得如不食之物系滞一处。"

【译文】 佛肸召孔子,孔子打算去。子路说:"从前我听老师说过,'亲身做坏事的人那里,君子不去的。'佛肸盘踞中牟谋反,您却要去,这怎么说得过去呢?"孔子说:"对,我说过这话。不是说坚固的东西磨不薄吗?不是说洁白的东西染不黑吗?我难道是匏瓜吗?怎能只被悬挂着而不给人吃呢?"

【评论】 本章与17.5章,都记录孔子被叛臣征召,准备前往出仕。可看出孔子急于出仕,以致不择对象。实因时不我待,恐不能实现自己的美政理想。至于最终为何都没有去成,后人议论众多。皇《疏》引江熙云:"夫子岂实之公山弗肸乎?故欲往之意耶?泛示无系,以观门人之情,如欲居九夷,乘桴浮于海耳。子路见形而不及道,故闻乘桴而喜,闻之公山而不悦。升堂而入室,安知圣人之趣哉!"有为夫子辩护之意。《集注》:"子路恐佛肸之浼夫子,故问此以止夫子之行。亲,犹自也。不入,不入其党也。"《集注》:"匏,瓠也。匏瓜系于一处而不能饮食,人则不如是也。张敬夫曰:'子路昔者之所闻,君子守身之常法。夫子今日之所言,圣人体道之大权也。然夫子于公山、佛肸之召皆欲往者,以天下无不可变之人,无不可为之事也。其卒不往者,知其人之终不可变,而事之终不可为耳。一则生物之仁,一则知人之智也。'"以"权"字释夫子之意,颇得其实。

17.8 子曰:"由!女①闻六言六蔽矣乎?"对曰:"未也。"曰"居!吾语②女。好仁不好学,其蔽也愚;好智不好学,其蔽也荡③;好信不好学,其蔽也贼④;好直不好学,其蔽也绞⑤;好勇不好学,其蔽也乱⑥;好刚不好学,其蔽也狂。"

【注解】 ①女(rǔ):即"汝",你。②语(yù):告诉。③荡:朱《注》云:"荡,谓穷高极广而无所止。"即放纵。④贼:害,损害自身。如尾生、宋襄公之类。⑤绞:皇侃《义疏》:"绞,犹刺也。好讥刺人之非,成己之直也。"偏激。⑥乱:作乱。

【译文】 孔子说:"子路啊,你听过有六种品德便会有六种弊病吗?"子路答道:"没有。"孔子说:"坐下!我告诉你。喜欢仁德,却不喜欢学习,导致的那种弊病就是愚蠢;喜欢聪明,却不喜欢学习,那种弊病就是放纵而无所持守;喜欢诚信,却不喜欢学习,那种弊病就是损害了自己;喜欢直率,却不喜欢学习,那种弊病就是偏激;喜欢勇敢,却不喜欢学习,那种弊病就是闯祸;喜欢刚强,却不喜欢学习,那种弊病就是狂妄。"

【评论】 此章言"见此六言虽美,必好学深求之,乃能成德于己。"(钱穆《论语新解》)如此看来,学习的矫正作用对于修德来说,不容小觑。"中庸"所体现的适度把握原则,要求人们即使在美与善的面前,也要建立一个适宜的"度",好比孔子所说的这些品德,若不以学习来匡正裁别,而任其肆意发展,就容易走向极端而引发各种弊端,也就称不上"美"德了。

《集解》:"六言六蔽者,谓下六事仁、智、信、直、勇、刚也。孔曰:'子路起对,故使还坐。'"皇《疏》引江熙云:"好仁者,谓闻其风而悦之者也。不学不能深原乎其道,知其一而未识其二,所以蔽也。自非圣人,必有所偏,偏才虽美,必有所蔽。学者假教以节其性,观教知变,则见所过也。尾生与女子期,死于梁下;宋襄与楚人期,伤泓不度,信之害也。"《集注》:"六言皆美德,然徒好之而不学以明其理,则各有所蔽。愚若可陷可罔之类。荡,谓穷高极广而无所止。贼,谓伤害于物。勇者刚之发,刚者勇之体。狂,躁率也。"黄氏《后案》:"《汉书·匡衡传》曰:'治性之道,必审己之所有余,而强其所不足。'其知此者也。后儒以明心见性为宗旨,而无学以扩充之,节制之,则六蔽因之以起。自是之过,道所以不明不行焉尔。"诸家之说均能发明为学以辅德之义。

17.9 子曰:"小子①何莫学夫《诗》?《诗》,可以兴②,可以观③,可以群④,可以怨⑤。迩⑥之事父,远之事⑦君;多识于鸟兽草木之名。"

【注解】 ①小子:弟子。②兴:朱《注》:"感发志意。"即启发、培养联想。③观:朱《注》:"考见得失。"郑玄云:"观风俗之盛衰。"即观察世俗,提高洞察力。④群:学会合群相处之道。⑤怨:哀怨,并非愤恨。钱穆《论语新解》:"惟学于诗者可以怨,虽怨而不失其性情之正。"⑥迩(ěr):距离近。⑦事:服侍。

【译文】 孔子说:"年轻人为什么不学习《诗经》呢?诗,可以启发想象力,可以培养观察力,可以学会合群相处,可以用来抒发哀怨。近可用来侍奉父亲,远可用来侍奉国君,还可以认识许多鸟兽草木的名称。"

【评论】 朱子《集注》有云:"学诗之法,此章尽之。读是经者,所宜尽心也。"甚得此章大旨。《大戴礼·小辨》"足以辨言",注引孔子曰:"诗可以言,可以怨。"《太平御览·学部》述作"近之事父"。《集解》:"包曰:'小子,门人也。'孔曰:'兴,引譬连类。'郑曰:'观风俗之盛衰。'孔曰:'群居相切磋。怨,刺上政。迩,近也。'"皇《疏》

引江熙云:"言事父与事君以有其道也。"《集注》:"小子,弟子也。感发志意,考见得失,和而不流,怨而不怒。人伦之道,《诗》无不备。二者举重而言,其绪余又足以资多识。"

17.10　子谓伯鱼曰:"女为《周南》《召南》①矣乎?人而不为《周南》《召南》,其犹正墙面而立也与?"

【注解】　①《周南》《召南》:《诗经·国风》的开首两部分。"召南"皇侃本作"邵南",阮元校作"召南",阮校是,今据改。

【译文】　孔子对孔鲤说:"你学过《诗经》中的《周南》《召南》了吗?人假如不学《周南》《召南》,就像面对墙壁站着一样啊。"

【评论】　这章记夫子以学《周南》《召南》示伯鱼以修身齐家道。"《周南》《召南》,诗首篇名。所言皆修身齐家之事。正墙面而立,言即其至近之地,而一物无所见,一步不可行。"(朱熹《集注》)"正墙面而立"说的是因不读书见识浅陋,目光被局限,步伐也被束缚的状态,可见《诗经》是当时的权威著作,学习《诗经》尤其是《周南》《召南》两篇的"修身齐家"之理,具有重要的思想品德教育意义。《集解》:"马曰:'《周南》《召南》《国风》之始。乐得淑女以配君子,三纲之首,王教之端,故人而不为,如向墙而立。'"皇侃《疏》:"孔子见伯鱼而谓之曰:汝已曾学周、邵二南之诗乎?然此问即是伯鱼趋过庭,孔子问之学《诗》乎时也。先问之,而更为说周、邵二南所以宜学之意也。墙面,面向墙也,言周、邵二南既多所合载,读之则多识草木鸟兽及可事君亲,故若不学《诗》者,则如人面正向墙而倚立,终无所瞻见也。然此说亦是伯鱼过庭时对曰未学《诗》,而孔子曰:'不学《诗》,无以言'也。"皇侃揭示此章背景,更有助于理解夫子用意。

17.11　子曰:"礼云①礼云,玉帛②云乎哉?乐云乐云,钟鼓③云乎哉?"

【注解】　①云:助词,无实义。②玉帛:行礼的物品。《集解》:"郑曰'玉璋珪之属。帛,束帛之属。'"③钟鼓:奏乐的物品。

【译文】　孔子说:"礼呀礼呀,仅是指献玉帛吗?乐呀乐呀,仅是指敲钟鼓吗?"

【评论】 此章言礼之真义,谓只有怀着一颗敬畏之心供玉献帛,才算是知道礼。只有平心和气敲钟鸣鼓,才算是知道乐。礼乐唯有发于内心的纯洁情感,它教化民俗的作用才能显示出来,才能真正地成为一种全社会的伦理秩序与道德规范。《集解》:"郑曰'玉璋珪之属。帛,束帛之属。言礼非但崇此玉帛而已,所贵者,乃贵其安上治民。'马曰'乐之所贵者,移风易俗也。非谓钟鼓而已。'"皇侃《义疏》引王弼云:"礼以敬为主,玉帛者,敬之用饰。乐主于和,钟鼓者,乐之器也。于时所谓礼乐者,厚贽币而所简于敬,盛钟鼓而不合雅颂,故正言其义也。"又引缪播云:"玉帛,礼之用,非礼之本。钟鼓者,乐之器,非乐之主。假玉帛以达礼,礼达则玉帛可忘。借钟鼓以显乐,乐显则钟鼓可遗。以礼假玉帛于求礼,非深乎礼者也;以乐讬钟鼓于求乐,非通乎乐者也。苟能礼正,则无持于玉帛,而上安民治矣;苟能畅和,则无借于钟鼓,而移风易俗也。"《集注》:"敬而将之以玉帛则为礼,和而发之以钟鼓则为乐,遗其本而专事其末,则岂礼乐之谓哉?"

17.12 子曰:"色厉①而内荏②,譬诸小人,其犹穿③窬④之盗也与?"

【注解】 ①厉:威严。《集注》:"厉,威严也。"②荏(rěn):怯弱。《集注》:"荏,柔弱也。"③穿:穿壁。④窬(yú):通"逾",从墙上爬过去。旧文"窬"为"逾",《释文》曰:"逾,本又作窬。"《后汉书·陈忠传》注引作"穿窬之盗乎"。

【译文】 孔子说:"外表威严而内心怯懦的人,用小人来比喻,就像挖墙洞的小偷吧!"

【评论】 此章记夫子对色厉内荏之人的批评。既是讥评世俗,又借以教诲门人。这种惺惺作态、色厉内荏的人,虽然没有实际盗窃,但总是内心不安,像个小偷一样鬼鬼祟祟,总怕被识破。可见真正的强大在于内心强大,而心中越是怯懦的人越是常常用威厉的表面来掩盖,活得惶惶不可终日。《集解》:"孔曰:'荏,柔也。谓外自矜厉而内柔佞。为人如此,犹小人之有盗心也。穿,穿壁。窬,窬墙。'"皇侃《疏》："言其譬如小人为偷盗之时也。小人为盗,或穿人屋壁,或逾人垣墙,当此之时,外形恒欲进为取物,而心恒畏人,常怀退走之路,是形进心退,内外相乖,如色外矜正而心内柔佞者也。"又引江熙云："田文之客能为狗盗,穿壁如逾而入,盗之密也;外为矜厉而实柔,佞之密也。峻其墙宇,谓之免盗,而狗盗者往焉。高其抗厉,谓之免佞,而色厉者入焉。古圣难于荏人,今夫子又苦为之喻,明免者鲜矣。《传》云:'荜门珪窬',窬,窦也。"

17.13 子曰："乡愿①,德之贼②也。"

【注解】 ①乡愿:"愿",皇本作"原",今据阮元校改。指老好人,伪君子。②贼:祸害。

【译文】 孔子说："老好人,是道德的祸害。"

【评论】 本章揭示伪君子的嘴脸。《孟子》有云："孔子以为德之贼,何哉?曰:非之无举也,刺之无刺也。同乎流俗,合乎污世。居之似忠信,行之似廉洁。众皆说之,自以为是,而不可与入尧舜之道,故曰德之贼也。"老好人对于是非不加评断,总是有意含糊其辞,如芦苇般左右摇摆。这种人以一副假惺惺的良善面目,随波逐流,同流合污,实际上滋长了恶行,败坏了真正的美德。孔子因而深恶之。《集解》:"周生曰:'所至之乡,辄原其人情,而为己意以待之,是贼乱德者也。'一曰:'乡,向也。古字同。谓人不能刚毅,而见其人辄原其趋向,容媚而合之,言此所以贼德也。'"《集注》:"乡者,鄙俗之意。原与愿同。《荀子》'原悫',注读作愿是也。乡原,乡人之愿者也。盖其同流合污以媚于世,故在乡人之中独以愿称。夫子以其似德非德,而反乱乎德,故以为德之贼而深恶之。详见《孟子》末篇。"黄式三《后案》:"《论衡·累害篇》曰:'耦俗全身,则乡原也。'吕伯恭曰:'乡原之心,欲尽合天下人也。人非庸人即君子,同乎流俗,合乎污世,以求合乎庸人,居似忠信,行似廉洁,求合于君子。'式三谓古今士术,未有为君子而 能同乎小人者也,乡原能伸其是非之不忤于世者,而怵然于忤世之是非,随众依违,模棱而持两端,乡之人以其合君子而贤之,则其合小人者或谅之,或惑之矣。已无立志,复使乡人迷于正道,故贼德。《孟子》引之曰乱德,乱、贼同。"

皇侃《疏》引张凭云:"乡原,原壤也,孔子乡人,故曰乡原也。彼游方之外,行不应规矩,不可以训,故每抑其迹,所以弘德也。"亦可备一说。

17.14　子曰:"道听而塗说①,德之弃也。"

【注解】　①塗:通"途"。《集解》:"马曰:'闻之于道路,则传而说之。'"《集注》:"虽闻善言,不为己有,是自弃其德也。"

【译文】　孔子说:"路上听到便随即传说,这是对道德的毁弃。"

【评论】　本章言人当有主见。传播听到的话,也应去粗取精,去伪存真。皇侃《疏》:"道,道路也。涂亦道路也。记问之学,不足以为人师,师人必当温故而知新,研精久习,然后乃可为人传说耳。若听之于道路,道路仍即为人传说,必多谬妄,所以为有德者所弃也,亦自弃其德也。"又引江熙云:"今之学者,不为己者也,况乎道听者哉。逐末愈甚,弃德弥深也。"

17.15　子曰:"鄙夫可与事君哉①?其未得之,患得之②。既得之,患失之。苟患失之③,无所不至矣。"

【注解】　①鄙夫:粗鄙的人。此句"君"后邢昺《注疏》、朱熹《集注》均有"也与"二字。《集解》无。与:黄氏《后案》:"王伯申曰:'与犹以也,言不可以事君也。'颜师古《匡谬正俗》、李善注《文选·东京赋》引此皆变与言以。"②患得之:即"患不得之"。杨伯峻《注》云:"宋人所见的本子已脱此'不'字。"③苟:如果。

【译文】　孔子说:"粗鄙的人,难道能同他共事吗?当他没有得到时候,生怕得不到;当他得到的时候,又怕失去。如果生怕失去,就什么都干得出来了。"

【评论】　本章中孔子所说的鄙夫,主要指患得患失之人。此类人不可取,孔子之言,像梭罗在《瓦尔登湖》中所说:"一个人越是有许多事情能够放得下,他越是富有。"《集解》:"孔曰:'言不可以事君。'何曰:'患得之者,患不能得之,楚俗言也。'郑曰:'无所不至者,言其邪媚无所不为。'"《集注》:"鄙夫,庸恶陋劣之称。何氏曰:'患得之,谓患不能得之。'小则吮痈舐痔,大则弑父与君,皆生于患失而已。胡氏曰:'颖昌靳裁之有言曰,士之品大概有三:志于道德者,功名不足以累其心。志于功名者,富贵不足以累其心。志于富贵而已者,则亦无所不至矣。'志于富贵,即孔子所谓鄙夫也。"

17.16　子曰:"古者民有三疾,今也或是之亡①也。古之狂也肆,今之狂也荡;古之矜也廉②,今之矜也忿戾;古之愚也直,今之愚也诈而已矣。"

【注解】　①亡(wú):通"无"。②廉:《朱注》云:"廉,谓棱角陗厉。"比喻人有气节,品行方正。《释文》:《鲁》读廉为贬,今从《古》。《论语古训》:"贬,自贬损也。"《释名》云:"廉,自检敛也。"贬、廉义同。《集解》:"包曰:'言古者民疾与今时异。肆,极意敢言。'孔曰:'荡,无所据。忿戾。恶理多怒。'马曰:'廉,有廉隅。'"

【译文】　孔子说:"上古淳朴之世的人还有三种'毛病',现在呢这些都没有了。古代的狂是率性敢言,现在的狂是放荡无礼;古代的矜持是威不可犯,现在的矜持是骄纵无理;古代的愚是直爽,现在的愚却只是欺诈罢了。"

【评论】　这章记述孔子对世道浇离,人心不古的慨叹、对淳朴世风和仁厚本性的丧失,是文明进步付出的代价。朱熹《集注》引范氏"曰:末世滋伪。岂惟贤者不如古哉?民性之蔽,亦与古人异也。"不说民性中好的方面已不如前人,就连民性之疾都有了变异。

皇侃《疏》:"又一通云:'古之狂者,唯肆情而病于荡,今之狂则不复病荡,故荡不肆也。又古之矜者,唯廉隅而病于忿戾,今之矜者则不复病忿戾,而不廉也。又古之愚者,唯直而病诈,今之愚者则不复病诈,故云诈而不直也。'又引李充云:'矜厉其行,向廉洁也。矜善上人,物所不兴,则反之者至矣,故怒以戾与忿激也。'"

又朱熹《集注》云:"气失其平则为疾,故气禀之偏者亦谓之疾。昔所谓疾,今亦无之,伤俗之益衰也。狂者志愿太高,肆谓不拘小节,荡则逾大闲矣。矜者持守太严,廉谓棱角陗厉,忿戾则至于争矣。愚者暗昧不明,直谓径行自遂,诈则挟私妄作矣。范氏曰:'末世滋伪,岂惟贤者不如古哉,民性之蔽亦与古人异也。'"本章还表现了孔子对于"度"的强调。世间万事皆有一个"适度"标准,它代表着恰如其分,毛病也不例外,让其肆意发展而不加控制,就会变成对道德的严重败坏。

17.17　子曰:"巧言令色①,鲜矣仁②。"

【注解】　①令:美好的。《集解》:"王曰:'巧言无实,令色无质。'"②鲜(xiǎn):少。

【译文】　孔子说:"花言巧语,虚言假色,这种人,'仁德'是不会多的。"

【评论】　本章重出。见《学而》篇1.3。

17.18　子曰:"恶紫之夺朱也①,恶郑声之乱雅乐,恶利口之覆邦家也②。"

【注解】　①恶(wù):厌恶,憎恶。此章高丽本首二句无"也"字。"者"一本作"也"。《周礼·司市》疏、《左传·哀公十五年》疏、《汉书·杜钦传》引并无"也"字。②覆:倾覆,灭亡。黄氏《后案》:"古今覆邦家者,皆以利口变乱黑白者也,故为邦必远佞人。"

【译文】　孔子说:"我憎恶紫色夺去红色的地位;憎恶郑国的乐曲破坏了正统典雅的乐曲;憎恶巧嘴利舌颠覆国家的人。"

【评论】　此章记述孔子对"不正而胜"破坏正统的现象的憎恶。《集解》:"孔曰:'朱,正色。紫,间色之好者。恶其邪奸而夺正色也。利口之人多言少实。苟能说媚时君,倾覆国家。'包曰:'郑声,淫声之哀者。恶其乱雅乐。'"《集注》:"朱,正色。紫,间色。雅,正也。利口,捷给。覆,倾败也。范氏曰:'天下之理正而胜者常少,不正而胜者常多,圣人所以恶之也。利口之人以是为非,以非为是,以贤为不肖,以不肖为贤,人君苟悦而信之,则国家之覆也不难矣。'"

17.19　子曰:"予欲无言。"子贡曰:"子如不言,则小子①何述焉?"子曰:"天何言哉?四时行焉,百物生焉,天何言哉?"

【注解】　①小子:学生,晚辈。

【译文】 孔子说:"我想不说话了。"子贡说:"您如果不说话,那我们后生传述什么呢?"孔子说:"天说了什么呢?四季照样运行,百物照样生长,天说了什么呢?"

【评论】 此章述孔子教导子贡,欲行不言之教。孔子指出,道法天,而不在于言语,如万物动静,自有其情趣义理。不应拘泥于言说,而要从行为细节、生活实践中不断体悟和学习。天地无言,并不指挥世间万物生息,它代表着生命之"境",而我们必须于现实生活中体味生命之"情",情境相融,以"人道"窥探"天道"。皇侃《疏》引王弼云:"予欲无言,盖欲明本,举本统末而示物于极者也。夫立言垂教,将以通性,而弊至于湮。寄旨传辞,将以正邪,而势至于繁。既求道中,不可胜御,是以修本废言,则天而行化,以淳而观,则天地之心见于不言,寒暑代序,则不言之令行乎四时,天岂谆谆者哉?"《集注》:"学者多以言语观圣人,而不察其天理流行之实有不待言而著者,是以徒得其言,而不得其所以言,故夫子发此以警之。子贡正以言语观圣人者,故疑而问之。四时行,百物生,莫非天理发见流行之实,不待言而可见。圣人一动一静,莫非妙道,精义之发,亦天而已,岂待言而显哉?(此亦开示子贡之切,惜乎其终不喻也。)程子曰:'孔子之道譬如日星之明,犹患门人不能尽晓,故曰予欲无言。若颜子则便默识,其他则未免疑问,故曰小子何述。又曰天何言哉,四时行焉,百物生焉,则可谓至明白矣。'愚按此与前篇无隐之意相发,学者详之。"

17.20 孺悲欲见孔子①,孔子辞之以疾②。将命者出户③,取瑟而歌,使之闻之。

【注解】 ①孺悲:鲁国人,据《礼记》记载,鲁哀公曾派他向孔子学礼。《集解》:"孺悲,鲁人也。孔子不见,故辞以疾。为其将命者不知己,故歌令将命者悟,所以令孺悲思也。"②辞:推辞。他本"辞"下无"之"字。《考文补遗》:一本"疾"作"病"。《天文本论语校勘记》:古本、唐本、津藩本、正平本"辞"下有之字。③户:《说文》云:"半门曰户。"《文选·思旧赋》《三国名臣序赞》二注俱引《论语》曰:将命者出。无"户"字。

【译文】 孺悲想求见孔子,孔子推说有病。传话的人刚出房门,孔子便拿瑟来弹唱,故意使孺悲的使者听到。

【评论】 此章记孔子拒绝与孺悲见面的事,从中可见夫子性情之真。《孟子·告子下》有云:"教亦多术矣。予不屑之教诲也者,是亦教诲之而已矣。"可能孺悲和孔子不是一路人,孔子不愿见他,才对他施以这种"不屑之教诲"的无言教诲吧。也有人认为这十分可疑,不像孔子的处事风格。"未可以尽信也。或当日曾有辞孺悲见之事,而传之者增益之以失其真。"(崔述《洙泗考信录》卷四)皇侃《疏》引李充云:"孔子曰:'人洁己以进,与其洁,不保其往。'所以不逆乎互乡也。今不见孺悲者何?明非崇道归胜,发其蒙矣。苟不崇道,必有舛写之心,则非教之所崇,言之所喻,将欲化之,未若不见也。圣人不显物短,使无日新之途,故辞之以疾;犹未足以诱之,故弦歌以表旨,使抑之而不彰,挫之而不绝,则矜鄙之心颓,而思善之路长也。"《集注》:"孺悲,鲁人,尝学士丧礼于孔子。当是时,必有以得罪者,故辞以疾,而又使知其非疾,以警教之也。程子曰:'此孟子所谓不屑之教诲,所以深教之也。'"因略去了背景,故此章颇多疑点。

17.21 宰我问:"三年之丧,期已久矣。君子三年不为礼,礼必坏;三年不为乐,乐必崩①。旧谷既没②,新谷既升,钻燧改火③,期④可已矣。"子曰:"食夫⑤稻也,衣夫锦也,于汝⑥安乎?"曰:"安。"曰:"女安,则为之!夫君子之居丧,食旨⑦不甘⑧,闻乐⑨不乐,居处不安,故不为也。今汝安,则为之!"宰我出。子曰:"予之不仁也!子生三年,然后免于父母之怀。夫三年之丧,天下通丧也,予也有三年之爱于其父母乎?"

【注解】 ①崩:败坏。②没(mò):尽。③钻燧改火:古代钻木取火,以季节不同而采用不同的木材。"春取榆柳之火,夏取枣杏之火,季夏取桑柘之火,秋取柞楢之火,冬取槐檀之火。"(马融引《周书·月令篇》)④期(jī):一年。《释文》:期音基,一本作"其"。⑤夫(fú):指示代词,这,那。⑥汝:通行本作"女"。⑦旨:美食。《集解》:"孔曰:'旨,美也。'"⑧甘:香甜。⑨闻乐(yuè)不乐(lè):听音乐而不觉得快乐。

【译文】 宰我问道:"三年的居丧守孝,为期也太久了吧。君子有三年不参与礼仪活动,礼仪一定会荒废;三年不去奏音乐,音乐一定会失传。陈谷既已吃完了,新谷就又登场;打火用的燧木已轮了一圈,一年也就可以了。"孔子说:"吃着稻米,穿着锦缎,你安心吗?"宰我说:"安心。""你安心,你就依你说的做吧!君子在守孝时,吃美味不觉得香甜,听音乐不觉得快乐,住在家里不觉得舒适,所以才不这样干。如今你既然觉得安心,便去做好了。"宰我退了出来。孔子说:"宰我不仁呀!子女出生三年后才能脱离父母的怀抱。守孝三年,是天下通行的丧期。宰予难道就没有从他父母那里得到三年的呵护吗?"

【评论】 三年之丧,是一种古已有之的礼制,并非孔子创立。它要求人们在三年守丧期间,穿丧服,吃粗食,并住在临时的草棚中,在草铺上枕着土块睡觉(使居处不安)。孔子追问宰我是否心安,是想诱导其从良心与情理出发,将礼制回归于人性情感的本原,使孝道由一种外在的制度约束变为发自内心的良知呼唤。然而宰予不为所动,令夫子很是失望。李泽厚认为本章是全书最关键的一章,"孔子将'礼'(三年之丧)建立在心理情感原则(心安)上。于是儒学第一原则乃人性情感"(《论语今读》)。

《集解》:"马曰:'《周书·月令》有更火之文。春取榆柳之火,夏取枣杏之火,季夏取桑柘之火,秋取柞楢之火,冬取槐檀之火。一年之中,钻火各异木,故曰改火也。'"宰予引述此文,是想说明生命更替本是自然之道,子女于孝道,尽心既可,不必拘执于三年。

皇侃《疏》:"宰我又说丧不宜三年之义也。君子,人君也。人君化物,必资礼乐,若有丧三年,则废于礼乐,礼乐崩坏,则无以化民,为此之故,云宜期而不三年。礼云坏、乐云崩者,礼是形化,形化故云坏,坏是渐败之名;乐是气化,气化无形,故云崩,崩是坠失之称也。宰予又说一期为足意也。言夫人情之变,本依天道,天道一期,则万物莫不悉易,故旧谷既没尽,又新谷已熟,则人情亦宜法之而夺也。钻燧者,钻木取火之名也。《内则》云:'大觿木燧'是也。改火者,年有四时,四时所钻之木不同。若一年,则钻之一周,变改已遍也。宰我断之也,谷没又升,火钻已遍,故有丧者一期亦为可矣。"皇说甚是。

朱子驳宰予之说甚力,其《集注》曰:"恐居丧不习而坏崩也。没,尽也。升,登也。燧,取火之木也。改火,春取榆柳之火,夏取枣杏之火,季夏取桑柘之火,秋取柞楢之火,冬取槐檀之火。亦一年而周也。已,止也。言期年则天运一周,时物皆变,丧至此可止也。尹氏曰:'短丧之说,下愚且耻言之,宰我亲学圣人之门,而以是为问者,有所疑于心而不敢强焉尔。'"

17.22 子曰:"饱食终日,无所用心,难矣哉!不有博弈者乎[①]?为之,犹贤乎已[②]。"

【注解】 ①博弈:《朱注》:"博,局戏也。弈,围棋也。"博是盛行于先秦两汉时期的一种棋类游戏。②已:停止。

【译文】 孔子说:"整天吃饱了饭,一点也不动脑筋,这样就难办了啊!不是有掷骰子下棋的游戏吗?下下棋动动脑,也比闲着好吧。"

【评论】 孔子这番话并不是主张人人都去下棋玩游戏,而是鼓励人们要多动脑筋,多用心,避免虚度光阴无所事事。《集解》:"马曰:'为其无所据乐,善生淫欲也。'"《集注》:"博,局戏也。弈,围棋也。已,止也。李氏曰:'圣人非教人博弈也,所以甚言无所用心之不可尔。'"黄氏《后案》:"博,《说文》作'簙',云:'簙局,戏也。六著十二棋也,古者乌胄作簙。'段《注》曰:'古戏,今不得其实。'"所说皆是。

17.23 子路曰:"君子尚勇乎[①]?"子曰:"君子义以为上,君子有勇而无义为乱,小人有勇而无义为盗。"

【注解】 ①尚:崇尚。

【译文】 子路问:"君子崇尚勇敢的品行吗?"孔子说:"君子最崇尚礼义,君子只有勇敢而没有礼义,就会造反作乱;小人只有勇敢而没有礼义,就会成为强盗。"

【评论】 这章记载孔子与子路关于"勇"的讨论,从双方的语气看,可能是子路初入孔门时师生的对话。子路直率而好勇,他敢于对孔子提出批评,也勇于改错,是孔门弟子中性格非常独特的一位,孔子称赞:"子路好勇,闻过则喜。"子路尊师重道,但绝不盲从,如17.5和17.7都记载了孔子意欲前往公山弗扰和佛肸之处时,子路表现出不悦并直言不讳,甚至还敢于批评老师。孔子对子路来说,其实是亦师亦友。而子路对孔子来讲,不仅是一个忠心耿耿的弟子,更是一位不可多得的诤友。子路的坦率正直等优良品质十分值得我们学习。但是过于勇武刚烈,易于走上歧途。孔子教以"六言六蔽"(17.8),就是希望子路能通过儒教来改善性情,避免让这种义勇耿介走向极端。皇侃《疏》引李充云:"既称君子,又谓职为乱阶也。若遇君亲失道,国家昏乱,其于赴患致命而不知止顾义者,亦畏陷乎为乱,而受不义之责也。"《集注》:"尚,上之也。君子为乱,小人为盗,皆以位而言者也。尹氏曰:'义以为尚,则其勇也大矣。子路好勇,故夫子以此救其失也。'胡氏曰:'疑此子路初见孔子时问答也。'"

17.24　子贡曰:"君子亦有恶①乎?"子曰:"有恶。恶称人之恶者,恶居下流②而讪③上者,恶勇而无礼者,恶果敢而窒④者。"曰:"赐⑤也亦有恶也。""恶徼⑥以为知者,恶不逊⑦以为勇者,恶讦⑧以为直者。"

【注解】　①恶(wù):憎恶,厌恶。以下均同。②下流:"流"是衍文。《汉石经》作'君子有恶乎子曰有恶','居下流',无流字。《杨注》:"根据惠栋的《九经古义》和冯登府的《论语异文考证》,证明了晚唐以前的本子没有这个'流'字。按文义,这个'流'字也是不应该有的。但苏轼《上韩太尉书》引此文时已有'流'字,可见北宋时已经误衍。"③讪:毁谤。④窒:不通,这里的意思是顽固不化。《集解》:"马曰窒,窒塞也。"⑤赐:端木赐,字子贡。⑥徼(jiāo):皇侃《义疏》本作"撽",据《集解》本改。伺察,巡察,这里是剽窃的意思。《集解》:"孔曰:'徼,钞也。钞人之意以为己有。'"《七经考文》:"古本'徼'作'檄'。"⑦不逊:通行本做"孙"。《七经考文》:'孙'作'逊'。⑧讦(jié):揭发别人的阴私。包曰:"讦,谓攻发人之阴私。"

【译文】　子贡向孔子请教说:"君子也有憎恶的事吗?"孔子说:"有。

憎恶讲别人坏话的人,憎恶在下位而毁谤上级的人,憎恶勇敢却不懂礼义的人,憎恶专断而执拗的人。"

子贡又说:"我也有憎恶的事。""我憎恶剽窃别人而自以为聪明的人,憎恶毫不谦逊而自以为勇敢的人,憎恶揭发别人阴私而自以为直率的人。"

【评论】 此章记孔子与子路关于君子是否有所憎恶的讨论,与上章一样,可能也是子路初入师门时的事。《里仁篇》有云:"唯仁者能好人,能恶人。"这是说,仁者博爱,但正因为这种正直的爱,仁者有好也有憎恶。看见违背仁义的行为,自然憎恶,这说明仁者首先是真实的、平凡的人,否则就是前章所讲的"乡原"——德之贼也。皇侃《疏》:"子贡闻孔子说有恶已竟,故云亦有所憎恶也,故江熙曰:'己亦有所贱恶也。'此子贡说己所憎恶之事也。徼,抄也,言人生发谋出计,当必出己心义,乃得为善,若抄他人之意以为己有,则子贡所憎恶也。勇须逊从,若不逊而勇者,子贡所憎恶也。然孔子曰恶不逊为勇者,二事又相似。但孔子所明,明体先自有勇,而后行之无礼者。子贡所言,本自无勇,故假于孔子不逊以为勇也。讦,谓面发人之阴私也。人生为直,当自己不犯触他人,则乃是善。若对面发人阴私,欲成己直者,亦子贡所憎恶也。然孔子所恶者有四,子贡有三,亦示减师也。"朱子《集注》亦云:"讪,谤毁也。窒,不通也。称人恶则无仁厚之意,下讪上则无忠敬之心,勇无礼则为乱,果而窒则妄作,故夫子恶之。""恶徼以下,子贡之言也。徼,伺察也。讦,谓攻发人之阴私。杨氏曰:'仁者无不爱,则君子疑若无恶心矣。子贡之有是心也,故问焉以质其是非。'侯氏曰:'圣贤之所恶如此,所谓唯仁者能恶人也。'"

17.25 子曰:"唯女子与小人为难养也,近之则不逊①,远之则怨。"

【注解】 ①逊:通行本作"孙",逊让、谦和有礼。

【译文】 孔子说:"只有女子和小人是难以养立的,亲近了,他们会无礼,疏远了,他们会怨恨。"

【评论】 本章所载孔子对女性的轻贬倾向为后世所诟病,替孔子辩解的言论也很多。皇侃《疏》："君子之人,人愈近愈敬;而女子小人,近之则其诚狎而为不逊从也。君子之交如水,亦相忘于江湖;而女子小人,若远之则生怨恨,言人不接己也。"有人将"小人"解释为"小孩",以求贴合当今社会价值观念与心理状态。但这种以今律古的释义方式难免造成曲解。我们应该客观地看到,中国传统思想中确实存在着对女性很不公平的认识与评价,因此在当时的历史环境中,孔子将女子与"小人"相提并论,也不足为奇。另外,除了将这里的"小人"亦可指仆人、下属,《集注》云:"此小人,亦谓仆隶下人也。"如此,则孔子认为男女之交往、上下级之间,均应保持一合适的度。否则会交恶。

李泽厚认为:"应说它是心理学的某种事实,并不必含褒贬之义。"(《论语今读》)从这种心理感受出发,我们或许可以将本章当作孔子在家中说的一句牢骚话,以中性内涵来衡量它。我们既不必为孔子辩护,也不必以今天的价值标准去批评孔子。

17.26 子曰:"年四十而见①恶②焉,其终也已③。"

【注解】 ①见:被。②恶(wù):厌恶。③已:停止,罢了。

【译文】 孔子说:"到了四十岁还被厌恶,这辈子也就完了。"

【评论】 这一章可能是因事而发的感慨,但其具体指谁,所为何事,已不可考。四十岁是成德之年,孔子说"四十而不惑",在这个年龄若还未建立德行,还在被人厌恶,这一生的德行也就没有指望了。孔子旨在勉励人们珍惜时光,及时行善改过,以免遗恨终生。《集解》:"郑曰:'年在不惑,而为人所恶,终无善行也。'"《集注》:"四十成德之时,见恶于人,则止于此而已,勉人及时迁善改过也。苏氏曰:'此亦有为而言,不知其为谁也。'"

微子第十八

18.1 微子去之①,箕子为之奴②,比干谏而死③。孔子曰:"殷有三仁焉。"

【注解】 ①微子:商纣王的庶兄。纣王淫乱无道,不听劝谏,于是微子出走。皇侃《义疏》:"微子者名启,是殷王帝乙之元子,纣之庶兄也。殷纣暴虐,残酷百姓,日月滋甚,不从谏争。微子观国必亡,社稷颠殒,己身是元长,宜存系嗣,故先去殷投周,早为宗庙之计,故云去之。"去:离开。皇侃《义疏》:"微子观国必亡,社稷颠殒,己身是元长,宜存系嗣,故先去殷投周,早为宗庙之计,故云去之。"邢昺《疏》概括《微子》篇大旨云:"此篇论天下无道,礼坏乐崩,君子仁人或去或死,否则隐沦岩野,周流四方,因记周公戒鲁之语,四乳生八士之名。"②箕子:纣王的叔父,屡谏纣王而不被采纳,于是披发佯狂以避祸,被纣王囚为奴隶。皇侃《义疏》:"箕子者,纣之诸父也,时为父师,是三公之职,屡谏不从,知国必殒,己身非长,不能辄去,职任寄重,又不可死,故佯狂而受囚为奴,故云为之奴也。"③比干:纣王的叔父,强谏时纣王怒说,我听说圣人的心有七孔,便剖开他的心而死。

【译文】 微子离开了,箕子做了奴隶,比干因劝谏而被杀。孔子说:"殷代有三位仁人。"

【评论】 此章记录孔子对微子、箕子和比干三人的褒扬,他们的行为虽各不相同,但都是出于仁爱至诚之心,因此都称得上是仁者。朱熹《集注》曰:"微箕,二国名。子,爵也。微子,纣庶兄。箕子、比干,纣诸父。微子见纣无道,去之以存宗祀。箕子、比干皆谏,纣杀比干,囚箕子以为奴,箕子因佯狂而受辱。三人之行不同,而同出于至诚恻怛之意,故不咈乎爱之理,而有以全其心之德也。杨氏曰:'此三人者,各得其本心,故同谓之仁。'"

18.2　柳下惠为士师①,三黜②。人曰:"子未可以去③乎?"曰:"直道而事人,焉往④而不三黜?枉道而事人,何必去父母之邦?"

【注解】　①士师:典狱之官。②三黜(chù):三,多次地。《集注》:黜,退也。三黜就是多次地被罢免。③去:离开。④焉往:即往焉,到哪里去。

【译文】　柳下惠做典狱官,多次被撤职。有人说:"您不能离开鲁国吗?"他说:"以正直的行为来工作,到哪里去不都要多次被撤职?以不正直的行为来工作,又何必要离开自己的祖国呢?"

【评论】　柳下惠是儒家十分推崇的道德典范,《孟子》一书把柳下惠和伯夷、伊尹、孔子并称四位大圣人。本章表现了他坚守节操、不事逢迎的高洁品格。"焉往而不三黜"说明了当时世风日下,正道难行,在这种艰难的时势里,柳下惠于雍容平和之中依然保持着一种决不随波逐流的凛然正气。皇侃《义疏》引李充云:"举世丧乱,不容正直,以国观国,何往不黜也?又引孙绰云:言以不枉道而求留也。若道而可枉,虽九生不足以易一死,柳下惠之无此心,明矣。故每仕必直,直必不用,所以三黜也。"

　　朱熹《集注》:"柳下惠三黜不去,而其辞气雍容,如此可谓和矣。然其不能枉道之意,则有确乎其不可拔者,是则所谓必以其道,而不自失焉者也。胡氏曰:'此必有孔子断之之言而亡之矣。'"

18.3　齐景公待孔子曰:"若季氏,则吾不能;以季孟之间待之①。"曰:"吾老矣,不能用也。"孔子行。

【注解】　①以季孟之间待之:《集注》:"鲁三卿,季氏最贵,孟氏为下卿。"齐景公以二者之间的待遇来对待孔子,也是高贵隆重的礼遇。

【译文】　齐景公谈到礼待孔子时说:"像鲁君重用季氏那样对待孔子,我做不到;我可以用次于季氏而高于孟氏的待遇来对待他。"又说道:"我老了,不能用他了。"孔子便离开了。

【评论】 "吾老矣,不能用也"这句话并非齐君当面对孔子说的,而是孔子从朝臣那里听闻到的。"此非面语孔子,盖以私告其臣,而孔子闻之。"(钱穆《论语新解》)景公初见孔子,欲用之。后听晏婴之谏,又生疑虑。"吾老矣"盖其托辞也。可见齐君礼遇的高低,并不是孔子离开的主要原因,而不能被任用、无法践行自己的政治主张,才是孔子离开齐国的根本缘由。贤才不仅应以高贵的待遇来对待、安抚,更要给其空间和机会,使其能真正的施展才华、实现抱负,否则贤才亦成了"闲才"。皇侃《义疏》引江熙云:"麟不能为豺步,凤不能为隼击。夫子所陈,必也正道,景公不能用,故托吾老。可合则往,于离则去,圣人无常者也。"朱熹《集注》:"鲁三卿,季氏最贵,孟氏为下卿,孔子去之,事见《世家》。然此言必非面语孔子,盖自以告其臣,而孔子闻之尔。程子曰:'季氏强臣,君待之之礼极隆,然非所以待孔子也。以季孟之间待之,则礼亦至矣。然复曰'吾老矣,不能用也',故孔子去之。盖不系待之轻重,特以不用而去尔。"

18.4 齐人归①女乐,季桓子②受之,三日不朝,孔子行。

【注解】 ①归(kuì):通"馈",馈赠。②季桓子:季孙斯,鲁国卿大夫。朱熹《集注》:"季桓子,鲁大夫,名斯。"

【译文】 齐国人赠送来歌姬舞女组成的乐队,季桓子接受了,之后便耽于女乐三天不上朝,孔子便离开了。

【评论】 本章记述鲁君和大臣们沉溺于女乐,怠误朝政,孔子知其"不可为"的现实,于是选择了离开鲁国。《集解》:孔曰:"桓子,季孙斯也。使定公受齐之女乐,君臣相与观之,废朝礼三日。"朱熹《集注》:"案《史记》定公十四年,孔子为鲁司寇,摄行相事。齐人惧,归女乐以沮之。尹氏曰:'受女乐而怠于政事如此,其简贤弃礼,不足与有为可知矣。夫子所以行也,所谓见几而作,不俟终日者与?'范氏曰:'此篇记仁贤之出处,而折衷以圣人之行,所以明中庸之道也。'"

18.5 楚狂接舆①歌而过孔子之门,曰:"凤兮凤兮!何德之衰也?往者不可谏也,来者犹②可追也。已而③已而!今之从政者殆而④!"孔子下,欲与之言。趋⑤而避⑥之,不得与之言也。

【注解】 ①接舆:楚国隐士。孔安国注:"佯狂而来歌,欲以感切孔子。"皇侃《义疏》:"接舆,楚人也,姓陆名通,字接舆。昭王时政令无常,乃被发佯狂不仕,时人谓之为楚狂也。"②犹:还。③已:止,罢了。朱熹《集注》:"已,去也。"④殆:危险。朱熹《集注》:"殆,危也。"⑤趋:快步走。⑥避:通行本作"辟"。

【译文】 楚国的狂人接舆唱着歌经过孔子家的门口,说:"凤凰呀,凤凰呀!为什么德行会如此衰落?过去的无法挽回,未来的还可以补救。算了吧,算了吧!现在的执政者无可救药啊!"孔子下车,想同他谈谈,他却快步避开了,孔子没能与他说上话。

【评论】 这章记录孔子周游列国至楚之事。古时候传说凤鸟在世间有道、天下太平时出现,在乱世时便隐匿不出。接舆以凤鸟比作孔子,指孔子在乱世之中还不隐退,还一心想着出仕,是德行衰落的体现,不过又说"来者犹可追",劝孔子现在隐退还来得及。接舆歌凤的典故由此而来。这种思想极为接近道家,而孔子并不因志趣不投而置之不理,仍想同他交流,可见其宽广仁厚之心。

《集解》引孔曰:"接舆,楚人。佯狂而来歌,欲以感切孔子,比孔子于凤鸟,凤鸟待圣君乃见。非孔子周行求合,故曰衰。已往所行不可复谏止,自今以来可追自止,辟乱隐居。已而已而者,言世乱已甚,不可复治也。再言之者,伤之深也。"

皇侃《义疏》:"接舆,楚人也,姓陆名通,字接舆。昭王时政令无常,乃被发佯狂不仕,时人谓之为楚狂也。时孔子适楚,而接舆行歌从孔子边过,欲感切孔子也。此接舆歌曲也,知孔子有圣德,故以比凤,但凤鸟待圣君乃见,今孔子周行屡不合,所以是凤德之衰也。言屡适不合,是示已往事不复可谏,是既往不咎也。来者,谓未至之事也。未至之事犹可追止,而使莫复周流天下也。已而者,言今世乱已甚也。殆而者,言今从政者皆危殆,不可复救治之者也。"

朱熹《集注》:"接舆,楚人,佯狂辟世。夫子时将适楚,故接舆歌而过其车前也。凤有道则见,无道则隐,接舆以比孔子,而讥其不能隐为德衰也。来者可追,言及今尚可隐去。已,去也。而,语助词。殆,危也。接舆盖知尊孔子而趣不同者也。"

18.6 长沮、桀溺①耦②而耕,孔子过之,使子路问津③焉。长沮曰:"夫执舆④者为谁乎?"子路曰:"为孔丘。"曰:"是鲁孔丘与?"对曰:"是也。"曰:"是知津矣。"问于桀溺。桀溺曰:"子为谁?"曰:"为仲由。"曰:"是鲁孔丘之徒与?"对曰:"然。"曰:"滔滔者天下皆是也,而谁以易⑤之?且而与其从避人之士也,岂若从避世之士哉?"耰而不辍⑥。子路行以告⑦。夫子怃然⑧曰:"鸟兽不可与同群,吾非斯人之徒与而谁与?天下有道,丘不与易也。"

【注解】 ①长沮、桀溺:二人均为隐士。《集解》郑曰:"长沮桀溺,隐者也。"②耦(ǒu):二人一起耕作。朱熹《集注》:"耦,并耕也。"③津:渡口。朱熹《集注》:"津,济渡处。"④执舆:即执辔,拉马的缰绳。本来是子路执辔,因为子路下车问津,所以由孔子代替。朱熹《集注》:"执舆,执辔在车也。"⑤而:同"尔",你。易:改变。⑥耰(yōu):播种之后,以器具耙土、盖土,使种深入土,鸟不能啄。朱熹《集注》:耰,覆种也。辍:中途停止,废止。《集解》:辍,止也。⑦阮元校此句无"行"字,当从阮校。⑧怃(wǔ)然:怅然的样子。朱熹《集注》:怃然,犹怅然,惜其不喻己意也。《集解》:何曰:"怃然,谓其不达己意而便非己也。"皇侃《义疏》本"怃"作"抚",通行本作"怃",今据改。

【译文】 长沮、桀溺两人并头耕作,孔子路过,叫子路去问渡口。长沮问:"那位驾车的是谁?"子路说:"是孔丘。"他又问:"是鲁国的孔丘吗?"子路说:"是的。"他说:"那他早知道渡口在哪儿了。"子路又去问桀溺。桀溺问:"你是谁?"子路说:"我是仲由。"桀溺问:"你是鲁国孔丘的学生吗?"子路答道:"是的。"他便问:"滔滔洪水,到处泛滥,谁能改变它呢? 你与其跟着躲避坏人的人,为什么不跟着隐居避世事的人呢?"一边说,一边不停地耕作。子路回来报告给孔子。孔子怅惘地说:"我们是不可以与飞禽走兽一起生活的呀,若不同人群打交道,又同什么打交道呢? 如果天下太平,我就不会同你们一道来从事改革了。"

【评论】 此章同上一章一样,也是孔子周游列国时所遇之情景。长沮桀溺之言颇含机锋,故孔子有"怃然"之叹。耕者显然也是隐者,他认为天下无道,人就应当避世隐居。而孔子认为,正是因为天下无道,他才要带领学生们游说各国,希望能实行改革以救民于水火。由此可见道、儒两家之分别。在"避"这一点上,两家行为也截然不同。道家避"世",儒家避"人"。前者逃避整个社会,强调无为自保;后者逃避恶人,其实是逃避恶政,心中仍怀美政理想。皇侃《论语义疏》引江熙云:"《易》称'天下同归而殊涂,一致而百虑'。君子之道,或出或处,或默或语,所以为归致,期于内顺生徒,外愍教旨也。惟此而已乎。凡教,或即我以导物,或报彼以明节,以救急疾于当年,而发逸操于沮溺,排彼抗言于子路,知非问津之求也。于时风政日昏,彼此无以相易,良所以犹然,斯可已矣。彼故不屑去就,不辍其业,不酬栖栖之问,所以遂节于世,而有愍于圣教者存矣。道丧于兹,感以事反,是以夫子怃然曰:'鸟兽不可以同群也。'明夫理有大伦,吾所不获已也。若欲洁其身,韬其踪,同群鸟兽,不可与斯民,则所以居大伦者废矣,此即我以致言,不可以乘彼者也。丘不与易,盖物之有道,故大汤武亦称夷齐,美管仲而无讥邵忽。今彼有其道,我有其道,不执我以求彼,不系彼以易我,夫可滞哉!又引沈居士云:世乱,贤者宜隐而全身,圣人宜出以宏物,故自明我道以救大伦。彼之绝迹隐世,实由世乱;我之蒙尘栖遑,亦以道丧,此即彼与我同患世也。彼实中贤,无道宜隐,不达教者也。我则至德,宜理大伦,不得已者也。我既不失,彼亦无违,无非可相非。且沮溺是规子路,亦不规夫子。谓子路宜从己,不言仲尼也。自我道不可复与鸟兽同群,宜与人徒,本非言彼也。彼居林野,居然不得不群鸟兽,群鸟兽,避世外,以为高行,初不为鄙也。但我自得耳,以体大居正,宜宏世也。下云'天下有道,丘不与易也',言天下人自各有道,我不以我道易彼,亦不使彼道易我,自各处其宜也。如江熙所云'大汤武而亦贤夷齐,美管仲亦不讥邵忽'也。"

18.7 子路从①而后②。遇丈人③,以杖荷④蓧⑤。子路问曰:"子见夫子乎?"丈人曰:"四体不勤,五谷不分。孰为夫子?"植⑥其杖而芸⑦。子路拱而立⑧。止子路宿⑨,杀鸡为黍而食之,见其二子焉。明日,子路行以告。子曰:"隐者也。"使子路反⑩见之。至,则行矣。子路曰:"不仕无义。长幼之节,不可废也;君臣之义,如之何其废之?欲洁其身,而乱大伦。君子之仕也,行其义也。道之不行,已知之矣。"

【注解】 ①从:跟从。②后:落后。③丈人:古时候对老年男子的尊称。朱熹《集注》:丈人亦隐者。《集解》包曰:"丈人,老人也。"皇侃《义疏》:"丈人者,长宿之称也"。④荷(hè):肩担,负着。皇侃《义疏》:"荷,担揭也。"⑤蓧(diào):古代锄草工具。朱熹《集注》:"蓧,竹器。"⑥植:竖着,立着。皇侃《义疏》:"植,竖也。"⑦芸:锄草。皇侃《义疏》:"芸,除草也。"⑧拱而立:拱手站在一旁。《朱注》:"知其隐者,敬之也。"皇侃《义疏》:"拱,沓手也。子路未知所以答,故沓手而倚立,以观丈人之芸也。"⑨止子路宿:丈人欲使子路不再前行,留住在其家。⑩反:通"返",返回。

【译文】 子路跟随着孔子,走着走着却落在后面。碰到一位老人,用拐杖挑着锄草工具。子路问道:"您看见我的老师了吗?"老人说:"四肢不劳动,五谷不认识,谁是你的老师?"扶着拐杖便去锄草。子路拱手站在一旁。他便留子路到他家住宿,杀鸡做饭给子路吃,又叫他两个儿子出来相见。第二天,子路赶上了孔子,报告了这件事。孔子说:"这是隐士。"叫子路再回去找他。子路到了那里,他却已经离开了。子路说:"不做官是不合乎义理的。长幼间的关系不可废弃,君臣间的关系,又怎么能废弃呢?想要洁身自好,却破坏了重要的伦理关系。君子出来做官,是履行人臣间的义务。至于政治主张行不通,我们早就知道了。"

【评论】 古人所谓"五伦"分别是:父子有亲,君臣有义,夫妇有别,长幼有序,朋友有信。因而君臣之间的"义"是不可废弃的,联系这三章可见,隐士洁身自好,孔子也表示尊敬,但生而不行"义"却是孔子所不认可的。所以即使知道主张不可行也必当倾心尽力履行义务。这又是一种"明知不可而为之"的精神,它包含着儒家强烈的社会责任感和历史使命感。如康有为所说:"如亲戚有疾,虽知不愈,仍必奔走求药以救之。"诚然,儒学是"人学",它表现出人性、人情之高贵,而不拘泥于理论现象的束缚,这也是它能流传千古,永葆生命力的原因。皇侃《义疏》:"此以下之言悉是孔子使子路语丈人之言也。言人不生则已,既生便有在三之义,父母之恩,君臣之义。人若仕则职于义,故云不仕无义也。既有长幼之恩,又有君臣之义,汝知见汝二子,是识长幼之节不可废缺,而如何废于君臣之义而不仕乎?大伦,谓君臣之道理也。又言汝不仕浊世,乃是欲自清洁汝身耳,如为乱君臣之大伦何也?又言君子所以仕者,非贪荣禄富贵,政是欲行大义故也。为行义故仕耳,浊世不用我道,而我亦反自知之也。"朱熹《集注》:"子路述夫子之意如此。盖丈人之接子路甚倨,而子路益恭,丈人因见其二子焉,则于长幼之节,固知其不可废矣,故因其所明以晓之伦序也。人之大伦有五:父子有亲,君臣有义,夫妇有别,长幼有序,朋友有信,是也。仕所以行君臣之义,故虽知道之不行而不可废。然谓之义,则事之可否,身之去就,亦自有不可苟者。是以虽不洁身以乱伦,亦非忘义以徇禄也。"

18.8 逸民①:伯夷、叔齐、虞仲、夷逸、朱张、柳下惠、少连。子曰:"不降其志,不辱其身者,伯夷、叔齐与!"谓柳下惠、少连,降志辱身矣。言中②伦,行中虑,其斯而已矣。谓虞仲、夷逸,隐居放言,身中清,废中权③。我则异于是④,无可无不可。

【注解】 ①逸民:隐者。《集解》:"逸民者,节行超逸也。包曰:此七人皆逸民之贤者。"皇侃《义疏》:"逸民者,谓民中节行超逸不拘于世者也。其人在下,伯夷一人也,叔齐二人也,虞仲三人也,夷逸四人也,朱张五人也,柳下惠六人也,少连七人也。"朱熹《集注》:"逸,遗。逸民者,无位之称。"②中(zhòng):合乎。③权:权变。④是:代词,指代这些逸民。

【译文】 隐逸的隐士有:伯夷、叔齐、虞仲、夷逸、朱张、柳下惠、少连。孔子说:"不降低自己的志向,不辱没自己身份,是伯夷、叔齐吧!"又说:"柳下惠、少连,降低自己志向,屈辱了自己身份,可是言谈合乎法度,举止经过思虑,也就这样而已了。"又说:"虞仲、夷逸,虽然避世隐道,却放肆直言。行为廉洁,却废弃自我合乎权变。我和这些人都不同,没有什么可以,也没有什么不可以。"

【评论】 孟子曰:"孔子可以仕则仕,可以止则止,可以久则久,可以速则速。"这便是孔子的"无可无不可"了。孔子将自己与这些高尚的隐逸之士作比,指出自己和这些人都不一样,这些人都各守一种德行,而自己却更为灵活通达。皇侃《义疏》:"逸民虽同而其行事有异,故孔子评之也。夷齐隐居饿死,是不降志也;不仕乱朝,是不辱身也,是心迹俱超逸也。此二人心逸而迹不逸也,并仕鲁朝,而柳下惠三黜,则是降志辱身也。虽降志辱身,而言行必中于伦虑,故云其斯而已矣。放,置也。隐居幽处,废置世务,世务不须及言之者也。身不仕乱朝,是中清洁也。废事免于世患,是合于权智也。又引张凭云:彼被禄仕者乎?其处朝也,唯言不废大伦,行不犯色,思虑而已,岂以世务暂婴其心哉?所以为逸民也。又引江熙云:超然出于埃尘之表,身中清也。晦明以远害,发动中权也。"

朱熹《集注》:"孟子曰:'孔子可以仕则仕,可以止则止,可以久则久,可以速则速。'所谓无可无不可也。谢氏曰:'七人隐遁不污则同,其立心造行则异。伯夷、叔齐天子不得臣,诸侯不得友,盖已遯世离群矣,下圣人一等,此其最高与?柳下惠、少连虽降志而不枉己,虽辱身而不求合,其心有不屑也,故言能中伦,行能中虑。虞仲、夷逸,隐居放言,则言不合先王之法者多矣。然清而不污也,权而适宜也,与方外之士害义伤教而乱大伦者殊科,是以均谓之逸民。"又引尹氏曰:"七人各守其一节,而孔子则无可无不可,此所以常适其可,而异于逸民之徒也。扬雄曰:'观乎圣人,则见贤人。'是以孟子论夷惠,亦必以孔子断之。"

18.9 大师挚适齐①,亚饭干适楚②,三饭缭适蔡,四饭缺适秦,鼓方叔入于河,播鼗武入于汉③,少师阳④、击磬襄入于海⑤。

【注解】 ①大(tài)师挚:大师,鲁国的乐官之长。挚是他的名字。朱熹《集注》:"大师,鲁乐官之长,挚其名也。"适:去,到。②亚饭干:乐官名干者。钱穆《新解》:"亚饭、三饭、四饭,皆以乐侑食之官。干、缭、缺,其名。礼,王大食,三侑。鲁亦有亚饭、三饭、四饭,僭王礼也。"③播鼗(táo):摇小鼓。《集注》:"播,摇也。鼗,小鼓两旁有耳,持其柄而摇之,则旁耳还自击。"④少师:也是官名,乐官之辅佐。《集注》:"少师,乐官之佐。"⑤磬(qìng):古代的一种石制打击乐器。

【译文】 太乐师挚逃到了齐国,二饭乐师干逃到了楚国,三饭乐师缭逃到了蔡国,四饭乐师缺逃到了秦国,打鼓的方叔去了黄河边,摇小鼓的武去了汉水,少师阳和击磬的襄去了海边。

【评论】 本章记录了鲁哀公时国政衰微,乐官四散逃逸,礼崩乐坏的情景让人叹息。朱熹《集注》:"此记贤人之隐遁以附前章,然未必夫子之言也。末章仿此。张子曰:'周衰乐废,夫子自卫反鲁,一尝治之,其后伶人贱工识乐之正。及鲁益衰,三桓僭妄,自太师以下皆知散之四方,逾河蹈海以去乱。圣人俄顷之助,功化如此。如有用我,期月而可,岂虚语哉?'"

18.10 周公①谓鲁公曰:"君子不施②其亲,不使大臣怨乎不以③。故旧无大故④,则不弃也。无求备⑤于一人!"

【注解】 ①周公:周公旦,是鲁公的父亲。②施:同"弛",怠慢。③以:用。④故:过失。谓恶迷之事。⑤备:完善齐备。

【译文】 周公对鲁公伯禽说:"君子不怠慢自己的亲族,不让大臣抱怨不被重用。老臣故人没有严重过失,就不能舍弃。不要对一个人求全责备!"

【评论】 这章是周公戒鲁公伯禽之语。当日孔子引述以教弟子,故列于此也。知人善用,是治理天下的重要手段之一。本章将亲属关系与君臣关系结合起来,从情义出发,指出不能过分苛求他人,而要宅心仁厚,通情达理,这样才能得人心。清人汪烜《四书诠义》:"时贤于此章,或说成强干弱枝,收拾人心作用,则计功谋利之私,与元圣开国典谟相去远矣。又尊贤亲亲本周公遗训,此章是矣,而史氏乃谓伯禽三年报政,尊贤亲亲,周公有'鲁其北面事齐'之语,其不足信可知。且鲁之积弱与三桓之横逆,乃后世失道使然,岂亲亲之故也哉?"黄式三氏《后案》:"司马君实曰:'人之材性各有所能,虽皋夔稷契止能各守一官,况于众人,安可求备?故孔门以四科论士,汉室以数路得人。'然则无求备之义亦大矣。"

18.11 周有八士①:伯达、伯适、仲突、仲忽、叔夜、叔夏、季随、季騧②。

【注解】 ①士:贤士。②騧:音guā。

【译文】 周朝有八位贤士：伯达、伯适、仲突、仲忽、叔夜、叔夏、季随、季骍。

【评论】 本章所记周盛世时八位贤士的生平、事迹已不可考。这章述周之盛世人才济济，暗寓鲁政衰微，贤者不见用之讥。皇侃《义疏》："旧云周世有一母身四乳，而生于此八子，八子并贤，故记录之也。侃按师说曰：'非谓一人四乳，乳犹俱生也。有一母四过生，生辄双，二子四生，故八子也。'何以知其然？就其名两两相随，似是双生者也。"朱熹《集注》："或曰成王时人，或曰宣王时人，盖一母四乳而生八子也，然不可考矣。张子曰：'记善人之多也。'愚按此篇孔子于三仁、逸民、师挚、八士既皆称赞而品列之，于接舆、沮、溺、丈人又每有惓惓接引之意，皆衰世之志也，其所感者深矣。在陈之叹盖亦如此。三仁则无间然矣，其余数君子者亦皆一世之高士，若使得闻圣人之道，以裁其所过，而勉其所不及，则其所立，岂止此而已哉？"

子张第十九

19.1 子张曰:"士见危致命①,见得思义,祭思敬,丧思哀,其可已矣。"

【注解】 ①致命:献出生命。《集解》引孔曰:"致命,不爱其身。"朱熹《集注》:致命,谓委致其命,犹言授命也。

【译文】 子张说:"士看见危难便献出生命,看见利益便可想到道义,祭祀的时候想到严肃恭敬,守孝的时候想到悲痛哀伤,那也就可以了。"

【评论】 本章讲士的标准,所述四条都是"立身之大节",具备此,方可称为"士"。有的学者认为本篇记录的全是孔子弟子的言行,其中"子夏为多,子贡次之。"(朱熹《四书集注》)

　　皇侃《义疏》:"就此篇凡有二十四章,大分为五段,总明弟子禀仰记言行皆可轨则,第一先述子张语,第二子夏语,第三子游语,第四曾参语,第五子贡语,此是第一子张语,自有二章也。此一篇皆是弟子语,无孔子语也。又引江熙云:但言若是自可也。"朱熹《集注》言章中所述四品。"致命,谓委致其命,犹言授命也。四者立身之大节,一有不至,则余无足观,故言士能如此,则庶乎其可矣。"

19.2 子张曰:"执①德不弘②,信道不笃③,焉能为有?焉能为亡④?"

【注解】 ①执:守,遵守。②弘:发扬光大。③笃:笃实。④亡(wú):通"无"。

【译文】 子张说:"执守道德却不能发扬光大,信奉道义却不笃实,这种人算是有他呢?还是没他呢?"

【评论】 本章旨在强调提高自身修养的同时要深明大义,弘大德行,使"德"更为宽广深厚。"修身齐家治国平天下",自我完善是第一步,要树立远大志向,救国救民,兼济天下。更要有坚定的信念。皇侃《义疏》引江熙云:"有德不能宏大,信道不务厚至,虽有其怀,道德蔑然,不能为损益也。"朱熹《集注》:"有所得而守之太狭则德孤,有所闻而信之不笃则道废。焉能为有无,犹言不足为轻重。"刘宝楠《正义》:"当时容有安于小成,惑于异端,故子张讥之。"对所追求的道德礼义,不能只满足于听闻,不能道听途说,而要不断学习思考,坚定信念。

19.3 子夏之门人问交于子张。子张曰:"子夏云何?"对曰:"子夏曰:'可者与之,其不可者拒之。'"子张曰:"异乎吾所闻:君子尊贤而容众,嘉①善而矜②不能。我之大贤与③,于人何所不容? 我之不贤与,人将拒我,如之何其拒人也?"

【注解】 ①嘉:褒扬,赞许。②矜:怜悯。③与:同"欤",表示疑问的助词,相当于"吗""呢"。

【译文】 子夏的学生请教子张如何交朋友。子张说:"你的老师怎么说?"答道:"老师说,可以交的去交,不可以交的就拒绝他。"子张说:"这与我听到的不同:君子尊敬贤人,也容纳一般人;鼓励好人,而可怜无能的人。我如果贤明,对什么人不能容纳呢? 我如果不贤明,别人就会拒绝我的,我怎能去拒绝别人呢?"

【评论】 此章讲子张、子夏不同的交友观。子夏主张交好拒恶,儒家讲仁,要求君子具备教化世人,泛爱群众的包容心,子夏似有过苛之嫌;而子张主张交友求广,来者不拒,也有失偏颇,比如损友当然应该远离。《集解》引孔曰:"问交,问与人交接之道。"又引包曰:"友交当如子夏,汎交当如子张。"皇侃《义疏》:"子夏所云,伦党之交也。子张所云,尊卑之交也。"又引王肃云:"子夏所云敌体交,子张所云覆盖交也。"又引栾肇云:"圣人体备,贤者或偏,以偏师备,学不能同也,故准其所资而立业焉,犹《易》云'仁者见其仁,智者见其智'。宽则得众而遇滥,偏则寡合而身孤,明各出二子之偏性,亦未能兼宏夫子度也。"朱熹《集注》:"子夏之言迫狭,子张讥之是也。

但其所言亦有过高之弊,盖大贤虽无所不容,然大故亦所当绝;不贤固不可以拒人,然损友亦所当远,学者不可不察。"

　　有的学者认为两家之说层次不同,而其实一也。黄氏《后案》:"子夏教门人是初学之法,子张言君子大贤之道。子张云异乎吾所闻,欲补子夏之所未备以广其教也。不可者与众不能迥异,二说亦自可贯矣。容众之道,自古所重,易师言容蓄,临言容保。荀子曰:'君子贤能容罢,知能容愚,博能容浅,粹能容杂。'"亦可备一说。

19.4　子夏曰:"虽小道①,必有可观者焉②;致远恐泥③,是以君子不为也。"

【注解】　①虽:纵然,即使。小道:这里指小技艺,如行医、占卜、农耕之类。《集解》:"小道,谓异端也。"朱熹《集注》:"小道如农圃医卜之属。"②可观:可以取法。③泥(nì):拘泥,死板。这里是妨碍的意思。《集解》引包曰:"泥,难不通也。"

【译文】　子夏说:"即使是百家之书,其中也一定有可取的地方;但是恐怕它妨碍远大事业,所以君子不学它。"

【评论】　君子不从事"小道",并非它没有切实的作用,而是君子应当谋大,不宜因小失大。在当时社会里,儒家认为,君子应从事救国济民这样关乎天下的大事,他们是作为社会脊梁而存在的,以政治改革的领导者自居,若沉溺于"小道",雕琢一才一艺,就会妨害承担这样重大的责任和使命。皇侃《义疏》引江熙云:"圣人所以训世轨物者,远有体趣,故又文质可改,而处无反也。至夫百家竞说,非无其理,然家人之规模,不及于经国;虑止于为身,无贻厥孙谋,是以君子舍彼取此也。"朱熹《集注》引杨氏曰:"百家众技犹耳目口鼻,皆有所用而不能相通,非无可观也,致远则泥矣,故君子不为也。"

19.5　子夏曰:"日知其所亡①,月无忘其所能,可谓好②学也已矣。"

【注解】　①亡(wú):通"无",这里指自己所不知道的东西。皇侃《义疏》:"亡,无也。无,谓从来未经所识者也。"朱熹《集注》:"亡,无也,谓己之所未及。"②好(hào):爱好,热爱。

【译文】 子夏说:"每天知道所未知的,每月复习所学得的,就可以称作好学了。"

【评论】 本章劝人向学,主张使学习成为我们生活的一部分。《集解》引孔曰:"日知所亡,日知其所未闻。"皇侃《义疏》:"此劝人学也。亡,无也。无,谓从来未经所识者也。令人日新其德,日日知所未识者,令识录之也。所能,谓已识在心者也。既自日日识所未知,又月月无忘其所能,故言识之也。能如上事,故可谓好学者也。然此即是温故而知新也,日知其所亡是知新也,月无忘所能是温故也,可谓好学,是谓为师也。"

19.6 子夏曰:"博学而笃志①,切问而近思②,仁在其中矣。"

【注解】 ①笃:坚定。皇侃《义疏》:笃,厚也。②切:恳切地。

【译文】 子夏说:"广泛学习,且坚守志趣,恳切提问,并联系实际去思考,'仁'就在其中了。"

【评论】 这四个方面是修得"仁道"的具体路径,四者缺一不可。朱熹《集注》:"苏氏曰:博学而志不笃,则大而无成;泛问远思,则劳而无功。""程子曰:学者要思得之。了此,便是彻上彻下之道。"掌握这四种学习方式,成为这样的人,"仁德"也就自在其中了。《集解》:"孔曰:'博学而笃志,广学而厚识之也。'何曰:'切问者,切问于己所学而未悟之事也。近思者,近思于己所能及之事也。若汎问所未学,远思所未达,则于所学者不精,于所思者不解也。'"《论语》:"博,广也。笃,厚也。志,识也。"皇侃《义疏》:"言人当广学经典而深厚识录之不忘也。切,犹急也。若有所未达之事,宜急谘问取解,故云切问也。近思者,若有所思,则宜思己所已学者,故曰近思也。能如上事,虽未是仁,而方可能为仁,故云仁在其中矣。"

19.7 子夏曰:"百工居肆以成其事①,君子学以致其道②。"

【注解】 ①肆:作坊。朱熹《集注》:"肆,谓官府造作之处。"②致:达成,成就。

【译文】 子夏说:"工匠在制作场地完成他们的工作,君子应该努力学习来成就大业。"

【评论】 本章以匠师终日在制作场地工作,来比喻君子也要通过终身学习来明道,表明学习是君子成就大业的必要途径。此章"学以致道"与上章的"仁在其中"正同。《集解》引包曰:"言百工处其肆则事成,犹君子学以致其道。"皇侃《义疏》:"先为设譬。百工者,巧师也。言百者,举全数也。居肆者,其居常所作物器之处也。言百工由曰曰居其常业之处,则其业乃成也。致,至也。君子由学以至于道,如工居肆以成事也。又引江熙云:亦非生巧也。居肆则是见广,见广则巧成。君子未能体足也,学以广其思,思广而道成也。"朱熹《集注》:"工不居肆,则迁于异物而业不精;君子不学,则夺于外诱而志不笃。尹氏曰:'学所以致其道也。百工居肆,必务成其事。君子之于学,可不知所务哉?'愚按二说相须,其义始备。"

19.8　子夏曰:"小人之过①也必文②。"

【注解】 ①过:过错。②文:掩饰。《集解》引孔曰:"文饰其过,不言情实。"朱熹《集注》:"文,饰之也。"此句皇本"必"前有"则"字,今据《集解》本改。

【译文】 子夏说:"小人犯了错,一定会加以掩饰。"

【评论】 这章讲小人君子在对待过错方面的不同态度。《左传·宣公二年》有云:"人非圣贤,孰能无过?过而能改,善莫大焉。"小人"文过饰非",君子有过必改。皇侃《义疏》:"君子有过是己误行,非故为也,故知之则改。而小人有过,是知而故为,故愈文饰之,不肯言己非也。又引缪播云:'君子过由不及,不及而失,非心之病,务在改行,故无吝也。其失之理明,然后得之理着,得失既辨,故过可复改也。小人之过生于情伪,故不能不饰,饰则弥张,乃是谓过也。'"朱熹《集注》:"文,饰之也。小人惮于改过而不惮于自欺,故必文以重其过。"

19.9　子夏曰:"君子有三变:望之俨然①,即之也温②,听其言也厉。"

【注解】 ①俨然：庄严的样子。朱熹《集注》："俨然者，貌之庄。"皇侃《义疏》引李充云："厉，清正之谓也。"②即：接近。

【译文】 子夏说："君子有三种变化：远望时庄严可畏；接近了却温和可亲；听他的话，又严厉不苟。"

【评论】 此章讲君子应持有的一种"风度"，偏重于从主观印象方面说来。皇侃《义疏》引袁氏云："温，和润也。"又引李充云："厉，清正之谓也。君子敬以直内，义以方外，辞正体直，而德容自然发，人谓之变耳，君子无变也。"

19.10 子夏曰："君子信而后劳其民①；未信，则以为厉己也②。信而后谏；未信，则以为谤己也。"

【注解】 ①信：此处是"被信任"。朱熹《集注》："信，谓诚意恻怛而人信之也。"②厉：伤害，折磨。《集解》："厉犹病也。"

【译文】 子夏说："君子得到信任以后才去使唤百姓，否则百姓会以为是在折磨自己。君子得到信任以后才去劝谏，否则国君会以为是在毁谤自己。"

【评论】 本章阐明取信于民之重要性。不能取信，不足以发动群众，不足以劝谏君主。信任是相互的，就臣民来说，要对国君忠厚诚实，就国君来说，也要对下属信任宽待。内诚于心，外信于人，无论在哪个时代，讲诚信都是一种基本美德。皇侃《义疏》引江熙云："君子克厉德也，故民素信之，服劳役故知非私。信不素立，民动以为病己而奉其私也。人非忠诚相与，未能谏也。然投入夜光，鲜不按剑。《易》曰：'贵孚在道。'明无素信，不可轻致谏也。"

19.11 子夏曰："大德不逾闲①，小德出入可也②。"

【注解】 ①逾：超过，法则。闲：界限。《说文解字》云："闲，阑也。"本义是栅栏，这里指界限。《集解》：孔曰："闲犹法也。"朱熹《集注》："闲，阑也。"皇侃《义疏》："闲，犹法也。"②小德：与大德相对，指小节。出入：小的差错。

【译文】 子夏说："大节不能超越界限，小节有点差错是可以的。"

【评论】 此章说明应充分重视大德大节。对待他人,在原则性问题上不能放松,允许不拘小节。皇侃《义疏》:"大德,上贤以上也。闲,犹法也。上德之人,常不逾越于法则也。小德,中贤以下也,其立德不能恒全,有时暂至,有时不及,故曰出入也。不责其备,故曰可也。"朱熹《集注》:"大德小德,犹言大节小节。闲,阑也。所以止物之出入。言人能先立乎其大者,则小节虽或未尽合理,亦无害也。"

19.12 子游曰:"子夏之门人小子,当洒扫应对进退可矣。抑末也①,本之则无,如之何?"子夏闻之曰:"噫!言游过矣!君子之道,孰先传?孰后倦焉②?譬诸草木,区以别矣③。君子之道,焉可诬也?有始有终者④,其惟圣人乎!"

【注解】 ①抑:表示转折,不过,但是。皇侃《义疏》:"抑,助语也。"②后倦:《朱注》:"倦,如诲人不倦之倦。""后倦"即放在后面讲述。③区:种类。朱熹《集注》:"区,犹类也。"④终:完结。《集解》本作"卒"。

【译文】 子游说:"子夏的学生们,担当打扫环境、接待客人、进退应对的工作,是可以的。不过这只是末节罢了,根本的东西却没有,怎么可以呢?"子夏听了这话,便说:"咳!子游的话说过头了!君子的学问,哪些先传授,哪些后讲述,就犹如草木,是要区别种类的。君子的学问,怎么可以歪曲呢?有始有终的,大概只有圣人吧!"

【评论】 本章旨在说明君子传授学问或修养礼义应循序渐进。能"有始有终",一以贯之,只有圣人能做到。子游、子夏虽同受业于夫子,然于教弟子之法各有侧重。皇侃《义疏》:"噫,不平之声也。子夏闻子游鄙己门人,故为不平之声也。既不平之,而又云言游之说实为过失也。既云子游之说是过,故更说我所以先教以小事之由也。君子之道,谓先王之道也。孰,谁也。言先王大道即既深且远,而我谁先能传,而后能倦懈者邪?故云:'孰先传焉?孰后倦焉?'既不知谁,故先历试小事,然后乃教以大道也。言大道与小道殊异,譬如草木,异类区别,学者当以次,不可一往学,致生厌倦也。

君子大道既深,故传学有次,岂可发初使谁罔其仪而并学之乎?唯圣人有始有终,学能不倦,故可先学大道耳,自非圣人,则不可不先从小起也。又引张凭云:'人性不同也,先习者或早懈,晚学者或后倦,当要功于岁终,不可以一限也。譬诸草木,或春花而夙落,或秋荣而早实,君子之道,亦有迟速焉。惟圣人始终如一,可谓永无先后之异也。'又引熊埋云:'凡童蒙初学,固宜闻渐日进,阶粗入妙,故先且启之以小事,后将教之以大道也'。"钱穆《论语新解》:"是两人言教学之法实无大异,读者若据'言游过矣'四字,便谓子游之言全非,则失本章之旨。"

19.13　子夏曰:"仕而优则学①,学而优则仕。"

【注解】　①仕:出仕,做官。《说文》:"仕,学也。"段注:"训仕为入官,此今义也。古义宦训仕,仕训学。"

【译文】　子夏说:"做官做得好还要学习;学习学得好便能做官。"

【评论】　这一章讲仕与学之关系,为人们所熟知,尤其是后半句"学而优则仕"。孔子鼓励弟子学以致用,积极出仕,为官从政,兼济天下。但是做官并不是学习的终点,官做得好,更应勤奋学习以求进取。皇侃《论语义疏》:"优,谓行有余力也。若仕官治官,官法而已。力有优余,则更可研学先王典训也。学既无当于立官,立官不得不治,故学业优足则必进仕也。子夏语十一章讫此也。"朱熹《集注》:"仕与学理同而事异,故当其事者,必先有以尽其事,而后可以及其余。然仕而学,则所以资其仕者益深;学而仕,则所以验其学者益广。"

19.14　子游曰:"丧致乎哀而止①。"

【注解】　①致:通"至",充分,极至。

【译文】　子游说:"丧礼,充分表现出了悲哀之情就够了。"

【评论】　礼法之中,情意是中心,必须要表达出居丧者的悲哀之情,但又不能悲哀过度,否则毁身灭性,伤及身心,也属不孝,因此是君子所不取的。皇侃《义疏》:"虽丧礼主哀,然孝子不得过哀以灭性,故使各至极哀而止。"

19.15 子游曰："吾友张也①,为难能也②,然而未仁。"

【注解】 ①张:即子张。皇侃《义疏》:"张,子张也。"②难能:即难能可贵,难得之人。

【译文】 子游说:"我的朋友子张算是难得的人了,然而还没做到仁。"

【评论】 这章载子游对子张的评价。朱熹说:"子张行过高,而少诚实恻怛之意。"(《集注》)可见仁道本身是人道,而心存高远的人,若逾越了中庸之道所讲求的"度",也就不能算作"仁"了。皇侃《义疏》:"子游言吾同志之友子张,容貌堂伟,难为人所能及,故云为难能也。又引袁氏云:'子张容貌难及,但未能体仁也。'"《集解》:"言子张容仪之难及。"黄氏《后案》:"为难能也,言其为所难为也。以一介儒生欲行非常之仁,失近取之方,而实泽未必能周也。"正是缘于子张的这种坦荡不羁、才高意广已经逾越了度,行为常有偏失,反而失去了对原则的把握,显得"过犹不及"。

19.16 曾子曰："堂堂乎张也①,难与并为仁矣。"

【注解】 ①堂堂乎:指子张的性情高广盛极。皇侃《义疏》引江熙云:"堂堂,德宇广也。"朱熹《集注》:"堂堂,容貌之盛。言其务外自高,不可辅而为仁,亦不能有以辅人之仁也。"

【译文】 曾子说:"子张的为人高不可攀了,难以与他一同履行仁德。"

【评论】 本章与上一章都是评论子张为人的。子张"外有余而内不足,故门人皆不与其为仁。"(《集注》)《集解》引郑曰:"言子张容仪盛,而于仁道薄也。"皇侃《义疏》:"此以下自第四曾参语自有四章。堂堂,仪容可怜。言子张虽容貌堂堂,而仁行浅薄,故云难并为仁。并,竝也。又引江熙云:'堂堂,德宇广也。仁,行之极也。难与并仁,荫人上也。'然江熙之意,是子张仁胜于人,故难与并也。"

19.17　曾子曰:"吾闻诸夫子①:人未有自致者也②,必也亲丧乎!"

【注解】　①诸:"之于"合读。②致:极。朱熹《集注》:"致,尽其极也,盖人之真情所不能自已者。"

【译文】　曾子说:"我听老师说:人不会自动地竭诚表达感情,只有在父母去世的时候才会吧!"

【评论】　中国人的性格普遍倾向于含蓄内敛,平素对感情也往往难得表达极致。直到父母去世之时才不可自抑,嚎啕大哭。这是情感的真实流露,出自真心,若在这种时候仍无极度的悲痛之情迸发到极致,也就完全谈不上仁德了。《集解》引马曰:"言人虽未能自致尽他事,至于亲丧,必自致尽。"朱熹《集注》:"致,尽其极也,盖人之真情所不能自已者。尹氏曰:'亲丧固所自尽也,于此不用其诚,恶乎用其诚?'"

19.18　曾子曰:"吾闻诸夫子①:孟庄子之孝也②,其他可能也;其不改父之臣与父之政,是难也。"

【注解】　①诸:"之于"的合读。②孟庄子:鲁大夫孟献子仲孙蔑之子,名速。朱熹《集注》:"孟庄子,鲁大夫,名速。其父献子,名蔑。献子有贤德,而庄子能用其臣,守其政,故其他孝行虽有可称,而皆不若此事之为难。"《集解》引马曰:"孟庄子,鲁大夫仲孙速也。"

【译文】　曾子说:"我听老师说过:孟庄子的孝,别的都容易做到;而他留用父亲的臣属,保持父亲的政治措施,是难以做到的。"

【评论】　此章赞扬孟庄子之"孝",重在不改其父之道。"子曰:三年无改于父之道,可谓孝矣。"(《论语·学而》)皇侃《义疏》:"人子为孝,皆以爱敬而为体,而孟庄子为孝非唯爱敬,爱敬之外别又有事,故云其他可能也,此是其他可能之事也。时人有丧,三年之内,皆改易其父平生时臣及政事。而庄子居丧,父臣父政虽有不善者,而庄子犹不忍改之,能如此者,所以是难也。"

19.19　孟氏使阳肤①为士师②,问于曾子。曾子曰:"上失其道,民散久矣。如得其情,则哀矜③而勿喜!"

【注解】 ①阳肤：曾子的弟子。皇侃《义疏》："阳肤，曾子之弟子也。"②士师：法官，典狱之官。皇侃《义疏》："士师，狱官也。"③矜：怜悯。

【译文】 孟氏任命阳肤为法官，阳肤征求老师曾子的意见。曾子说："在上位的人丧失道义，民心早就离散了。你如果能够审出犯罪的实情，便应该同情可怜他们，而不要高兴得意！"

【评论】 本章说明体察民情、教化民众的重要性。皇侃《义疏》："阳肤将为狱官而还问师，求其法术也。曾子答之使为法也，言君上若善，则民下不犯罪，故尧舜之民比屋可封；君上若恶，则民下多犯罪，故桀纣之民比屋可诛。当于尔时君上失道既久，故民下犯罪离散者众，故云久也。如，犹若也。若得其情，谓责徵得其罪状也。言汝为狱官，职之所司，不得不辨徵。虽然，若得罪状，则当哀矜愍念之，慎勿自喜，言汝能得人之罪也。所以必须哀矜者，民之犯罪，非其本怀，政是由从君上故耳。罪既非本，所以宜哀矜也。"朱熹《集注》："谢氏曰：'民之散也，以使之无道，教之无素，故其犯法也，非迫于不得已，则陷于不知也，故得其情，则哀矜而勿喜。'"

19.20 子贡曰："纣之不善也，不如是①之甚也。是以君子恶居下流②，天下之恶皆归焉。"

【注解】 ①是：这样。②是以：所以。恶（wù）：憎恶。朱熹《集注》："下流，地形卑下之处，众流之所归，喻人身有污贱之实，亦恶名之所聚也。子贡言此，欲人常自警省，不可一置其身于不善之地，非谓纣本无罪，而虚被恶名也。"此句"君子"，皇本作"君臣"，据通行本校改。

【译文】 子贡说："商纣王德行的不好，并不像现在传说的这么过分。所以君子憎恶处于下流，否则天下的罪恶都会归到他身上来。"

【评论】 本章讲"道德判断的刻板印象"。提醒人们要时常自警，从善如流，切忌有背离仁德的行为。否则将会置身于"众恶所归"的不利境地。《集解》引孔曰："纣为不善以丧天下，后世憎甚之，皆以天下之恶归之于纣。"皇侃《义疏》引蔡谟云："圣人之化由群贤之辅,闇王之乱由众恶之党,是以有君无臣,宋襄之败,卫灵无道,夫奚其丧？言一纣之不善,其乱不得如是之甚。身居下流,天下恶人皆归之,是故亡也。"

按：皇侃曰："若如蔡谟意,是天下恶人皆助纣恶,故失天下耳。若置一纣,则不能如是甚也。"此以天下之恶为恶人,亦可备一说。

19.21　子贡曰："君子之过也,如日月之蚀焉：过也,人皆见之；更也①,人皆仰之。"

【注解】　①更（gēng）：改正。《集解》：孔曰："更,改也。"

【译文】　子贡说："君子的过错,就像日蚀月蚀那样：有过错的时候,人人都能看见；改正的时候,人人都会敬仰。"

【评论】　君子勇于改正错误,不文过饰非。皇侃《义疏》："日月之蚀,非日月故为；君子之过,非君子故为,故云如日月之蚀也。日月之蚀,人并见之,如君子有过不隐,人亦见之也。更,改也。日月蚀罢,改闇更明,则天下皆并瞻仰；君子之德,亦不以先过为累也。"

19.22　卫公孙朝①问于子贡曰："仲尼焉学②？"子贡曰："文武之道,未坠于地③,在人。贤者识其大者,不贤者识其小者。莫不有文武之道焉。夫子焉不学？而亦何常师之有④？"

【注解】　①公孙朝：卫国大夫。朱熹《集注》：公孙朝,卫大夫。②焉：哪里。③坠：丧失。④常师：固定的老师。

【译文】　卫国的公孙朝问子贡："孔子的学问是从哪里学来的？"子贡说："周文王、武王的大道,并没失传,而是流传于人间。贤能的人知道大德,不贤能的人知道小节。文王武王之道无处不在啊。我的老师哪处不学呢,又为何要有一定的老师？"

【评论】　"学无常师"赞颂了孔子的好学精神,正是因为孔子处处留心,虚心求教,才能博采众长,深明仁道。《集解》引孔曰："文武之道,未坠落于地。贤与不贤,各有所识。夫子无所不从学,故无常师。"

19.23 叔孙武叔语大夫于朝曰①："子贡贤于仲尼。"子服景伯以告子贡。②子贡曰："譬之宫墙③，赐之墙也及肩④，窥见室家之好。夫子之墙数仞⑤，不得其门而入，不见宗庙之美，百官⑥之富。得其门者或寡矣。夫子之云，不亦宜乎！"

【注解】 ①叔孙武叔：鲁国大夫，名州仇。《集解》马曰："鲁大夫叔孙州仇也。武，谥也。"朱熹《集注》："武叔，鲁大夫，名州仇。"语(yù)：告诉。②子服景伯：鲁大夫。③譬：作比喻。④赐：子贡名为端木赐，子贡是他的字。皇侃《义疏》：赐，子贡名也。⑤仞：古代的长度单位。《朱注》："七尺曰仞。"数仞形容极高。⑥官：通"馆"，房屋。

【译文】 叔孙武叔在朝廷上对大夫们说："子贡比他老师孔子更贤明。"子服景伯便把这话告诉了子贡。子贡说："拿房屋的围墙作比喻：我的围墙只到肩膀那么高，你可以望到房屋里面的美好。我老师的围墙却有几丈高，要是找不到门进去，就看不到他那里面庙堂的雄伟，房屋的富丽。能够找着大门的人或许太少了吧。那么武叔先生说的话，不也很自然吗？"

【评论】 这章记载鲁国朝堂之上众人对孔门师徒的评论，以及子贡对孔子的评价。子贡譬喻甚妙，在"及肩"与"数仞"的悬殊中，我们不仅看到了孔子的学问博大精深，也看到了子贡对老师的敬爱。皇侃《义疏》："子贡闻景伯之告，亦不惊距，仍为之设譬也。言人之器量各有深浅，深者难见，浅者易睹。譬如居家之有宫墙，墙高则非窥阚所测，墙下窥阚易了，故云譬诸宫墙也。赐，子贡名也。子贡自言赐之识量短浅，如及肩之墙也。墙既及肩，故他人从墙外行，得窥见墙内室家之好也。七尺曰仞，言孔子圣量之深，如数仞之高墙也。墙既高峻，不可窥阚，唯从门入，乃得见内，若不入门，则不见其所内之美也。然墙短下者，其内止有室家。墙高深者，故广有容宗庙百官也。富贵之门非贱者轻入，入者唯富贵人耳。孔子圣人，器量之门非凡鄙可至，至者唯颜子耳，故云得门或寡。子贡呼武叔为夫子也。贱者不得入富贵之门，愚人不得入圣人之奥室，武叔凡愚，云赐贤于孔子，是其不入圣门，而有此言，是其宜也。又引袁氏云：'武叔凡人，应不达圣也。'"

19.24 叔孙武叔毁仲尼①。子贡曰:"无以为也②!仲尼不可毁也。他人之贤者,丘陵也,犹可逾也;仲尼如日月也,无得而逾焉。人虽欲自绝也③,其何伤于日月乎?多见其不知量也④。"

【注解】 ①毁:毁谤。②无以为:不要这样做。朱熹《集注》:"无以为,犹言无用为此。"③自绝:自寻死路。④不知量(liàng):不知分量。《集解》:"言人虽自绝弃于日月,其何能伤之乎?适足自见其不知量也。"朱熹《集注》:"不知量,谓不自知其分量。"

【译文】 叔孙武叔向别人毁谤孔子。子贡说:"你不要这样做,孔子是不能毁谤的。别人的贤德,像小山丘,还可以跨越过去;孔子,像太阳和月亮,不可能超越它。即使有人要自绝,可对于太阳月亮又有什么损害呢?只是表示他太不自量罢了。"

【评论】 这章记子贡对毁谤孔子的叔孙武叔的驳斥。圣贤如孔子,也难免遭人毁谤,人心之难测,可见一斑。然而在子贡看来,德行修养达到孔子的境界,也便可以无视攻讦毁谤,因为他的智慧和信念,并不为这些人和这些言语而减少半分、动摇半分,由此可见孔子在子贡心目中之地位。这也启发我们,在遇到恶意诽谤的时候,应当益坚其志,愈挫愈勇。皇侃《义疏》:"犹是前之武叔又訾毁孔子。子贡闻武叔之言,故抑止之,使无以为訾毁。又明言语之云:仲尼圣人,不可轻毁也。更喻之说仲尼不可毁之譬。言他人贤者虽有才智,才智之高止如丘陵。丘陵虽高,而人犹得逾跃其上。既犹可逾,故可毁也。言仲尼圣智高如日月,日月丽天,岂有人得逾践者乎?既不可逾,故亦不可毁也。世人逾丘陵而望下,便谓丘陵为高;未曾逾践日月,不觉日月之高;既不觉高,故訾毁日月,便谓不胜丘陵,是自绝日月也。日月虽得人之见绝,而未曾伤灭其明,故言何伤于日月也。譬凡人见小才智便谓之高,而不识圣人之奥,故毁绝之,虽复毁绝,亦何伤圣人德乎?不测圣人德之深而毁绝之,如不知日月之明而弃绝之,若有识之士视睹于汝,则多见汝愚暗,不知圣人之度量也。"

19.25 陈子禽谓子贡曰:"子为恭也①,仲尼岂贤于子乎?"子贡曰:"君子一言以为智②,一言以为不智,言不可不慎也。夫子之不可及也,犹天之不可阶③而升也。夫子之得邦家者,所谓立之斯立,导之斯行④,绥之斯来⑤,动之斯和⑥。其生也荣,其死也哀,如之何其可及也?"

【注解】 ①恭:谦和恭敬。朱熹《集注》:"为恭,谓为恭敬,推逊其师也。"②智:通行本作"知",下同。③阶:梯子。朱熹《集注》:"阶,梯也。"④导:引导。通行本作"道",朱熹《集注》:"道,引也,谓之教也。"⑤绥:安抚。《集解》:"绥,安也。"⑥动:鼓舞动员。朱熹《集注》:"动,谓鼓舞之也。"

【译文】 陈子禽对子贡说:"您做得太谦虚了,孔子哪能比您更贤能呀?"子贡说:"君子从一句话中听出聪明,也从一句话中听出愚蠢,因此说话不可以不审慎。我老师的不可超越,就好比苍天不可能用梯子爬上去。我老师如果有一国一家之位,那正如我们所说的,一教化百姓,百姓便自立于社会;一引导百姓,百姓便前进;一安抚百姓,百姓便归顺;一动员百姓,百姓便会同心协力。他生时誉满天下,死时为人哀悼,这怎么能够赶得上呢?"

【评论】 这章记录子贡赞颂老师,反击对孔子的毁谤之辞,不仅表现了子贡的机智过人,更体现出他为人高尚,始终尊师重道,以老师为榜样,不断进修德行。《集解》:"言孔子为政,其立教则无不立,道之则莫不兴行,安之则远者来至,动之则莫不和睦,故能生则荣显,死则哀痛。"朱子《集注》引谢氏曰:"观子贡称圣人语,乃知晚年进德,盖极于高远也。"正因如此,使得时人认为子贡甚至超越孔子的仁德贤能。同时我们也可看出,孔子的思想之所以能流芳千古,与子贡这样的优秀学生竭诚地继承和发扬他的学说是分不开的。皇侃《义疏》:"子禽当是见孔子栖遑不被用时,故发此不智之言。子贡抑之既竟,故此更广为陈孔子圣德不兴与世人同也。邦,谓作诸侯也。家,谓作卿大夫也。言孔子若为时所用,得为诸侯及卿大夫之日,则其风化与尧舜无殊,故先张本,云夫子之得邦家者也。言夫子若得为政,则立教无不立,故云所谓立之斯立也。又若导民以德,则民不莫兴行也,故云导之斯行也。绥,安也。远人不服,修文德安之,远者莫不襁负而来也。动,谓劳逸之也。悦以使民,民忘其劳,故役使之,莫不和穆也。孔子生时,则物皆赖之得性,尊崇于孔子,是其生也荣也。孔子之死,则四海遏密,如丧考妣,是其死也哀也。又引袁氏云:'生则时物皆荣,死则时物咸哀也。'"

尧曰第二十

20.1　尧曰:"咨①!尔舜!天之历数在尔躬②,允执其中③。四海困穷,天禄永终。"舜亦以命禹。曰:"予小子履④,敢用玄牡⑤,敢昭告于皇皇后帝⑥:有罪不敢赦。帝臣不蔽,简在帝心⑦。朕躬有罪,无以万方;万方有罪,在朕躬。""周有大赉⑧,善人是富。虽有周亲,不如仁人。百姓有过,在予一人。"谨权量⑨,审法度,修废官,四方之政行矣。兴灭国,继绝世,举逸民,天下之民归心焉。所重:民、食、丧、祭。宽则得众,敏则有功,公则民说⑩。

【注解】　①咨:感叹词。《潜夫论·五德志》:"尧禅位曰:'格尔舜!天之历数在尔躬。'"此章历言尧舜禹周之事,或以为文意不连属,多分节释义,本书不取前说,仍以一章视之。②历数:帝王相继的次序。古人认为帝位相继犹如天象运行的次序。《集注》:"此尧命舜而禅以帝位之辞。咨,嗟叹声。历数,帝王相继之次第,犹岁时节气之先后也。允,信也。中者,无过不及之名。四海之人困穷,则君禄亦永绝矣,戒之也。"③中:中正之道。皇侃《义疏》:"允,信也。执,持也。中,谓中正之道也。言天信运次既在汝身,则汝宜信执持中正之道也。"④予小子履:予小子是上古帝王的自称,履是汤的名字。《程子遗书》:此句"曰字上少一汤字。"《墨子·兼爱下》:"汤曰:'惟予小子履,敢用玄牡,告于上天后曰:今天大旱,即当朕身。履未知得罪于上下,有善不敢蔽,有罪不敢赦,简在帝心。万方有罪,即当朕身。朕身有罪,无及万方。'"⑤玄牡:黑色的公牛。⑥皇皇后帝:皇皇,光明而伟大的。后帝,指天帝。⑦简:检阅,检查。⑧赉(lài):赐予。《集解》:"周,周家。赉,赐也。言周家受天大赐,富于善人,有乱臣十人是也。"⑨谨权量:权量,指度量衡。谨权量就是谨慎地制定度量衡。⑩说(yuè)：通"悦"，心悦诚服。

【译文】 尧说："啊！你伟大的舜！上天的使命已经落到你身上，要好好掌握治国的'中'道。如果天下的老百姓都贫穷困苦，上天给你的禄位也就会永远地终止了。"舜传位给禹的时候也将这番话交代给禹。汤说："我履谨用黑牛祭献，明白地禀告光明而伟大的天帝：有罪的人，我不敢擅自赦免他。天帝臣属的善恶我不敢隐瞒掩盖，天帝的心里明白。我本人若有罪，就不要牵连天下百姓；百姓若有罪，就由我一个人来承担。"周代大封诸侯，使好人都富贵起来。周武王说："即使有周代的亲族，也不如有仁德之人。百姓如果有罪过，责任在我一个人身上。"谨慎地制定度量衡，审查法规制度，恢复废弃的官职，天下的政令就都会通行了。复兴被灭亡的国家，承续中断了的世系，举用隐逸的人才，天下的百姓就都会从内心归顺服从了。应当重视的是：人民、粮食、丧礼、祭祀。宽厚就会得到群众的拥护，诚信就会得到民众的信任，办事勤敏就会有功绩，公正就会使百姓心悦诚服。

【评论】 本章通过记载三代贤君尧、舜、禹、汤、武王的言行，来阐明孔子复兴礼义、以人为本的政治理想。《集注》曰："此于武王之事无所见，恐或泛言帝王之道也。杨氏曰：'论语之书皆圣人微言，而其徒传守之，以明斯道者也。故于终篇具载尧舜咨命之言，汤武誓师之意，与夫施诸政事者，以明圣学之所传者一于是而已，所以着明二十篇之大旨也。孟子于终篇亦历叙尧舜汤文孔子相承之次，皆此意也。'"钱穆认为：《论语》编辑孔子言行，到《微子》已讫。《子张》记门弟子之言，而以子贡之称道孔子四章殿其后，《论语》之书，可谓至此已竟。本章历叙尧舜禹汤武王所以治天下之大端，而又以孔子之言继之，自谨权量审法度以治天下，汉儒即以为是孔子之言，陈后王之法，因说此篇乃《论语》之后序，犹《孟子》亦以历叙尧舜汤文孔子之相承作全书之后序也。李泽厚《今读》则以为《尧曰》为"下《论》"之终篇，乃仿"上《论》"之终篇《乡党》之体例。

黄克剑认为："《尧曰》共三章。首章所记尧舜咨命、汤武诰誓以至孔子之微言，似在溯述一种道统，其意略合于《汉书·艺文志·诸子略序》所引刘歆语：儒家者流，'祖述尧舜，宪章文武，宗师仲尼,以重其言,于道为高。'从体例看,此章当是《论语》全书的后序……尧舜咨命、汤武诰誓之事已渺不可考,把传说中的'命''誓'连缀成与儒家义理相契合的一段文字显然出于《论语》编者的创意。"(《论语注疏》)

20.2　子张问于孔子曰:"何如斯可以从政矣?"子曰:"尊五美,屏四恶①,斯可以从政矣。"子张曰:"何谓五美也?"子曰:"君子惠而不费②,劳而不怨,欲而不贪,泰而不骄③,威而不猛。"子张曰:"何谓惠而不费?"子曰:"因民之所利而利之④,斯不亦惠而不费乎?择其可劳而劳之,又谁怨?欲仁而得仁,又焉贪?君子无众寡,无小大,无敢慢⑤,斯不亦泰而不骄乎?君子正其衣冠,尊其瞻视,俨然人望而畏之,斯不亦威而不猛乎?"子张曰:"何谓四恶?"子曰:"不教而杀谓之虐,不戒视成谓之暴⑥,慢令致期⑦谓之贼⑧,犹之与人也⑨,出纳之吝谓之有司⑩。"

【注解】　①屏(bǐng):通"摒",摒除。②费:浪费。③泰:庄重矜持。④因:根据。⑤无众寡,无小大,无敢慢:意为君子无论对众寡、大小都不敢怠慢。⑥戒:告诫。⑦致期:限定期限。⑧贼:谋害。⑨与人:这里指给予别人财物。⑩有司:下层小吏。"纳"字,《集解》《集注》本均作"内"。

【译文】　子张请教孔子说:"怎么样就可以从事治国理政呢?"孔子回答说:"尊崇五种美德,摒弃四种恶行,这样就可以为政了。"子张又问:"是哪五种美德?"孔子答道:"君子施人恩惠却不浪费;指挥百姓却不招百姓怨恨;有欲求却不贪婪;庄重矜持却不骄傲;态度威严却不凶猛。"子张说:"怎样叫作施人恩惠却不浪费呢?"孔子说:"根据人们该得恩惠之处而使他们有利,这不就是施惠却不浪费吗?选择恰当的时间再去役使百姓,又有谁会怨恨呢?自己想要仁德便得到了仁德,又贪求什么呢?君子无论人多人少,无论事大事小,从不敢怠慢,这不就是庄重矜持却不骄傲吗?君子衣冠整洁,正目而视,态度庄重地使人望见就敬畏,这不就是威严却不凶猛吗?"子张说:"什么是四种恶行?"孔子道:"不加教化便将人绳之以法叫作残酷;不加申诫便要看到成绩叫作粗暴;刚开始懈怠,突然限期要求叫作贼害；同样给人财物，该给的时候却吝啬，叫作小家子气。"

【评论】 孔子讲述的这些为政原则，都是与德教、礼法分不开的，联系上一章，将古代帝王之贤德树立为楷模典范，其实都表现了孔子毕生追求的复兴周礼的理想——"如有用我者，吾其为东周乎？"（17.5），而并非自己掌权执政。

20.3 孔子曰："不知命，无以为君子也①；不知礼，无以立也②；不知言，无以知人也。"

【注解】 ①为：成为。②立：立足于世。

【译文】 孔子说："不懂得命运，无法成为君子；不懂得礼制，无法立足于社会；不懂得语言，无法判断了解他人。"

【评论】 以此章作为《论语》全书的终篇，用意深远，知命、知礼、知言，值得终身思考和践行。《朱子语类》："《论语》首云：'人不知而不愠，不亦君子乎？'终云：'不知命，无以为君子也。'此深有意。盖学者所以学为君子；不知命，则做君子不成。死生自有定命，若合死于水火，须在水火中死；合死于刀兵，须在刀兵中死，看如何逃不得。此说虽甚粗，然所谓知命者不过如此。若于此信不及，见利便趋，见害便避，如何得成君子？"人生正是在这些"不知"之中寻求前进的道路，因此这"三知"的重要内涵并不在于必需求得结果，求得终点，而在提倡对"知"永不停息的追求。以知命而为君子来说，不断了解、体悟命运的过程本身，就是在向修养成为一名君子而前进，但光是认识命运是不够的，还得挑战命运、命运。在这种无止境之中，个体拥有了更为广阔的超越的可能，使得人们在命运这一神秘可畏的力量面前，通过求"知"获得了改变人生、改变世界的意义。

参考书目

皇侃:《论语义疏》,高尚榘点校,北京,中华书局,2013。
朱熹:《四书章句集注》,北京,中华书局,1983。
刘宝楠:《论语正义》,高流水点校,北京,中华书局,1990。
王聘珍:《大戴礼记解诂》,王文锦点校,北京,中华书局,1983。
何晏注、邢昺疏:《论语注疏》,朱汉民整理,北京,北京大学出版社1999。
黄式三:《论语后案》,张涅、韩岚点校,南京,凤凰出版社,2008。
程树德:《论语集释》,程俊英、蒋见元点校,北京,中华书局,1990。
钱穆:《孔子传》,北京,生活·读书·新知三联书店,2002年重印版。
钱穆:《论语新解》,北京,生活·读书·新知三联书店,2005年重印版。
杨树达:《论语疏证》,上海,上海古籍出版社,1986。
杨伯峻:《论语译注》,北京,中华书局,1980。
王素:《唐写本论语郑氏注及其研究》,北京,文物出版社,1991。
吴龙辉:《原始儒家考述》,北京,中国社会科学出版社,1996。
蔡仁厚:《〈论语〉人物论》,台北,台湾商务印书馆,1996。
南怀瑾:《论语别裁》,上海,复旦大学出版社,1996。
李泽厚:《论语今读》,北京,生活·读书·新知三联书店,2004。
韦政通:《先秦七大哲学家》,南京,江苏教育出版社,2006。
金景芳:《孔子新传》,长春,长春出版社,2006。
李零:《丧家狗——我读论语》,太原,山西人民出版社,2007。
徐刚:《孔子之道与〈论语〉其书》,北京,北京大学出版社,2009。
黄克剑:《论语疏解》,北京,中国人民大学出版社,2010。
[美]赫伯特·芬格莱特:《孔子:即凡而圣》,彭国翔、张华译,南京,江苏人民出版社,2011。
高尚榘:《论语歧解辑录》,北京,中华书局,2011。
孙少华:《孔丛子研究》,北京,中国社会科学出版社,2011。

傅亚庶：《孔丛子校释》，北京，中华书局，2011。

杨朝明、宋立林主编：《孔子家语通解》，济南，齐鲁书社，2013。

刘巍：《〈孔子家语〉公案探源》，北京，社会科学文献出版社，2014。

李渊庭、阎秉华整理：《梁漱溟先生讲孔孟》，北京，中华书局，2014。

杨义：《论语还原》（上、下），北京，中华书局，2015。

后　　记

《论语》是我很喜欢读的书之一,在本科阶段读了杨伯峻先生的《论语译注》。1993年6月本科毕业留校任教以后,我被分配到本校中文系古代文学教研室,自知学殖浅薄,恐难胜任工作。于是在临放暑假时,到系主任赵逵夫先生家求教。先生对我鼓励有加,并提笔给我开列了一个阅读书目,其中就有《论语》《庄子》等,并嘱咐我选旧注本去读。我去书店买了上海书店影印本的《诸子集成》,暑假里选读了刘宝楠《论语正义》及郭庆藩《庄子集释》等书。那以后虽然手头有别的工作,但对《论语》一直很关注。2006年以来,我断断续续为本科生、研究生讲授有关《论语》的课程多次。期间还受邀为兰州市人社局主办的全市各事业单位、甘肃省电力公司培训部、甘肃省图书馆"周末名家讲坛"、兰州市委宣传部"金城大讲堂"等处讲授"传统文化"与国学课百余次,在这些场合,也多次选讲《论语》之篇章。说是讲,其实对我而言首先也是不断地、一遍又一遍地温习《论语》。每次讲课之前,我根据听众的不同,调整修改讲义和课件,同时也把此前讲课过程中的一些心得体会充实进去。对一些自己理解不深、讲解不清的难点,则通过查阅资料予以解决,以便改进讲授的效果。在这个过程中,也慢慢加深了对《论语》的理解。期间,也将一些思考的心得写成多篇论文,发表于《古籍研究》《晋阳学刊》《安徽大学学报》等处。2012年,甘肃民族出版社约我做一个《论语》的译注普及本,并于2013年出版。因为时间紧张,我对匆匆完成的这个译注本并不满意。近几年来，尤其是2016年至2018年连续为全校本科生开设"《论语》导读"课以来，凡在教学中对《论语》各章偶有心得体会，都随时条录于原书相应章节之下，对其中的注解和译文也时有修订。呈现在大家面前的这部《论语注评》，就是近几年努力的结果。

承蒙清华大学出版社马庆洲先生不弃，拙著得以有机会出版。我有幸与马君相识多年，以文会友，受益良多。他出于北京大学中文系费振刚先生门下，是学界公认的诸子研究专家，其《淮南子考论》《淮南子今注》等论著嘉惠于我实多。《论语注评》得他指点，在体例、注释方面避免了很多错误，借此机会表示诚挚感谢。书稿编辑过程中，2017级硕士生祁洋、王亮亮二位仁棣帮助核对引文，出力不少，也应表示感谢。

读书贵在知义，贵在"闻斯行诸"！读诸子书尤其如此，读《论语》更应如此。然而知易行难，我在读《论语》、注《论语》、讲《论语》的过程中，也常为不能笃行"夫子之道"而困惑和痛苦！于我而言，仁智之境虽远，然心向往之，或已足矣！是为记。

韩高年
2019年11月5日